名著17冊の著者との
往復書簡で読み解く

人事の成り立ち

「誰もが階段を上れる社会」の希望と葛藤

海老原嗣生・荻野進介

東京 白桃書房 神田

目　次

人物写真撮影／勝尾　仁（近影左下に＊が付いたものを除く）

17冊の名著の書誌情報は、最初に出版された時のものを掲載しています。以降に別の版がある場合はその旨、発行年・出版社などとともに示しています。
また、掲載の書影は、最新の版のものを掲載しています。

本書は、中央公論社から2011年に刊行された、『名著で読み解く　日本人はどのように仕事をしてきたか』（中公新書ラクレ）を大幅に増補改訂したものです。

―――――グラフの数値は、「ソースはっきり！統計データベース戦後日本の経済成長率（名目 GDP、実質 GDP 成長率）」https://toukei - source.com/economy/growth - rate - japan/ に示された方法に基づき、国民経済計算のデータを用い算出。

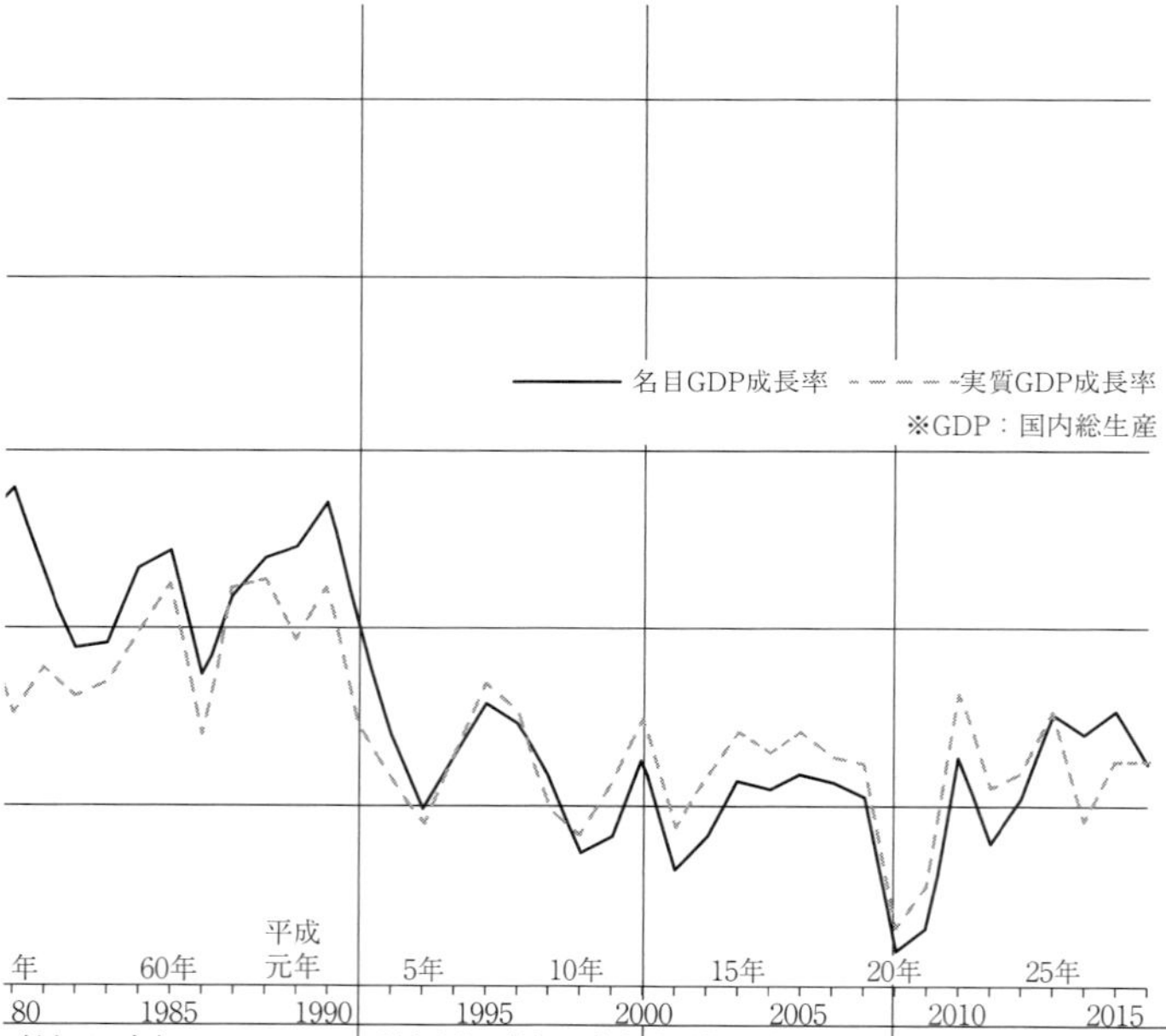

(第３章)	動揺期(第4章)	転換期(第5章)	不整合期(第6章)
(1971) 動相場制に(1973) ク(1973) ク(1979) (1985) ～1991) 会(連合)が発足(1989) などで日米貿易摩擦激化	第一次平成不況(1991～93) ソ連崩壊(1991) 非自民･非共産の連立政権樹立(1994～95) Windows95発売(1995) 住専に公的資金投入(1996) アジア通貨危機(1997) 金融不況(1997～98)	介護保険制度実施(2000) 中国WTO加盟(2001) 労働組合の組織率が20%を割る(2003) 非正規雇用者の割合が30%を突破(2003) 郵政民営化(2007) 北海道夕張市破綻(2007) 人口減少社会元年(2008) リーマンショック(2008)	民主党が政権に(2009～12) 東日本大震災(2011) GDPが世界第3位に(2011) 日銀異次元緩和(2013～) 電通過労死事件(2015) 「保育園落ちた、日本死ね」が国会審議に(2016) Me too運動(2017～) TPP11、日欧EPA合意(2017) 働き方改革法案成立(2018)
	⑧日本の雇用 ⑨人材マネジメント論 ⑩コンピテンシー人事 ⑪定年破壊	⑫『新時代の「日本的経営」オーラルヒストリー ⑬雇用改革の時代 ⑭新しい労働社会	⑮ブラック企業 ⑯「育休世代」のジレンマ ⑰お祈りメール来た、日本死ね

雇用・労働から見た戦後・平成6区分とトピック、本書掲載の名著

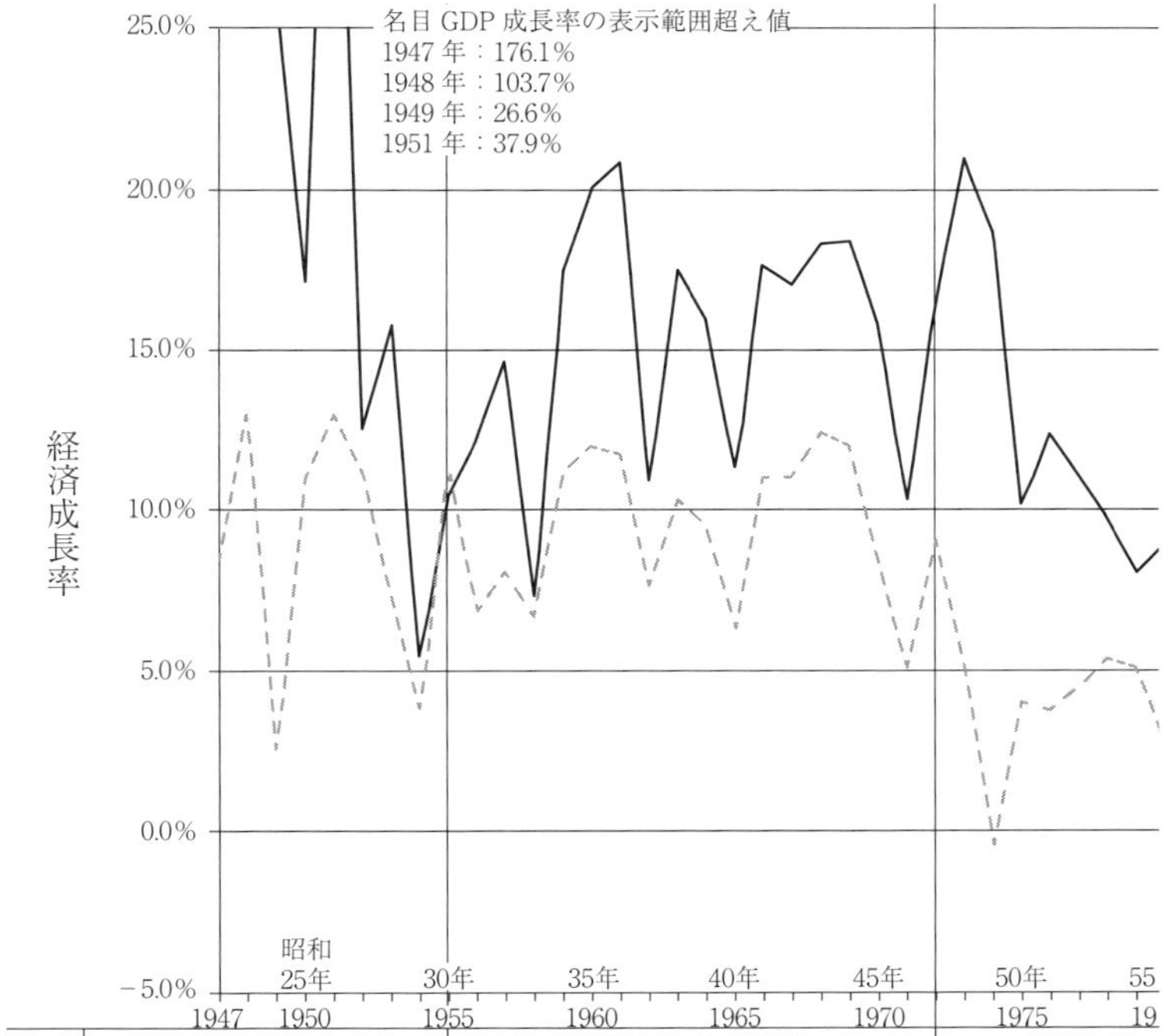

区分	黎明期(第１章)	完成期(第２章)	順風期
トピック	農地改革法(1946) 過度経済力集中排除法(1947) ドッジ・ライン(1949) 朝鮮戦争(1950～53) サンフランシスコ講和条約調印(1951) 日産争議(1953)他、大規模争議続発 ８単産共闘会議（のちの「春闘」）始まる(1955)	安保闘争(1960) OECD(経済協力開発機構)加盟(1964) 東海道新幹線営業開始(1964) 第一回東京オリンピック(1964) GNPが世界第2位に(1968) 外資規制緩和(1967～73) 大阪万博(1970) 日米繊維交渉(1970～1972)	ニクソンショック 沖縄返還(1972) 円ドルレートが変 第一次石油ショッ 第二次石油ショッ プラザ合意(1985) JT･NTT民営化 バブル景気(1986 JR民営化(1987) 日本労働組合連合 自動車･スパコン (特に1980年代)
本書掲載の名著	①日本の経営	②能力主義管理 ③職能資格制度	④日本の熟練 ⑤人本主義企業 ⑥心理学的経営 ⑦知識創造企業

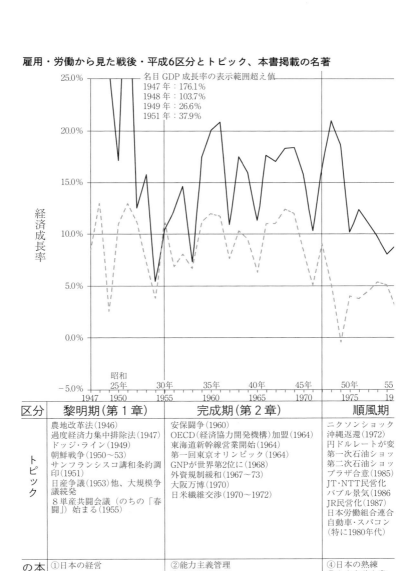

序章

日本型雇用の本質とは何か？

はじめに―本書の構成について

本書は、戦後から今日に至るまでを六つの時代に分け、各時代を彩った「日本型雇用に関連した名著」17冊を集めています。

17冊それぞれについて、以下の構成でその主旨を深く理解できるようにいたしました。

①各期の冒頭で、当時の社会情勢や労働事情などの背景を解説する。
②次に内容を簡略化した要旨と書評を掲載し、
③続いて、著者宛てに私たちからそれぞれの書の意図を問う質問を投げかけ
④著者からその質問に対する回答や補足、その後の社会変化を鑑みた考察などを含んだ返信をいただく。

名著17冊を一気に読み解けること、そして、雇用や経営、人事管理領域のカリスマである各著者（鬼籍に入られた方が四人）の生の声を読み解けること、経済史的な時代背景が手っ取り早く分かること、などがウリと言えるでしょう。

当時の時代背景と著者の思いをあわせ、それぞれの本の主張―日本型雇用に何を望み、何を誇り、何を問題視したのか、が明らかになるように編集しています。

なお、本の主要部分を構成する名著17篇のダイジェストと往復書簡17通のうち、ダイジェスト12篇と書簡12通はリクルートキャリア社発行の人事経営誌『ＨＲｍｉｃｓ（エイチアールミクス）』の連載記事「人事を変えたこの一冊」を元にしており、それぞれの掲載年月を付記しました。雑誌原稿という性格上、年号や諸データ含め、原則として当時のままの内容を掲載しています。

日本はメンバーシップ型、欧米はジョブ型の通説的理解

さて、本編に入る前に、一つ、大切な話を書いておかなければなりません。

私たちが何気なく使ってしまう「日本的な働き方」とは、いったい何のことを指しているのか。人によってそのとらえ方が全く異なります。まずは、皆が納得でき、しかも、日本の独自性を説明できるように、あらかじめ規定しておこうと思います。

日本型の働き方を「メンバーシップ型」、欧米型の働き方を「ジョブ型」と呼ぶのが、昨今流行りです。この言葉は、雇用界のご意見番とも目される濱口桂一郎氏（労働政策研究・研修機構研究所長）が今から10年ほど前に広めました。そのきっかけとなった本、『新しい労働社会』（岩波新書）も本書に収録しています。ただこの2語は、濱口氏の意図を超え、現実とはそぐわない方向へと勝手な解釈が広まった感があります。

例えば、これら2語が雇用者の情緒面を指すという考え方。語感から、メンバーシップ型は、「忠誠心を誓わせ、家父長的な組織に社員を従属させる」仕組み、ジョブ型を「仕事のみの契約関係であり、あとは拘束も従属もない」仕組みといった解釈がなされます。

確かに日本は前者、欧米は後者、といった雇用慣習の特色があるでしょう。ただ、ではどうしてそんな違いが日本と欧米で生まれたのでしょう？　情緒的側面だけではそれを説明できません。

例えば、かつては普通だった、飲み会や運動会、社員寮など家族的関係を強化するような要素は、どんどん少なくなっています。また、長幼の序がまかり通る組織でよく起こった「パワハラ」についても昨今は厳しく取り締まられる風潮が広まっています。明らかに「情緒面」は変化していると言えるでしょう。

にもかかわらず、雇用の根本的な慣行はすたれていません。例えば、新卒一括採用は近年ますますその規模を拡大していますし[※1]、同様に、正社員の勤続年数は若干ながら伸びる方向を示しています[※2]。一方、中途採用は長期的には停滞・減少傾向にあります[※3]。

情緒的な側面では日本型の特徴は弱まっているのに、雇用システムではそれが維持されている。とすると、日本型を「情緒」で説明するのは正しいとはいえない、とわかるでしょう。

欧米のジョブ・ディスクリプションに対する誤解

人事管理を学んだ人たちは、「ジョブ型」と「メンバーシップ型」の違いを（職務）限定雇用か、無限定雇用か、だと説きます。これは本当に大切なポイントです。ただ、そこから先を教科書的に解釈してしまうと、やはり現実とそぐわなくなってしまうのです。

その教科書的な解釈とは以下のようなものです。

ジョブ型とは、ジョブ（職務）がジョブ・ディスクリプション（職務定義書）によりタスク（課業＝最小単位の仕事）まで細かく定められている。だから、そこに規定された以外のタスクはしなくてもいい。一方、メンバーシップ型は、雇用契約自体が「会社に入るか否か」を規定したものであり、細かく職務は定められていない。だから、あれこれ指示されても、それを断れない。

この解釈に従うと、現在の日本にはびこる各種の労働問題をあまねく説明することができます。例えば、「なぜ残業が減らないのか？　それは、あれこれいろいろな仕事を際限なく頼まれるからだ」と、説明がつきます。ブラック労働やパワハラも、「何を指示されても文句を言えないから」ということで、説明可能でしょう。対して、ジョブ型なら「やるべき仕事が明確だから、むやみに他の仕事は課されない。しかも、やるべき仕事をどのくらいやったかで評価されるので、評価も客観的になる。だから上役のその時々の気分で文句を言われたりもしない。当然、ブラック労働やパワハラも防止できる」と。

こんな感じであまりにも使い勝手がよいため、多くの識者やマスコミも、この「職務限定か無限定か」だけで、日本型・欧米型を語ってしまうきらいがあります。

ただ、この解釈は、実務的には十分ではありません。まず日本でも、人事発令でしっかり「所属」は決められます。例えば、営業職として静岡支店に配属された人間が、その期間は、経理も人事も任せられることは（よほどのブラック企業ではない限り）あり得ません。そして、静岡支店の人間であれば、たとえ同じ営業職務であっても、名古屋支店や東京支店の仕事は、原則として任されはしません。つまり、際限なく何でも、という状況は日本でも起こりはしないのです。

一方、欧米のジョブ・ディスクリプションはどうでしょうか。

多くの識者は、この実物を見たことがないのでは、と私は思っています。実際のそれを図表序・1として示しました。そこに書かれているのは、「研修プログラムなどを考え、磨き上げ、導入する」「人事マネージャーを人事制度の運用と福利厚生の面で手伝う」といった包括的な言葉であり、決して、「これさえやれば他はやらなくていい」といった個別タスクリストにはなっていません。さらには、「関連する事務

※1　１９８０年代後半のバブル期における大学新規学卒者の平均採用数字は29・4万人だった。90年以降、就職氷河期でもこの数字は一度も下回らず、直近は42万人を超えるほどに増加している。これを大企業（従業員数１０００人以上）に絞ってみても、バブル期のピーク（91年入社）は15万人弱だったが、直近は22万人を超えている（数字は文部科学省「学校基本調査」および厚生労働省「雇用動向調査」より）

※2　厚生労働省「賃金構造基本統計調査」で正社員の平均勤続年数を見ると、男性が１９８０年10・8年、１９９０年12・5年、２０００年13・3年、２０１０年13・8年、２０１７年14・0年と伸びている。女子の伸び率はさらに大きい。このデータは平均勤続年数のため、絶対的な伸びを示してはいないが、有力な傍証と言える。

※3　厚生労働省「賃金構造基本統計調査」の既就職者×一般社員×入職者数を調べると、２０００年２６４・５万人、２００５年３０８・５万人、２０１０年２４５・０万人、２０１５年３０８・３万人と増減を繰り返している。これは増加傾向とは言えず、景況による上下動という側面が強い。直近については一般社員（常用雇用者）の内訳を、契約期間なし（＝正社員）・契約期間あり（＝非正規）と詳細まで開示している。その状況を見ると、２０１５年３０８・３万人のうち、正社員は２０５・４万人にとどまる。これは全正社員・就業者の６％程度でしかない。

図表序.1　ジョブ・ディスクリプションは詳細タスクではなく、概要ばかり並んでいる…

Vacancy Position Information

MISSION

Mission of this Position (Why the position exists & How this position is expected to contribute)

This position is responsible for the quality assurance of the Solar Business related solutions in Japan market. This position faces to the customers and interact with the LOB (Line of Business) engineering team, factories in India and/or third party vendors. Details are described below.

1. Customer facing as the Field QA
 - Second line (L2) engineering support for CCC (Customer Care Center) front line (L1)
 - Initial action at the field quality issue (containment action)
 - Root cause analysis of the field issue, primary analysis
 - Engineering back up of the repair operation

仕事名称：新装置の導入プロジェクトマネージャー

ミッション：

●日本でのホットメルト装置の設置工事において、候補者は現場での工事運営、監督と技術管理を工事前～工事中に行う

●仕事上の安全管理、レイアウト、調整などをEPCM（建設包括契約）にかなうよう、計画を具体的なスケジュールに落とす業務を全て担当し、建設会社およびその他関係者に資本プロジェクトを告示し、合意を取って、落としどころを割り出す

●その地のプロジェクト委員会や、現場での作業者、予算管理者との接点役として行動する。

●プロジェクトの進行に滞りが起きないよう、現地チームを調整管理する責任がある

仕事：

●Bostikの安全プログラムをプロジェクトの期間中は、必ず守る

●短い期間で成果を発揮できるようなスケジュールを考案する

●毎日起こり得る現場での問題を解決する

●つつがなく許可を得られるよう、現地の司法権検査官や周囲の会社の代表と関係をつくる。

●問題を明確にし、ﾌﾟﾛｼﾞｪｸﾄ委員会に取り上げ、解決策を探す

●解決策を試し、その案が適切であり、委員会の許諾を得ているか確認する

●事前の取り決めに沿い、プロジェクトが引き返せる（代替）案を提供する

●プロジェクトの予算内に収まるよう動く。スケジュール進行の申し送りを確実にする

●プロジェクトのプランを管理、アップデートし、批判されそうな事柄を把握し、常に修正を行いプロジェクトが締め切りに間に合うようにする

●役人と管理者へのプロジェクトのレビューを準備する

図表序.1　ジョブ・ディスクリプションは詳細タスクではなく、概要ばかり並んでいる…

Job Description

Company Name

Job Title ***HR Staff***

Company Info and Location

Where active volcanoes feed healing onsen waters, beautiful natural vistas signal the changing seasons, and refined Japanese cuisine is made from the freshest Hokkaido produce. While seemingly a world away

■職名　人事スタッフ
■上長　人事課長
■やるべき仕事
○リクルートの手伝い、関連する事務仕事も担当する
○リクルート費用の管理と、応募者の面接および以降の進捗
○学校に定期訪問し、親しい関係を維持する
○研修プログラムなどを考え、磨き上げ、導入する
○英語インストラクターと毎週の英語レッスンを管理構成する
○人事マネージャーを人事制度と福利厚生の面で手伝う
○他の人事や一般管理の仕事も任された場合行う
○電話の応答と落とし物の管理
○人事の方針の下、社会保険と従業員管理を遂行する

- At least 2 years of Recruiting experience.
- Local travel to various places in Hokkaido, especially Sapporo, is required.
- Have good interpersonal skill to communicate with internal and external people.
- Experience in hospitality industry and English-language ability a plus.
- Key competencies and skills are; Organizational skills, Presentation skills, Initiative, Communication Proficiency, Ethical Conduct, Customer/Client Focus.

Position Type, Salary and Benefits;

- Full-time position. Hours of work is 8:30 a.m. to 5 p.m.
- Salary range is around 3.0 million yen annually based on your experience.
- Raise and Bonus: Depend on company's and individual's performance results.
- Company dormitory and apartment available: Ex.) 1R, 3,500 to 5,000 yen per month
- Canteen [Staff cafeteria] available: 3 meals 13,577 yen per month. Ex.) 150 yen per meal
- You can relax in company Onsen [hot spring] every day.
- Relocation and transfer allowances be paid in some cases.

仕事も担当する」「任された場合、他の人事や一般管理の仕事も行う」といった、規定にない仕事が発生しても、それを受け入れなければいけない、という譲歩節まで普通に用いられています。

「細かなタスクが書かれている」というのは明らかな誤解なのです。実際、欧米企業勤務が長く、本国本社への赴任経験も持つ人事エグゼクティブの牛島仁氏（GEクロトンビル　日本地域リーダー）は以下のように述べています。

「個別タスクは日々変わるので、職務定義書には書けません。職務範囲と責任など、あくまで仕事の上位概念を記すだけです。」

「職務定義書で詳細まで仕事が決まっているわけではない」ということを明確に示すレポートもあります。２０１５年に三菱ＵＦＪリサーチ＆コンサルティングが行った比較研究（主幹は佐藤博樹／中

図表序.2　欧米各国のジョブ・ディスクリプションの分析結果

＜ジョブ・ディスクリプション二つの役割＞

		フランス	アメリカ	オランダ	ドイツ
職務領域を決める（詳細タスクではない）	職務内容	労働契約書において、仕事内容については、採用後の柔軟な変更を予定して、職務名称や肩書程度の一般的内容にとどめる事例がみられる。本人の同意を条件として職能や職種の変更を伴う配置転換も実施されている。	職務記述書により職務等を明示して募集・採用がなされているが、今回の調査で接した限りでは、ホワイトカラー労働者の職務記述書は、ある程度、概括的・抽象的に書かれている。	職務記述書の内容は概括的なものにとどまっており、属人的にその都度変更されるわけではないし、職務の見直しに伴い頻繁に改訂されているわけでもない。少なくとも、こうした職務記述書等の形式面で職務内容が厳密に特定されているわけではない。	雇用契約書における職務内容としてジョブタイトルや職種、職位、部署名などを記載していた。雇用契約書に加えて職務記述書を設けて具体的な職務内容を明記する企業もあったが、いずれの企業も職務内容を明確にしつつもその範囲が狭くならないようにバランスに留意する。
領域外に動かさない（企業人事権の制約）	異動配転	転勤を伴う異動を柔軟に行ううえで、地理的モビリティ条項を入れている事例がみられる。（中略）地理的モビリティ条項を結ばない社員についても、本人の同意を条件に転勤が行われる事例がある。他方で、地理的モビリティ条項を結ぶ場合でも、企業側が一方的に転勤を命じるのではなく、本人の意思確認を行ったうえで要請を行うかたちで転勤が実施されている。	昇進・異動は労働者との合意によりなされており、拒否しても特段の不利益な取扱いを受けないとの回答がほとんどであった。ポジションを変更するタイプの昇進・異動は、社内公募等で労働者との合意によりなされ、職務記述書等の変更を伴うが、労働契約の再締結はなされない。	職業キャリアの形成については労働者個人の選択に委ねるべきとの考え方がみられ、採用後の具体的な職務の内容や遂行方法、あるいはその後の人事異動に際して、労働者との個別の面談を通して徹底的な合意形成が図られている点で共通する	従業員本人と事業所委員会双方の事前同意が必要となることである。従業員と事業所委員会の一方が同意しないことがあれば異動を行なうことはできない。企業側としては、従業員の同意を得るための取り組みを行なっている。（中略）能力開発につながるような魅力的な人事異動案を提示したり、海外に赴任する際には特別手当を提供したりしている。

出典：「諸外国の働き方に関する実態調査」（2014年、厚生労働省）

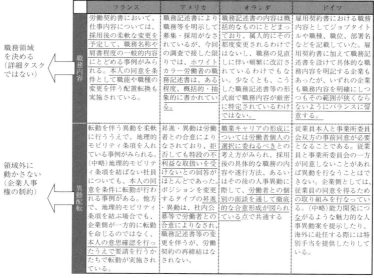

央大学大学院教授）がそれです。そこで示された欧米型の雇用契約は、図表序・2のとおりです。仏米蘭独のどの国を見ても、詳細なタスクを列挙して、それだけをやればいい、という仕組みにはなっていません。しかも「規定外の業務については上司の差配に従う」「周辺業務への支援・応援」のように、ジョブ・ディスクリプションに書かれていない内容でも、上司の指示や、上司との協議により取り組む義務があるという取り決めになっているのが一般的です。

この報告書には、こうした実態を鑑みてか、以下のような記述まで出ています。

「決められたタスクが終わったらさっさと帰る、ということとは違う。」

●鍵を握るのは異動人事権の有無

では、ジョブ型とメンバーシップ型の最大の違いとはなんでしょうか。

先ほどの図表序・2をもう一度ご覧ください。

欧米でも、ジョブ自体は日本同様、不明確な定義しか行っていません。ただし、「勤務地域」や「職域」は、本人の同意がない限り変更できない、というところが日本とは大きく異なります。

例えば欧米だと、ニューヨーク地区で経理部の財務担当（経理事務）に採用された人は、それ以外のポジションに勝手に動かすことができません。同じ職務内容だとしても隣のニュージャージー州に異動させることはできないのです。同様にニューヨークのままでも、経理事務以外には動かすことができません。規定でそう決められているのであれば、経理部の中の隣のポジション、例えば、債権管理や管理会計にも勝手には移せませんし、同じ財務部署でも、責任や裁量権が異なる「決算業務」さえも任されはしません。

整理しましょう。「ジョブ型」の職務はタスクリストで細かく決まっているわけではありません。突発的な事項、例えば、財務的な欠損が生じれば、緊急会議を開き、対応業務が当然発生します。

一方、彼は勝手にニュージャージー支店の経理事務を任されたりはしないし、同じニューヨーク支店でも営業に異動もさせられない。ここが日本と大きく異なるところなのです。

つまり、欧米では企業が勝手に人事を決められないのです。ジョブ型の本旨はそこにあり、決められたポストから動かせない、ところにあるのです。だからジョブ型は「ポスト（固定）型」と最近呼ばれるようにもなっています。

一方、日本は、企業が強力な人事権を持ち、自由自在に組織編成ができる。ここが大きな違い。ジョブ型とメンバーシップ型とはつまり、前者は「ポスト固定型契約」で後者は「ポスト可変型契約」ということ。

企業が好き勝手に人事権を行使できないのが欧米、一方、企業の胸先三寸で社員を自由に配置できるのが日本。それが大きな違いなのです（図表序・3）。

●雇用システムの違いが社会の違いを生み出す

さて、日本と欧米では、とどのつまり、企業に強い人事権があるかないか、という違いが、実は、雇用システムの中ではとても大きな問題（かつメリット）を生み出します。

例えば、家庭を持っている労働者が、会社の胸先三寸で他の地域に転勤させられる否かなど、非常に分かりやすいケースですが、しかしこれは、とても皮相的で本質的ではない話です。

それよりも、以下のような大きな雇用慣習の違いまで説明できるのです。

◆なぜ、日本型企業は新卒採用をやめないのか
◆なぜ、日本では転職が一般的にならないのか
◆なぜ、日本型企業は未経験入職者を育て上げることができるのか

ここまではある面、利点とも思われるところですが、悪いところも書いておきます。

◆なぜ、日本ではワーク・ライフ・バランスが整わないのか

◆なぜ、日本では女性活躍がこんなに遅れてしまったのか

◆なぜ、日本ではミドル層がリストラの憂き目に遭うのか

こうした違いの多くが、「ポスト固定型」か、「ポスト可変型」か、から発しているのです。

そして欧米との社会構造の最大の違い。それは、欧米（特に欧州）が「階級分離した社会（階層社会）」であるのに、日本ではいまだに「一億総中流意識」がなぜ根付いているのか、も説明できます。

ここで「昨今では日本でも格差や貧困が問題になっているではないか、今さら一億総中流なんて」という声が聞こえてきそうです。そう、そこも確かに日本の問題です。日本の貧困率は現在15%ほどになり、ＯＥＣＤ（経済協力開発機構）加盟

図表序.3　メンバーシップ型とジョブ型の違い

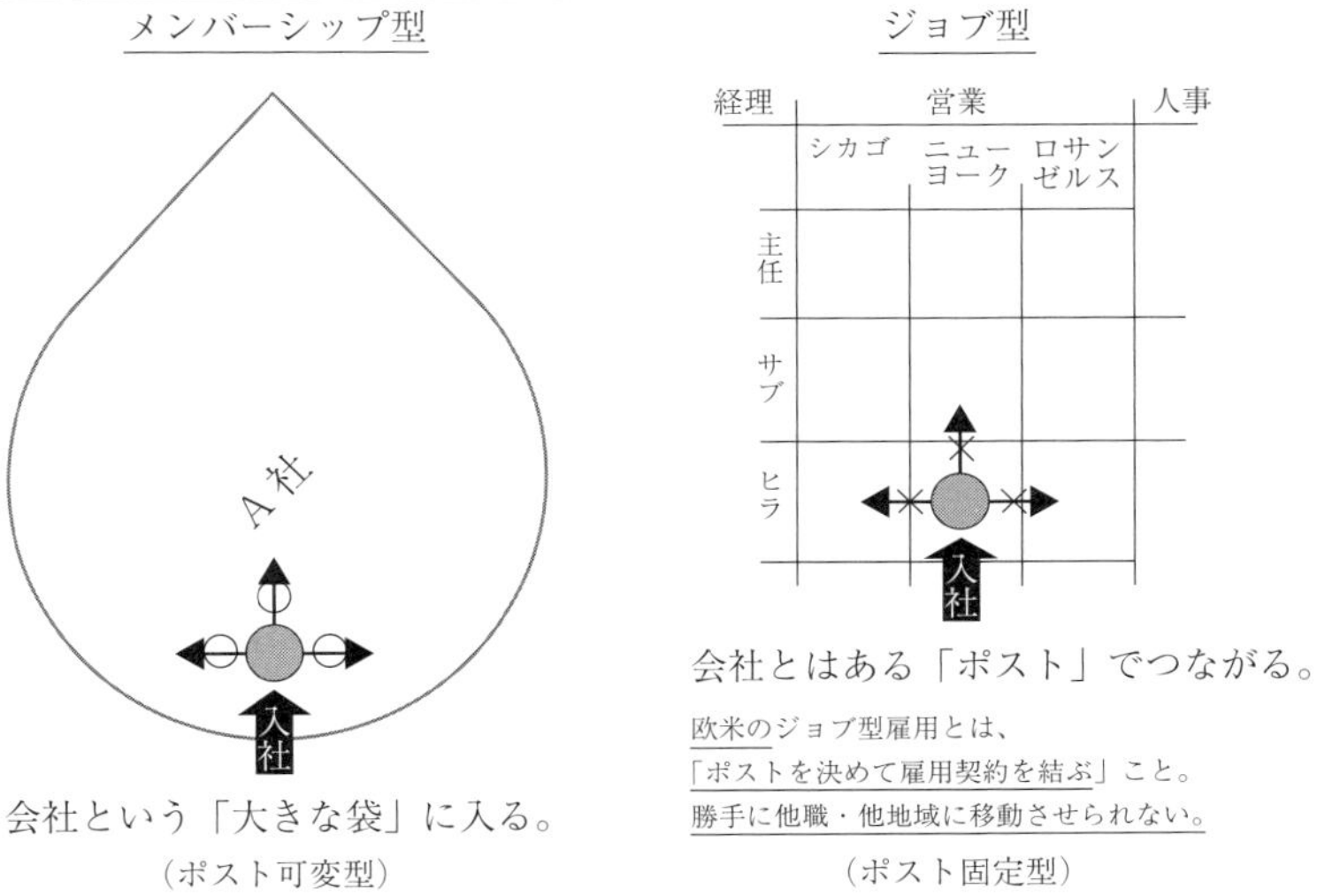
メンバーシップ型
A社
入社
会社という「大きな袋」に入る。
（ポスト可変型）
ジョブ型
経理
営業
人事
シカゴ
ニューヨーク
ロサンゼルス
主任
サブ
ヒラ
入社
会社とはある「ポスト」でつながる。
欧米のジョブ型雇用とは、
「ポストを決めて雇用契約を結ぶ」こと。
勝手に他職・他地域に移動させられない。
（ポスト固定型）

国の中でも相当に悪い数字です。それは、うまく日本型雇用の仕組みに乗れれば、分厚いミドル層に入ることができる。ただし、そこからこぼれ落ちてしまうともう救われないというのが日本型雇用の欠点でもあるのです。所得の再分配機能が弱い、という社会保障システム面の問題も指摘されていますが、同じくらい雇用システムの問題であるとも言えるでしょう。

●「職務無限定で誰でも階段を上る」構造

そろそろ、「日本型雇用」とはどのようなものなのか、を種明かしすることにします。

日本型の最大のポイントは、「（この仕組みの中に入ってしまった人は原則として皆）階段を上る」ことだと私は考えています。

皆が階段を上る、とはどういうことでしょう。その昔、バブル崩壊直後くらいまでの日本人には、「大学を出て長く勤めれば、誰でも末は課長になれる」という意識がありました。そう、誰でも管理職＝経営者の端くれになれる。それが常識だったとも言えます。

本書にも登場する小池和男氏は、そのキャリア構造を「将棋の駒」に例えています。将棋の駒を立てると、肩の位置までは幅がほとんど狭まらずに上がっていき、肩を超えると急激に幅が狭まり、最後は角の部分で点になる。小池氏の時代の日本のキャリアでは、肩の部分が「課長」に当たり、そこまでは誰でも昇進できるが、そこから先は生存競争が激しくなり、部長↓本部長↓役員とどんどんポストは少なくなって、頂点の社長は一人となる。そんな感じでした。

●「誰でも階段」をデータで実証する

この「課長までは一律昇進」という仕組みをデータで検証するとどうなるでしょう。

１９９５年の賃金構造基本統計調査の年代別サンプル数から管理職比率を出すと、50歳時点では、大企業（従業員１０００人以上）×男性×大卒×正社員の65％が管理職となっていました。この数字だと、当時から「全員課長」とは言えはしないでしょう。ただ、このデータには、部下のいない専門・専任職課長が「課長カウント」されない企業なども含まれており、当時はそうした名ばかり課長が多数いたため実際の比率はもう少し高かったはずです。また、少数ながら転職したばかりの人や、病気療養明けの人なども分母には含まれています。これらを勘案すると、たぶん、大卒男子勤続者の85％くらいの人が管理職になれていたのではないか、というのが私の見るところです。

一方、２０１６年の同調査から同じデータを作ると、管理職比率は49％に下がります。20年前よりも率はだいぶ低くなりました。さらに昨今はこの数字に含まれない名ばかり課長も激減しています。もう「誰もが管理職になれる社会」とは言えないようになってきました。

ただし、管理職になれなかった人たちはどのような処遇になっているのか。そこも見てほしいところです。大卒×正社員かつ50歳で非管理職という人の年収を見てみると、大企業なら約８５０万円、中堅企業でも７５０万円、中小企業でさえ６００万円を超えています。これは、各企業の初任給の２倍から２・５倍の水準です。給与に関して言えば、日本は今でも「誰もが階段を上る」社会と言えるでしょう。

実は、このことの方が、欧米の人からすると信じられないことなのです。

前出の小池和男氏の研究などで、欧米でも、ホワイトカラーには年功給が確認されていますが、その構造は全く異なります。向こうは、昇進を重ねた一部の上位者の年収がグーンと上がり、それに引っ張られる形で平均年収にも年功カーブが生まれます。ただ、同じポストに滞留した人は、年収はほとんど上がりません。同一職務同一賃金が徹底されていますから、同じポストで滞留する限り、習熟で年収が上がったとしても、それはせいぜい20％程度の幅にしかならないのです。

対して日本は課長になれず、ヒラや係長のままでも、初任給の2倍以上の年収になる。なんで、こんなことが許されるのでしょう。はたから見ると理由が分からないでしょう。だから欧米諸国の人から、「同じポストなのに給与が2倍だなんて、これは年齢差別だ」と批判されてしまうのです。
ただ、日本型の雇用環境に長く身を置く人は、「それって当たり前のことじゃないか」と考えます。それはなぜでしょう？

理由は簡単です。日本の場合、ヒラ社員という同一ポストに就いていても、大学出たての新入社員と50歳のベテランでは「全く仕事内容が異なる」。だから給与も違ってしかるべき、と考えるからでしょう。例えば、入ったばかりの新人は、まだほとんど仕事がこなせないから、皆の雑用をさせられ、先輩社員にフォローしてもらいながら、あくせくしています。

一方、同じヒラ社員でも50歳のベテランは、それこそ、若年者への指示や同行サポート、クレーム対応、難易度の高い顧客の担当、管理職不在時の対応など、相当難しい仕事を任されます。だから、「給与は違って当たり前」と皆思っている。

そうした「仕事の難易度の違い」や「給与の多寡」について、合理的な説明ができるよう、日本企業は職能等級というものを設けています。新人と50歳では、同じヒラでも職能等級が2、3ランク異なり、加えて習熟に応じて定期昇給を重ねるため、結果、年収が2倍以上となるのです。

ちなみに、欧米には「ポストごとの給与の違い」を説明するための職務等級はありますが、同一ポストであまりにも大きく給与や職務が異ならないようにするため、職能等級など設けていません。あくまでも、ポストで給与も仕事も決まる、ということになっています。これが同一労働（＝同一ポスト）同一賃金則であり、ポスト内での昇給は2割程度でしょう。

こんな形で、日本では、たとえ管理職になれなくとも、職務難易度は上がり、それにつられて年収も上がる、つまり誰でも階段を上る構造となっている。それが他国にない特色なのです。

●無限定だから「慣れたら少しずつ難しく」していける

なぜ、日本型雇用では誰もが難しい仕事をできるようになり、そうして給与も上がっていく「誰でも階段構造」が可能なのでしょうか。

よく、日本企業は面倒見がよく、教育研修システムが整っているから、と説明されることがありますが、それは正しくはないでしょう。教育研修で職務能力がアップする比率は、「それほど高くない」という研究もあり（図表序・4）、またビジネスパーソンに聞いても、自己啓発や教育研修でキャリアを磨いたという声は少ないものです。

実際、仕事の腕はどうやって上がっていくのか、を考えてみましょう。

大学を出て企業に入ったばかりの新人は、仕事についてほとんど何も知らない状態です。彼らには研修がある、といいますが、それは間違いです。研修で覚えられることはそれほど多くありません。日本の多くの企業では、まずは、誰にでもできそうな簡単な仕事を寄せ集め、それを新人に

図表序.4　研修では人が育たない。人を育てる要素は…

能力に応じて、次々に仕事が難しくなることが、
一番の人材育成方法

出典：ロンバルド&マイチンガー（ローミンガー社、1996年）

任せます。職務がかっちり決まっていないから、こんな「雑用の寄せ集め」ができるのですね。

例えば、経理であれば、初職は債権管理という仕事になるでしょう。これは売り上げたものの未入金の契約についての管理保全です。口座の入出金管理や延滞している企業への電話などが主。だから誰にでもできます。

ただその仕事の合間に、伝票のファイリングや経理進行表への数字の入力、など誰にでもできることを寄せ集めて任されもする。欧米なら「それ、私の担当外」と拒否されるような仕事です。

このように雑多な仕事をこなしていると、たとえばファイルするたびに勘定科目を覚え、進行表に入れた数字から進行率が発表されていくうちにその意味が分かるようになっていく。こうして経理という仕事のアウトラインが見えてくるのです。

その間に、簿記三級程度を取得すると、もう簡単な仕訳ができるようになる。そうすると、秋には債権管理から経理事務へ異動となり、今度は仕訳をこなすことになります。ひとしきり仕訳ができるようになれば、翌年には小さな支店の財務担当となり、支店決算を覚えます。決算に必要な試算表や棚卸などもまずは小さな所帯で簡単に覚えることになる。そうして、その翌年には本社担当となり今度は本決算へ……という形で、できそうなものから仕事を任され、習熟に応じて順次、仕事の難易度が上がっていく。この連続で、自然といつの間にか難しい仕事ができるようになっている。それが、日本でのキャリアアップの仕方です。私はこれを「ゆで蛙《ガエル》型」と呼んでいます。蛙は熱い湯にいきなり入れられると跳び出してしまいますが、水を張った鍋に入れてゆっくり温めていくと、湯が熱くなっても跳び出しません。日本型雇用も同じで、最初は誰にでもできる仕事を任せながら、徐々に仕事を入れ替え、本人の知らない間に難しくして育てていくのです。

この仕組み、すべて「日本型雇用」だからスムーズに機能するというのがなんとなく、見えてきませんか？

まず、あるポストに就いた時。欧米なら、それは誰がやろうと「同じ仕事」になっているはずです。そこには新人もベテランもありません。同一ポストにいる限り、新人用に「簡単な仕事だけを寄せ集めて」雑用程度で日々を過ごすことはできないでしょう。

対して日本の場合、同一ポストでも、職能等級がはるかに下で、給与も安い新人には、新人用の仕事が集められる。それに慣れて腕が上がれば、随時、その仕事を組み替えて少しずつ難しくできる。いずれも、仕事は「無限定」でその中身は勝手に上司（会社）が決められるからでしょう。

●習熟に必要なポスト変更も自由自在

続いて、一つの仕事で習熟を遂げた場合、異動により、それよりも、ちょっとだけ難しいような次のポストに配転させることができます。債権管理↓経理事務↓支店会計↓本店会計、というキャリアステップがそれだと気付いてください。これも、人事が強い権力を持ち、自由に社員を異動させられるからこそできることです。

今のケースであれば、債権管理↓経理事務↓支店会計↓本店会計と、ポストを四つも異動させていますね。こうした指令を欧米で出した場合、たとえ本人がキャリアアップに前向きで、「ＯＫ」を出したとしても、異動させる先のポストが空かない限りそれができません。日本の場合、前任者をわざわざどかして、そこに、後任者を入れるということができる。だから、この「少しずつ難しい仕事」をやらせる無限階段が成り立つわけです（図表序・5、次ページ）。

●日本型無限定雇用が生み出す四つの問題

整理すると、日本の無限定雇用には、シームレスな職務階段を作ることができ、その結果、未経験者でも難なくステップアップできる、というメリットがあります。

ただし、このステップアップシステムには同時に幾つかの問題も付随します。

まず、企業ごとに、あうんの呼吸で職務任用しながら育てるため、培った技能はその企業の個別性が強いものになってしまうこと。だから日本は企業内特殊熟練が強く、これが転職を阻む理由の一つになっている、と言われています。

二つ目は、「慣れて楽になりそう」な時期が来ると、もう少し難しい仕事に移されるためいつも背伸びして仕事に立ち向かわねばなりません。結果、長時間労働が避けられないものとなってしまうこと。

三つ目は、この「常に階段を上る」型のキャリアが常識として社会に浸透し過ぎたために、それ以外の「一生、同じ仕事で、同じ給料」という、ストレスのないキャリアが（落ちこぼれと）異端視されてし

図表序.5　日本と比べ欧米では、人材の社内育成が難しい理由

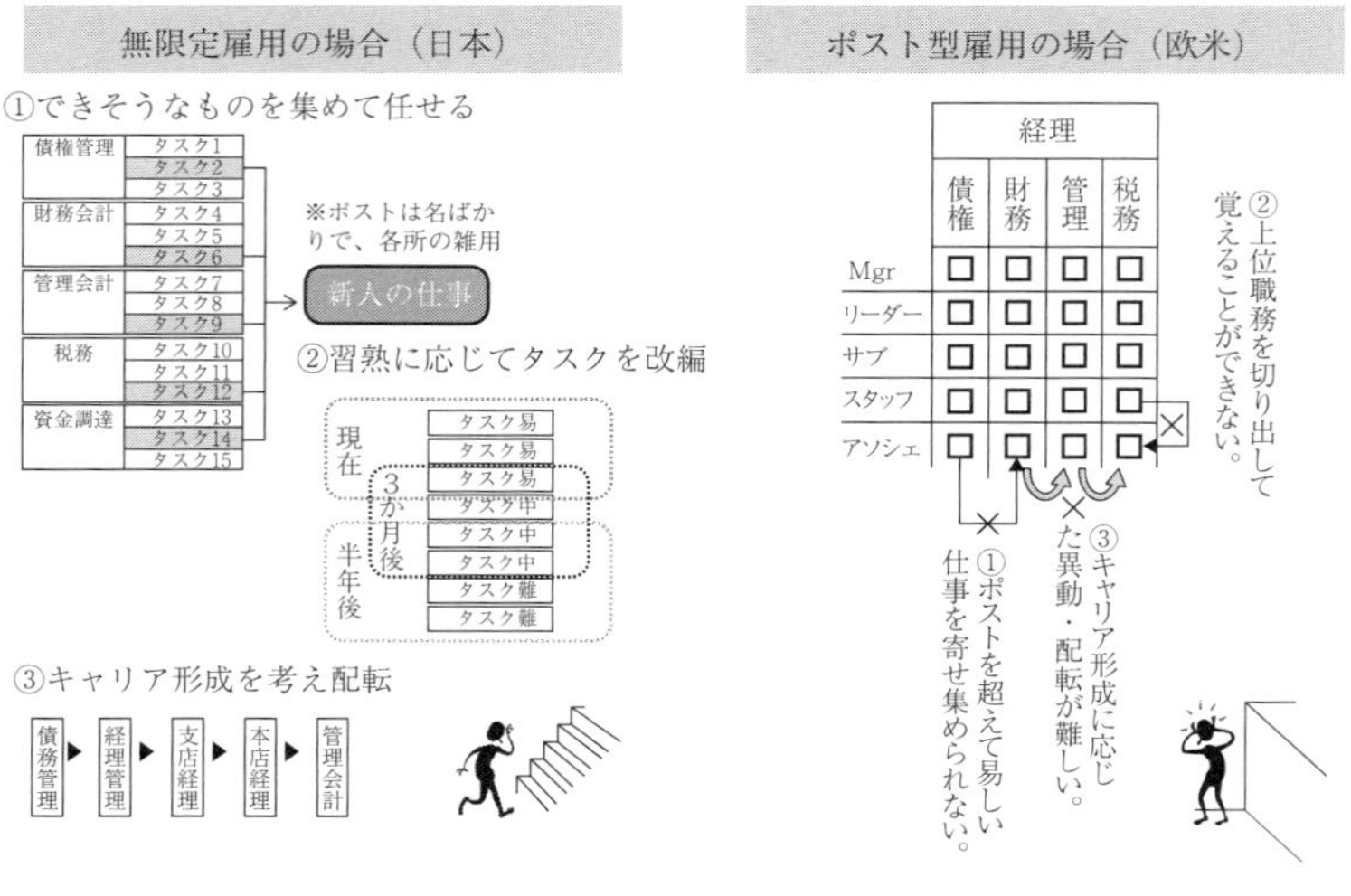

まうこと。

四つ目は、この階段に乗り遅れてしまうと、同年代の働き手とキャリアの面で取り返しのつかない差がついてしまうこと。だから、若年時に正社員入職できないことは、キャリア形成上、致命傷になってしまうのです。

●欧米の若者はどうやって入職するのか

日本の話の続きをする前に、欧米の状況を説明しておくことにします。

職務がしっかり決められているため、簡単な仕事のみを寄せ集めることができない欧米では、未経験者が仕事に就くことがなかなか難しい、と書きました。そのため、未経験者を新卒で雇ってくれるという企業は多くはありません（一部の超高学歴エリートと、どこの国でも人材不足な理系学生だけは、日本同様、新卒採用を行っていますが）。

では、欧米では、働いたことのないいわゆる普通の若者たちは、どうやって仕事に就くのでしょう。新卒採用が少ないので、基本は社会人の中途採用求人に応募することになります。その場合、経験者と一つのイスを取り合うのですから、当然、新卒者には不利になります。そこで、未経験者を一人前に育てるような職業訓練制度が必要となるのです。

欧州の場合、多くの国が公的職業訓練制度を持っていて、1～3年ほど訓練を受ける形で、該当職務を覚えられるようになっています。製造や建設などの技能職のみならず、事務や窓口販売などの基礎的なホワイトカラー業務もラインアップされています。ただ、その中身は、研修制度というよりも、企業に派遣され、見習い労働をさせて慣れさせていく、という類のものです。

図表序・6（次ページ）は、フランスの公的職業訓練生（ＣＦＡ）の受講者にアンケートを取ったものですが、多くの人が、教育などは施されていない、と答えています。つまり、日本型の「誰にでもできそうな簡単な仕事」をわざわざ職業訓練生としてこなしながら覚えていく、という仕組みと言えるでしょう。そうでもしないとジョブ型社会では、未経験者向けのやわな「ジョブ」が捻出できないのです。

　中級以上のホワイトカラー系職務の多くは、公的な職業訓練よりも、大学時代にインターンシップを通して習熟を積むことが多いといわれています。日本の物見遊山的なそれとは違い、向こうでは、ハードな実務を任される仕組みとなっています。そうして仕事が一通りできるようになると、そのまま研修先企業に採用されたり、もしくは、他社の中途採用求人に応募したりしながら職に就くことになります。

　フランスの調査では、三年制大学（欧州は三年制が標準）に通う間に、学生たちは平均14カ月もこうしたインターンをしているといいます。大学時代の半分近くですね。そして1回のインターンは3カ月以上の長期が大半となっています（図表序・7）。

　ちなみに、欧州の場合、職業訓練もインターンシップも法令によりその給与が定められています。職業訓練校の場合、フランスだと最低賃金の53％（20歳以上）で、日本円に換算すると約６００円。フルワー

図表序.6　フランスの職業訓練（CFA）

期間中の職業教育の有無

	全体	契約経過期間 6月未満	6～11月	12～17月	18月以上
有り	35.8	21.9	31.5	45.3	50.4
無し	64.2	78.1	68.5	54.7	49.6

出典：フランス教育省ウェブサイト

肯定的・否定的要素（%）

肯定的要素		否定的要素	
経験が積める	25.7	給与が安い	24.6
接点が持てる	18.5	組織だっていない	19.6
給与が得られる	14.9	進展が見られない	18.3
契約後就職できる	12.7	職業教育の不足	15.7

出典：Bellamyu

CFA（仏/見習い訓練）の報酬

※最低時給に対する比率

	16～17歳	18～20歳	21歳以上
1年目	25%	41%	53%
2年目	37%	49%	61%
3年目	53%	65%	78%

出典：フランス国民労働省

クしても年収は80万円程度にしかなりません。

インターンシップはもっと厳しく、最低賃金の3分の1以上、という規定しかありません。ただし、その金額を超えると企業には社会保険料の負担義務が課されるため、多くのインターンシップ時の時給が、最低賃金の3分の1ぴったりに設定されています。これだと、フルタイムで働いたとしても月給5万円程度です。彼らはこの時給で14カ月も働くという……。

こんな感じで、未経験者が入職するためには、かなり長期かつ低賃金な見習い訓練が必要であり、それを忌避する若者も少なくないため、欧州の若年層は失業率が高くなっていると言われています。

図表序.7　フランスのインターンシップ（大学生）の実態

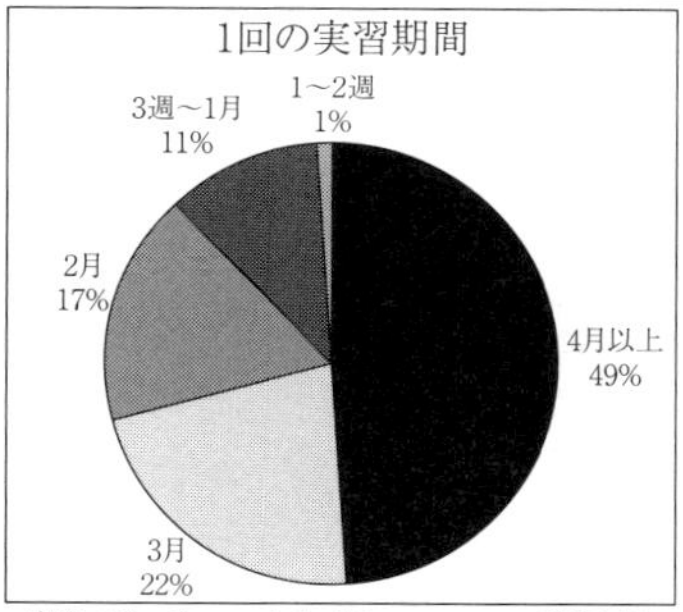

出典：Le Journal du Management 2006 年

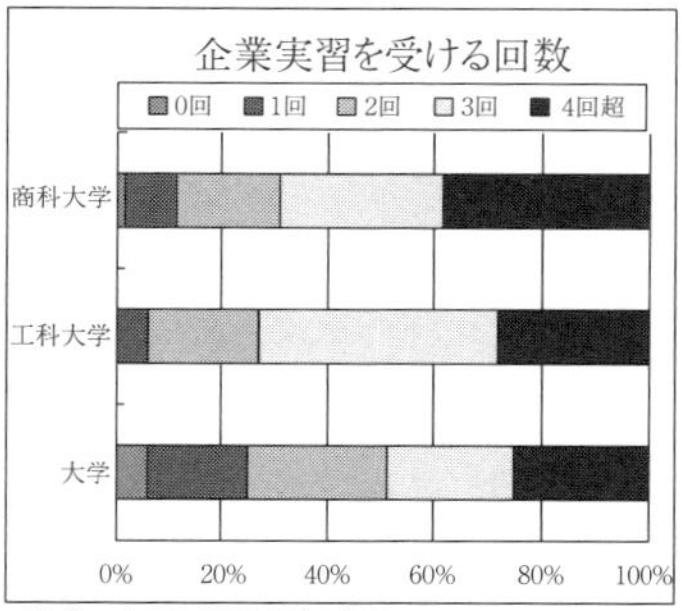

出典：APEC（2006年a）P9

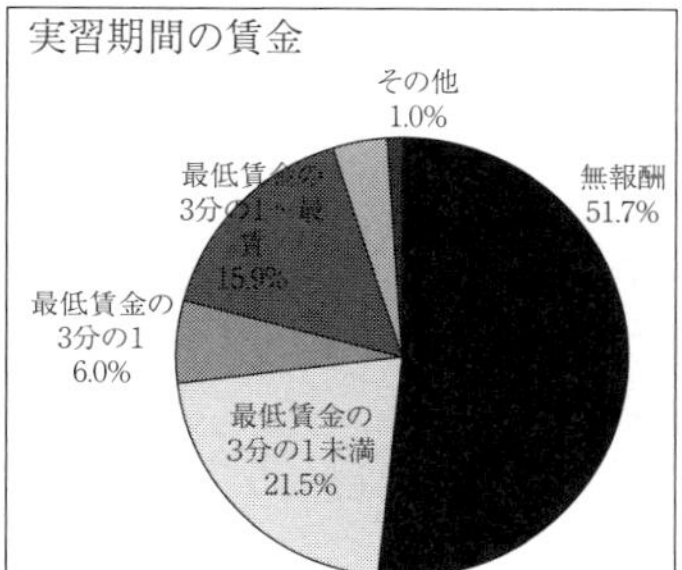

出典：AFJ ホームページ 2006 年

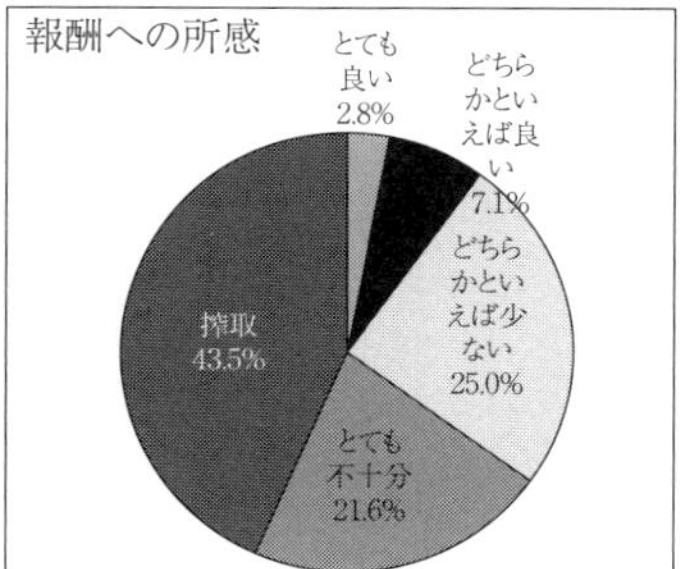

出典：Stages Critics.com 2006 年

●正社員全員を「パイプライン管理」する

確かに、欧州のインターンシップや職業訓練では「入職できる程度」にまでは職務の腕は上げられるでしょう。ただ、それ以上に腕を磨くことはできるでしょうか？

上位の職務をちょっとずつ切り出して下位者に与える、ということは「ジョブ型」の壁でできません。日本のように、慣れたら少しずつ難易度を上げて、シームレスに仕事を覚えていくことが難しいのです。

欧米でも、一部エリート層に対しては、日本同様、キャリアステップを考え、必要な職務への配転（本人の同意を得ますが）を重ねて習熟を積ませます。そうした任用を「パイプライン管理」（リーダー候補がキャリアパス上に連なる様子をパイプラインになぞらえる）と呼び、任用される側のエリート候補生も、そうした人事指令を喜んで受け入れることで、キャリアステップが成り立ちます。結局、階段を上る人たちは、日・欧米ともあまり変わらないとも言えるでしょう。欧米ではそれが限られた一部の人たちだけを対象としているのに対し、日本は正社員全員をその対象と

図表序.8　フランスの職群別×年齢別年収の分布

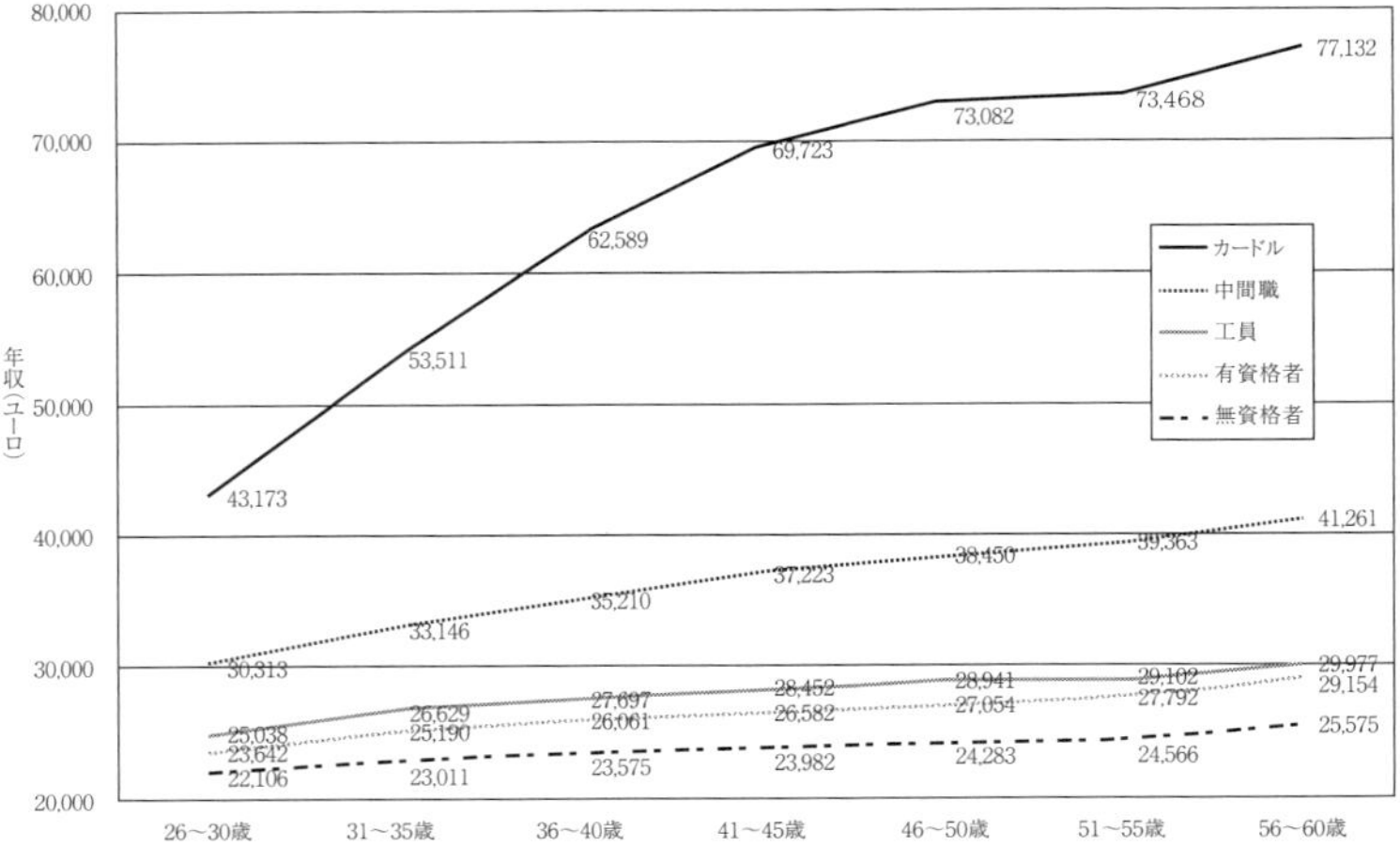

出典：Insee, 2011 Salaire brut en équivalent temps plein (ou brut annuel par année travail)

考えることが最大の違いともいえます。

その様を、職群ごとの年齢別年収で示したものが、図表序・8と序・9になります。

フランスのそれを示した図表序・8で明らかなように、資格労働者、製造業従事者、無資格者の年収は350万円で頭打ちとなり、大卒者の多くが就くことになる中間的職務でさえ年収500万円に届きません。

一方、最上級エリートであるカードル層（高等教育機関であるグランゼコール出身者が多い）は、若年時でも資格労働者よりはるかに高い年収からスタートし、年齢を重ねるに従ってその額はグングン上がっていく。

対して、日本は全く異なる構造です。

言われるように、わが国では企業規模の大小により年収に大きな差がつくのですが、年齢を重ねるに従って年収は大きく伸びる構造は変わりません。その結果、大卒であれば零細企業の勤務者であっても、最終的には、カードル並みの給与になります。

図表序.9　日本の雇用者の年収構造とフランスの比較

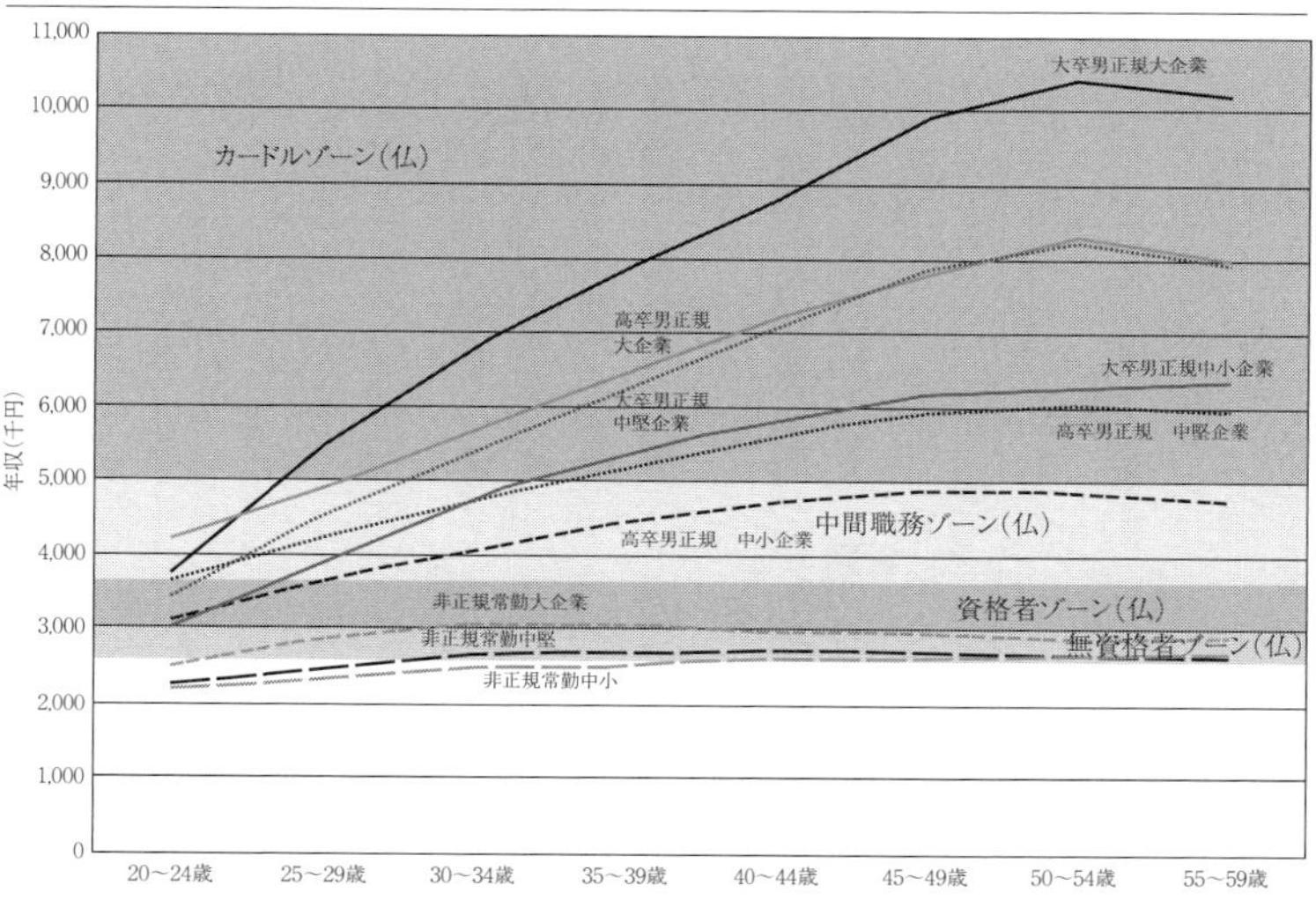

＊大企業は従業員数1000人以上、中堅企業は従業員数100～999人、中小企業は従業員数10～99人

出典：賃金構造基本統計調査2014年

●新卒採用が「魔法の人員補充策」となる理由

こうして、スムーズにキャリア形成を促せる仕組みは、一方で企業に多大なメリットをもたらします。それは、教育コストがかからないのに各人がスキルアップすること。そして、社内にできた空席を縦横の異動により即座に埋められ、誰が抜けようが、結局は末端の新人一人を採ればいい、という実に簡単な人事管理が成り立つことです。

例えば、欧米で役員が突然辞めたとします。その場合、事業部長から後任を選んで昇格させるという形で内部補充したとしましょう。そうすると、今度は事業部長に空席ができます。それを今度は部長を昇格して埋める。そうすると続いて部長に空席ができ、それを課長から昇格させると……と空席は玉突きでずっと連鎖していきます（図表序・10）。

欧米では職務限定雇用のため、企業が勝手に働く人の職務変更をするわけにはいきません。横に動かすのはもちろん、昇格さえも本人同意が必要となります。まあ、昇進についてはそんなに文句を言う人もいないでしょうが、役職も給与も変わらないのに、単に地域

図表序.10　欧米で空席を内部補充しようとすると、どうなるか？

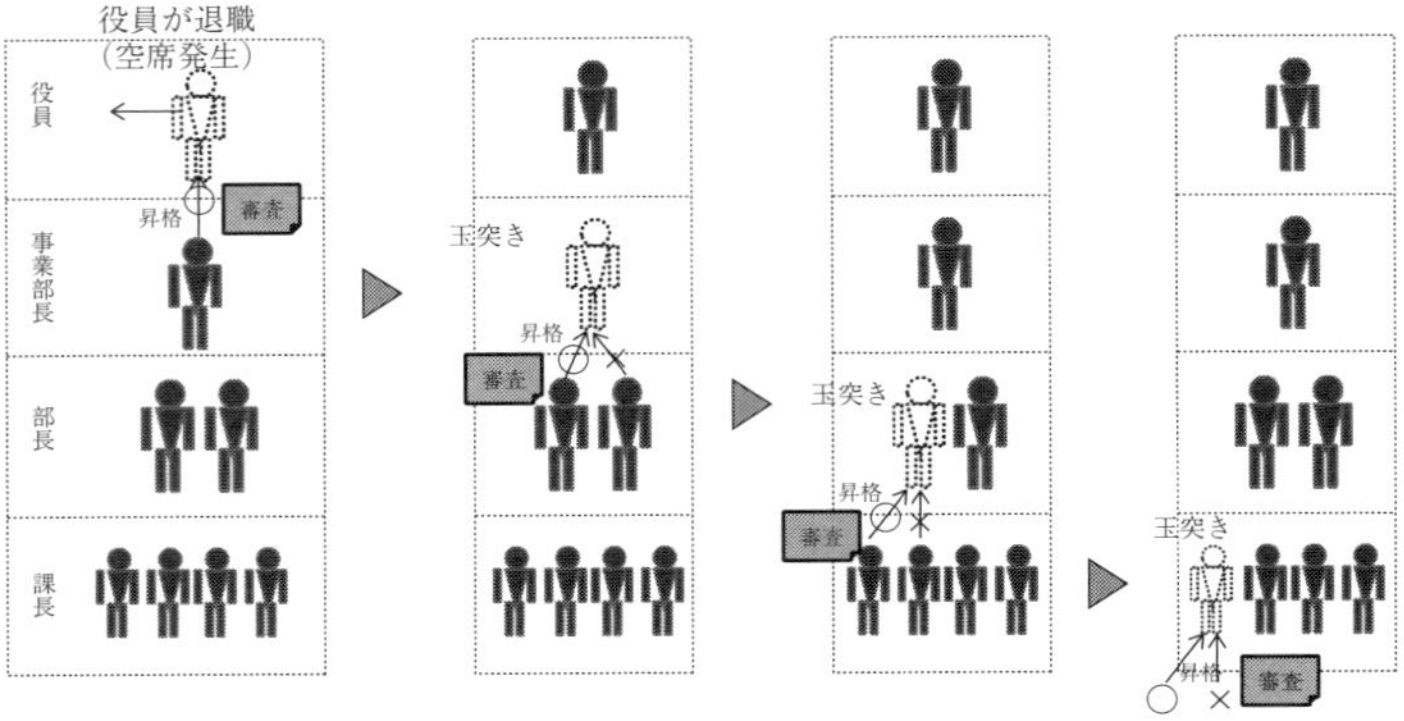

一人が抜けると、玉突きで空席の連鎖が起きる。
人事主導でポストの付け替えができる日本は簡単に玉突きの連鎖でカバーできる。
ポスト固定の欧米では、玉突きの連鎖でカバーすることが難しい。

や商品のみが変更となる場合、受け入れる人は多くはありません。そうするとこの玉突き連鎖の空席を埋めるのにとても難渋することになる。だから、どこかで社外から人材を引き抜いてこの連鎖を止めようとする。だから、中途採用をするのです。

ただ、中途採用した人は、入社後すぐにその職務がこなせる即戦力でなければいけません。それはたいていの場合、同じ業界で同じ仕事に就いていた人となります。そのため、該当者は非常に少なくなり、人材探しには手間がかかります。しかも、うまく競合から誰かを引き抜けたとしても、今度は相手企業に空席ができるので、自社の社員が狙われる……。こんな感じで、引き抜き合いとなり、なかなか空席が埋まらず、しかも、人材獲得競争が過熱して、社員の給料も上がりがちになってしまいます。

一方、日本はどうでしょう。強い人事権を企業が持つため、誰が抜けても玉突き人事を行うことが可能です。結果、ライバルから人を引き抜くことは不要です。そうして玉突きによる空席が起きても、横異動に加えて下からの昇進をしていくことで、空席は次第に末端に寄せられていく。この繰り返しで、誰が抜けても最後には、最末端に空席が一つ生まれるだけで、それは、新卒社員を一人入れるだけで事足りる。こんな、魔法の人材補充が可能になるのです（図表序・11、次ページ）。

●強い人事権から派生したメリットとデメリット

このとてつもなく大きなメリットが機能するように、日本型雇用は全体合理的なシステムになっていったのです。

一方で、企業はこの便利さを手に入れるために、大きな代償も支払わねばならなくなります。その最たるものが、「解雇の難しさ」でしょう。職務を決めて人を採用するわけではありません。ならば、その職務が不況や合理化でなくなったとしても、辞めさせることは難しい。同様に、採用した人が配属された仕事で能力を発揮できない場合も、「その仕事で雇ったわけではないのだから、彼に合った仕事を社内で探しなさい」となってしまう。

そう、解雇の難しさは、「強い人事権」の裏返しなのです。それは法律による規制ではなく、雇用慣行が生み出した日本企業の宿命といえるでしょう。

どうでしょう。日本型雇用の始祖といわれるアベグレン氏（42ページ参照）が掲げた日本型雇用の特色である「年功序列」も「終身雇用（＝解雇の難しさ）」も、強い人事権があるからこその副産物だと気付いていただけましたか。そして、同時に強い人事権は、「誰もが階段を上る」仕組みをも生み出しています。

こんな感じで、雇用システムは「全体整合的」に作られています。

図表序.11　日本型雇用なら空席補充は柔軟な人事で容易に解決

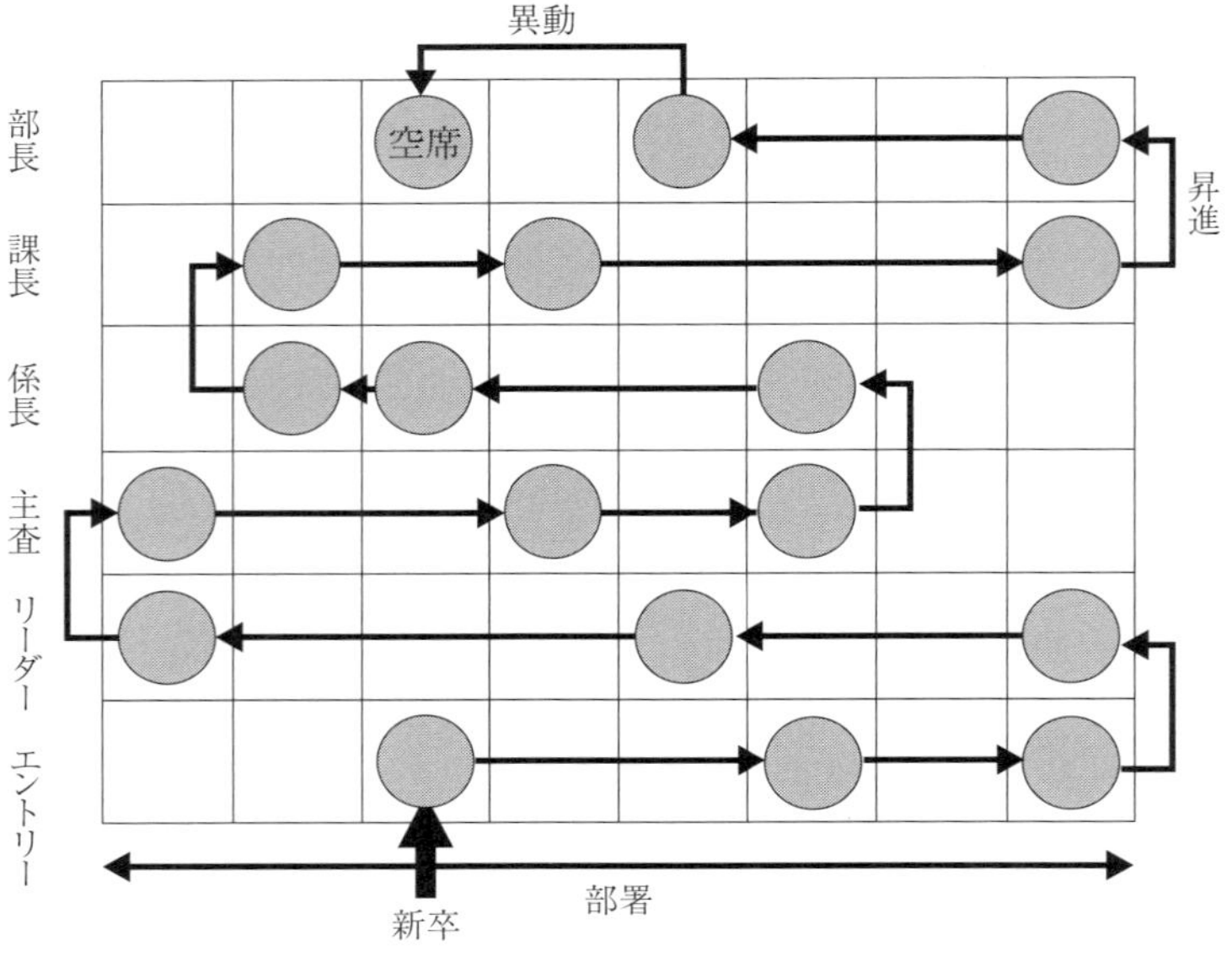

誰が抜けても欠員補充の玉突き連鎖を定期人事で簡単に解決し、空席を下端に寄せ、新卒採用で全てを解決する。

だから、その中のどれか一つが気に入らないからと、それだけを排除することは極めて難しいのです。そしてこの仕組みは、功罪両面を持っています。企業には、「魔法の人事補充」や「従業員のロイヤリティ」というメリットを供し、他方では解雇のハードルを上げています。同様に働く人には「誰もが階段を上る」仕組みを担保してくれますが、他方、「配転や異動は言われるがまま」というデメリットも付いてくるのです。

こうした本質をとらえず、表層のみを語ると物事を見誤りがちです。

●なぜ一種の「身分契約」が日本では許容されたのか？

さて、ここから先が本書の意義にようやくたどり着く、大切な結論となります。

日本型雇用とは、根源に「強い人事権」がある。その代償として、企業は「雇用保障」という義務を負わされる。ここまでは逃れられない宿命的な関係となります。ただ、そこから先に発生する「誰もが階段を上る」という特徴、これは不思議な派生物です。日本型雇用であれば、労働者の習熟度に応じて徐々に仕事を難しくし、知らない間に熱い湯に慣れてしまうゆで蛙のように、本人が気づかぬうちに階段を上らせることは「可能」です。ただし、（ここが大切なのですが）企業には、このような階段を用意する「義務」はないのです。

法社会学的に考えれば、「企業の強い人事権」という特徴は、ひどく前近代的なものと言えます。その昔、労働契約は、親分─子分、もしくは親方─弟子、殿様─家来、主人─使用人、といった言葉で表せるような従属関係を指しました。それは、「どんな仕事をやりなさい」という明示的な契約ではなく、「あなたは私に仕えるものです」という身分契約です。これではいいように使われて搾取が起きる。そこで欧米では、長期間かけて労働を「職務を明示する」形へと進化させました。それが現在の職務限定雇用です。

そこまで進化している欧米でも、目を離すとすぐに労働搾取が起こる。そこでそれにしっかり歯止めをかけるために、二つの仕組みを用意しました。一つは企業を超えた同職労働者の連帯としての「職業別組合」です。そしてもう一つは、企業内に各職務別の代表者を出して、経営の意思決定に際して同意を必要とする「労働者代表組織」というものです。職務限定雇用の欧米にあっても、ここまでの補完システムを用意しています。

対して日本はどうでしょう？　前近代的な身分契約に等しい「無限定雇用」が標準で、労働者のやるべき仕事は企業の胸先三寸で決まる。その結果、企業は雇用保障を背負わされますが、逆にいうとそれさえ守れば、あとは企業の意のまま。しかも企業を取り締まるべき横断型の労働組合も、労働者代表組織も脆《ぜい》弱《じゃく》です。こんな状態なら、雇用だけは守りますが「あとは知りません」という労働者管理もできたでしょう。そして、そこまでひどい状態が続けば、国連やＯＥＣＤから、今までに増した厳しい指導を受けていたはずです。ところが、どうにか日本はそうならずにいられました。その理由はなんでしょうか？

その答えこそ、「誰もが階段を上る（上れる）」仕組みでしょう。企業にとっては決して義務ではないこの仕組みを、日本の企業は無限定雇用のよき派生物として、積極的に取り入れました。もちろん、その裏には、この仕組みにより後続が途切れることなく育成されるため、欠員補充が容易であり、他社から引き抜きを行う必要もない、という企業メリットもありはしましたが。

多くの企業がこの仕組みを取り入れる中で、「誰もが階段を上る」という労働観が、日本国民全体のコンセンサスへと昇華していきます。ひとたびこの仕組みを取り入れた企業は、中途でこれを放棄すると、「当然の期待への違反」として訴訟などでも負けるようになっていく。横断型労働組合も労働者代表組織も未成熟な中で、なんとか日本型の雇用システムが維持されてきたのは、「誰もが階段を上る」という労働観が社会通念にまで進化し、法理的にも労働者メリットが確立されたから、とも言えるでしょう。

そしてこの仕組みは、働く人に、夢とやる気を与えてくれました。旧態依然とした身分契約が、なぜ日本で命脈を保てたのかといえば、それは、「誰もが階段を上る」という潤滑剤があったからに他ならないでしょう。

よってこの本も、日本型雇用の根源的な特色である「強い人事権」よりも、「誰もが階段を上る」という派生的な仕組みを中心に置いています。

●「誰もが階段を上れる」仕組みの変遷を本書は描いた

ではどうして多くの日本企業は、強い人事権を悪用せずに、「誰もが階段を上る」という方向へ昇華させられたのでしょうか。

それはまず第一に、戦後動乱期に奇跡的な流れの中で、もう戦前のような身分社会に戻るのはこりごりだ、という労使の固い契りが生まれたからだ、ということを第1章で書いています。

続いて、この仕組みはなぜ社会に根付いたのか。まだ農林水産業・自営業（家族経営）主体の産業勃興期に、お手本となる伝統企業がそれを導入したこと。そしてそれがあたかも「日本標準」であるかのごとく、世界に喧伝《けんでん》されたことがあります。だから、追随する新参企業が右へ倣えで皆この仕組みを取り入れていくことになりました。

その後の高度成長期は、事業の成長でポストがどんどん生まれるため、自然、「誰もが階段を上る」仕組みが強化、定着していきます。

ただ高度成長が終わり、ポスト増の勢いが衰えると、この仕組みは一度目の壁に突き当たります。そこに登場したのが「職能資格制度」という、「ポストがなくとも階段は上れる」魔法の仕組み。当時、経済は安定成長を続けたため、企業業績の伸長と相まって、日本型は万能感を得て、世界から「ジャパン・アズ・ナンバーワン」と注目を集めます。

しかし、バブル崩壊後、安定成長からゼロ成長に移行すると、企業は全ての人に階段を用意することが苦しくなっていきます。そこで、新しい日本型経営を模索し出す。この流れの中で出された答えが、「一部の人をこの仕組みから外に出す」という決断でした。本書でも取り上げる日経連（当時）の報告書『新時代の「日本的経営」』にはまさにそのことが書かれています。

結局、企業は、ホワイトカラー職にのみ「誰でも上れる階段」を残し、ホワイトカラー周辺職（事務）と非ホワイトカラー職（製造・建設・飲食・サービスなど）を切り捨てます。21世紀の最初の10年にその反動が社会問題となって現れました。当時騒がれた派遣・非正規問題は「切り捨てられた人たち」側からのものでした。

ところが2010年代になると、ブラック企業の登場や、女性や高齢者の社会進出により、この仕組みが、日本型の中枢に位置するホワイトカラー・総合職にも亀裂を生じさせます。ブラック企業は、「誰もが階段を上る」常識を逆手にとって若年労働者を使い捨てにします。一方、「誰でも階段を上る」仕組みは、自動的に長時間労働と転勤が必然となります。それは男性壮年期社員を前提にしたものであり、女性と高齢者は家にいる、という差別的な役割分担により成り立ちました。少子高齢化で、女性や高齢者を企業が積極的に受け入れ出すと、当然、ほころびが生じるのです。

ここまでの流れがそのまま、本書の章立てとなっています。

【黎明期】戦争と復興動乱が生んだ奇跡
【完成期】欧米信奉の呪縛からの解放
【順風期】安定成長が生んだ万能感
【動揺期】ほころびと弥縫《びほう》策

【転換期】　純化＝切り捨てと、そのしっぺ返し
【不整合期】　内部崩壊と新生の手掛かり

●あらためて本書の構成と特色を

時代ごとに、社会観と労働の変化を端的に表す16冊の名著と一冊の拙著を用意しました。本書の特色は、計17冊の本の作者と私たち（海老原・荻野）の往復書簡という構成にあります。私たちが本の主旨と時代背景を解説し、その上で、それぞれの本が、日本型雇用をどう描いたか、という観点で作者に質問を出します。その答えを作者がじかに語る。第三者に加工されたものではなく、生の声として当時を読み解くことができるでしょう。

時折、この序章で書いた日本型雇用の特色や、時代的変遷をトレースしながら、当事者たちの声を咀《そ》嚼《しゃく》することで、いよいよ、今日の課題が明らかになるはずです。

皮相的な欧米礼賛も、愛国的に過ぎる日本型固守もやめ、時代の流れと社会の変化と、日本型雇用の行く末を考えてみてください。

（海老原）

第1章

【黎明期】戦争と復興動乱が生んだ奇跡

●戦中から高度成長期を振り返る

今から一五〇〇年以上も昔に、聖徳太子が十七条憲法の中で「和を以《もっ》て尊しとなす」と説いたことが頭にあるせいで、何か日本人という人種は、集団での生活が根源的に得意であり、助け合いと平等の精神に富む特質を持っているかのような錯覚に、皆陥りがちです。

そんな日本人気質が、サラリーマン生活でも生かされた結果、協調の上に秩序だった集団管理が基本となる日本的経営が、わが国には古くから浸透していたと、そう誤解している人も多いのではないでしょうか?

雇用の歴史を丹念に振り返れば、確かに大正時代にもう、年功序列、終身雇用、定年制、そして企業内労働組合など日本型経営の諸要素は、すでにどこかしらの企業で原型が生まれていました。そんな事例をひもとき、「だから日本人は昔から」と強弁する人も、見掛けはします。ただ、それはあくまでも〝ハシリ〟であり、多くの企業が日本的経営を意識しだしたのは、1960年代、そして、それが日本人の頭の中で常識となり、同時に、システムとして完成したのは1970年代くらいのこととなります。つまり、日本人の特質が企業経営にも根付いてから、まだいいところ50年足らずと言えるでしょう。

では、その昔、日本人は会社の中でどのような働き方をしていたのか。そして、それが、どうして、現在の日本型経営に進化してきたのか、そのあたりを最初にお話ししていきたいと思います。少し長くなりますが、お付き合いください。

●戦前──虐げられたブルーカラー

まず、戦前の日本では、大きな会社には、社内に身分と呼ばれるような階級的な区分が存在していました。それは、ホワイトカラー系（職員）のエリート層と、ブルーカラー系（工員）の従者というものです。

職員と工員では、昇進スピードが異なるといったような、見えない上下関係だけではなく、はっきりと、給料や待遇に大きな差がつけられていました。

例えば、当時、旧制大学を卒業して職員として入社した新入社員の初任給は、50代の熟練工員の3倍以上！　しかも、職員は月給制なのに、工員は日給制で極めて不安定な支払いシステムを取っています。さらに、職員と工員では、使えるトイレや売店なども区別され、売店で売られている品目にまで差がつけられているのが普通でした。一例を挙げると、職員向けの売店では内地米が売られ、工員向けには外地米（当時は朝鮮半島や台湾も日本の領土であったため、そうした地域で取れた米を外地米と呼んだ）といった感じです。

こうした職員－工員という厳しい区分けを称して、当時の状況を「職工身分制」と呼んだりもします。

社内での呼称にも差別的な臭いが染み着いていました。明治末期の国鉄（現ＪＲ。当時の正式名称は日本国有鉄道）のストライキでは、「運転士を機関方と呼ぶのは、まるで馬方のようだからやめてほしい」といった要望が出されています。大正時代の東京市電では、運転士たちが、「俺たちが人間だというなら、チョウチョやトンボだって鳥になっちまう」と自嘲している様が記録されていたりします。それくらい、「人間扱いしてほしい」という気持ちが強かったのでしょう。

この区分け、いや社内階級をどうにかしたい、という鬱憤《うっぷん》が、戦前の社会には膨れ上がっていました。

ホワイトカラーとブルーカラーに大きな差があるのは、欧米も日本と変わりません。ただ、なぜ日本だけが、社内的な区分を捨てて、平等・協調の方向へと舵取《かじと》りできたのか。

それは、日本の工員身分には欧米以上にやりきれないところがあったからです。

まず、欧州の工員さんたちは、ギルド（中世の職業組合）に端を発する組合に参加する権利を持っていたため、横のつながりがありました。この組合には、業務独占権が半ば認められたため、ヨソモノの新規参入を阻むことができたこと。組合員が企業を超えて団結することで給与や待遇アップが実現できたこと。

そして、会社をクビになったとしても、組合を通して、参加する他の企業に簡単に転職できるというメリットなどもありました。だから、精進して一人前と認められよう、と思う気持ち＝プライドが保てたのでしょう。日本のブルーカラーには、こんな権利と誇りを保てるような仕組みが用意されていませんでした。

そしてもう一つ。当時欧米では、ホワイトカラーとブルーカラーでは、小学校から入る学校が異なってもいました。日本の場合、初等教育は貧富の差がなく平等。ただ、旧制中学以上に進学するためには、学費もかさむし、都市部に集中するため、そこに通うためには親元を離れねばならない。でも、生活費は自分で稼げないから親の仕送りが必要になる。だから、事実上裕福な家庭の子供しか進学はできない。そこで、頭も良く体躯《たいく》にも優れているけれど家が貧しい子供たちは、泣く泣く高等小学校を終えて社会に出ることになります。入り口が平等な分、やるせない思いが募っていったはずです。

●協調風潮の芽は戦中にあった

こうした差別的な状態から、太平洋戦争→戦後のGHQ（連合国軍総司令部）統治という激変の時代が後押しすることにより、大きな変革を遂げていきます。

まず戦時中に、工員が徴兵されてしまうことで労働力不足に陥ったため、熟練工に対する優遇策が取られるようになりました。また、当時は職員・工員の区別なく皆が貧しく飢えていたため、協調して経営に対し交渉する、という風潮が芽生えていきます。さらに戦時下には、国家社会主義が各企業の中にも入り込むという形で、産業報国会ができあがります。そこでは戦時協力の名の下、かなりの暴政が行われ、その余波で戦争前の階級構造が揺らぎ始めました。

こうした土壌の中で、終戦を迎えてGHQの解放政策が開始されます。戦後の民主化はGHQ主導だったというイメージが強いのですが、今説明した通り、平等・協調への流れはすでに戦中に芽生えていた一方、ＧＨＱ主導後も一筋縄ではいかずに、曲折を経てようやく日本的になっていく。決してマッカーサーたちが計画的につくり上げたという代物ではないのです。

ＧＨＱが行った政策の中で〝働き方〟に関わった部分を幾つか記しておきます。

まず、戦前色を一掃するために、劇薬として、投獄されていた徳田《とくだ》球一《きゅういち》氏をはじめとした左翼主義者たちを釈放しました。彼らは、ＧＨＱのもくろみ通り、労働運動の先頭に立ち、過激な労働組合（産別労働組合）を率いて、企業経営体制を糾弾していきます。同時期に、戦前体制に荷担したとの理由で、多くの大手企業の上級管理職が公職追放となりました。この話はあまり語られていないのですが、おおよそ40代後半以上の経営者たちが一線を退くこととなり、課長になるかならないかの若年管理職に、いきなり企業経営が任されることになったのです。彼らは一等でも二等でもない、三等重役と呼ばれました。さらに、財閥系企業に対して、過度経済力集中排除法（俗に言う財閥解体）が施行され、経営の弱体化が進められていく。まさに戦争直後の数年は、過激なまでの経営刷新（というより混乱）期となるのです。

●労働運動も民主主義路線に転換

こうしたショック療法が行き過ぎたことで混乱は度を極め、結果、「逆コース」が始まることになります。急進的な左翼運動家の排除（レッドパージ）、公職追放の解除などが１９４０年代末に相次いで行われます。しかも、ドッジ・ラインによる緊縮財政が、ハイパーインフレ退治のための荒療治として実施されました。結果、貧困とインフレと緊縮のトリプルパンチで不況はいやがうえにも亢進《こうしん》してしまいます。日本国民はまさに、新しい日本誕生のための、創造的破壊のフルコースを食べさせられたと言えるかもしれません。

戦争中の職工協同の風潮から、戦後の体制刷新への暴走までの10年は、他の国はもちろん、日本でも他の時期ではあり得ないような、旧弊を刷新する条件が重なった稀有《けう》な時代だったと振り返ることができるでしょう。
こんなダッチロールが、朝鮮戦争特需による好景気で一段落するのですが、この戦争の終了後からまた日本経済は不況に陥り、1950年代後半に〝鍋底不況〟が終わるまで、長期停滞期が訪れます。この時期に電産、炭労、日鋼室蘭、日産争議など、名だたる労働争議が勃発しますが、それがきっかけとなって変革の総仕上げが始まるのです。それらは、太平洋戦争直後の、旧共産党が主体となって指揮した争議とは様相がだいぶ異なっていました。戦後直後のそれは、資本家対労働者の対決という構図で、闘争により企業経営を資本家から労働者の手に取り戻す、という革命色を帯びた色合いが濃かったと言えます。勢い、ストや争議で経営が傾くことがままありました。が、それも新しい社会を創造するためにはいたしかたない、という過激な運動になりがちでした。

対して、1950年代の労働争議は、強引な交渉によって経営が破綻したら、企業もそこで働く労働者も困る、という現実路線に立つものでした。経営者とともに企業の明日を考え、企業の業績をアップさせながら、労働者への配分を増やそうという民主闘争路線が台頭し始めます。結果、資本家(経営者)VS階級闘争(的組合)VS民主闘争(的組合)という三極が成立し、資本家と民主闘争の挟撃を受けた階級闘争派が次第に弱体化していく、という道筋をたどりました。そうして、民主闘争派が率いる第二労働組合が、労働運動の主力となり、ここに労使協調路線が成り立つのです。

このあたりの詳細について興味がある方は、「産別会議」「民青」「産別民同」「総評」「全労会議」「第二労働組合」などの言葉を、辞書やネットで調べてみるとよいかもしれません。

こうして、1950年代後半には、経営者と、伴走する企業内組合という形で、労使協調が浸透していきます。これで、経営もブルーカラーもホワイトカラーも、一体となる基礎条件がそろったと言えるでしょう。

この結末に対して、「結局、組合は経営者に懐柔された」という批判の声も聞かれます。ただ、そんな簡単な言葉でまとめるよりも、ここまでの歴史をもう一度、振り返ってほしいのです。

もともと、とんでもなく差別的で格差のある社内階級が存在していた戦前。

太平洋戦争の激化により、富めるはずのホワイトカラー層もあまねく貧困に苦しんだ戦中から、工員不足で熟練工の待遇が改善された戦争末期。

そして、GHQによる経営層の追放により、しがらみのない若く未熟な経営者が生まれた終戦直後。彼らの多くは、その直前の戦中期にブルーカラーと一緒に「苦しさ」を共有していました。

ここに、これまたGHQが解放した左翼主義者の主導による過激な労働争議が繰り返されました。そして企業経営自体がたちゆかなくなり、労働者もますます窮乏していきます……。こうした、通常ではあり得ない暴風がこの10年に立て続けに吹き荒れ、ここで、経営側も労働側も、お互いを知り、敵対よりも歩み寄りを選んだ。それが労使協調路線だ、と考えた方が自然であり、また歴史の流れにも沿っていると、私は思っています。

戦中は産業報国会で「同じ釜の飯を食べた」若き同胞が、戦後は旧体制破壊の意図で分断され、敵味方で過激な闘争をする。その中の少なくない労働者が、このままではいけないと「歩み寄り」を見せて生まれた協調路線。今度は経営側が彼らに経営への参加権を用意した。それが、欧米や過去の日本にはなかった「誰でも階段を上る」権利だったのでしょう。

当初それは、「青空の見える労務管理」（日本鋼管専務だった折井《おりい》日向《ひゅうが》氏の言葉）などと呼ばれました。工員出身でも経験を経て能力を認められればホワイトカラーに転換されることができ、そこから有能者はさらに抜擢《ばってき》をされていく、という仕組みを指します。それでも高卒者と大卒者の昇進には厳然と差があったのは確かですが、多くの高卒者でも管理職直前までは普通に昇進できました。また工場長や購買部長などの生産関係の上位役職には高卒者が多数就いています。さらに、90年代までは歴史ある企業で、少なくない高卒者が役員にまで昇進しています。

こんな仕組みを、その後、資格給制度→職能資格給制度へと昇華させ、人事制度の基本にまで高めていく。結果、日本人は管理職（経営層の一員）になるのが当たり前！という常識を持つようになるのです。

こうして、世界にも稀な「誰もが階段を上れる社会」というものが、日本に根付きました。

欧米の雇用の仕組みも、各国ごとにかなり異なったところがあるのは確かです。それは、各国が異なった歴史を歩んだからであり、経路依存的に社会システムは作られる、と解説されます。

ただ、日本のように短い期間に強烈に要素が集約され、それが「誰もが階段を上れる」という形に帰結したのは、本当に稀なことと言えるでしょう。

●戦後最大の「構築」—アベグレン『日本の経営』

さあ、ここで名著の最初の一冊がいよいよ登場します。

アベグレンの『日本の経営』（1958年）。大ベストセラーであり、日本的経営というものを世界に知らしめた不朽の一冊ではありますが、実はこの本は相当無茶をしています。

原題自体、『The Japanese Factory』であり、それは直訳すれば「日本の工場」が正しいところ。そう、この書は、同時期の日本の工場、それも、数千人規模の超大手企業に力点を置いて書かれていました。恐らく、当時の総労働人口のどんなに多くても5％程度の人たちの働き方を柱にした本にすぎないのです。

例えば、この本の直前の1954年に発表された「京浜工業地帯調査報告書」（藤田若雄・氏原正治郎、1951年・1953年調査の2部構成）では、中小工場の労働者は、非常に転職が盛んであり、30歳になるまでに2、3回会社を変えながら、〝終《つい》の職場〟にたどり着く、という当時のメジャーな生き方が克明にレポートされています。それと比べれば、アベグレンの説いた「終身雇用・年功序列」という生き方は、当時の日本では、圧倒的にマイナーな一部大企業社員の生き方にすぎないと言えるでしょう。

ただ、こうした無茶な本が、なぜ世間をうならせ、取り立てて反論もされずに今に至ったのか。考えるべきは、そこなのだと思います。

その理由を、私はこう、推測しています。それは、ようやく労使協調で日本的な経営が見えてきた1950年代の後半、アベグレンのこの書は、これからの日本の企業経営が目指すべき手本だった。誰もが、こちらに歩を進めたいと望み、それが実に心地よい言葉だったから、事の真偽を問題にしなかったのだろう、と。それは、複雑な20年を過ごした日本人が待望してやまない指南書だった、と言えるのではないでしょうか。

社会学の世界には「構築」という言葉があります。今まで誰も気付いていなかったことを、誰かが明確な言葉で指摘することにより、それが社会の常識となり、その常識により、社会が本当にその方向に変わっていく、ということを指して「構築」というそうです。

アベグレンの『日本の経営』は、まさに戦後最大の「構築」の一つであったと認めざるを得ないでしょう。


（海老原）

01

日本の経営

原題 The Japanese Factory

ジェームス・アベグレン著

占部都美／監訳　1958年　203頁　ダイヤモンド社

（初出：『Works』70号《リクルート社発行、2005年4月》より抜粋）

ダイジェスト

この本は、日本の産業についての予備知識が全くないアメリカ人を対象に書かれたものです。日本の大工場において、従業員たちはどのような方法で協働し、自分たちを組織化しているかを現地調査で確かめたい。これが著者の問題意識でした。その背景にあったのは、「アジア的な要素を色濃く残しながら、欧米方式でも、はたまたソビエト方式でもない、第三の方式により、日本が工業化に成功したのはなぜか」という疑問でした。

著者はまず「従業員と会社との基本的関係」に着目し、それはアメリカとは違う終身の関係だ、と主張します。会社は一度雇い入れた従業員は解雇しない、従業員も一度入った会社を辞めて他へ移ろうとは考えない、というのです。

著者はこの事実を肯定的に捉えているわけではなく、むしろ、この終身雇用制度に由来する日本の労働力の非移動性が、市場の変化に対する妨げとなる危険性を指摘します。

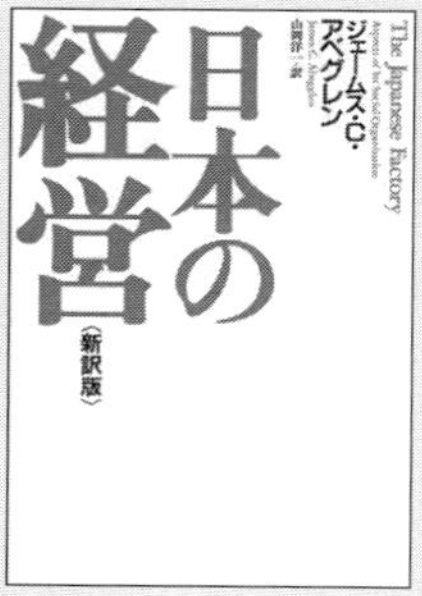

目次

新訳版：山岡洋一／訳　2004年　211頁
日本経済新聞出版社

次に考察するのは「会社による人員採用」の問題です。適性検査やパーソナリティ・テストのように、社会制度と切り離されて機能する個人の能力や特別の職務遂行能力を評価するアメリカと違い、日本では、出身学校や人物・人柄など、個人的特質を重視する求人および選考方法が取られています。

著者が強調するのは、会社は大学に求人を出し、学生はそれに直接応募するというやり方が、新卒学生が会社に入る唯一の道、ということです。以上は職員（ホワイトカラー）についての記述ですが、ブルーカラーである養成工、臨時工についても、その求人や選考方法が詳しく述べられます。

こうやって採用された従業員は終身雇用制度の下、解雇されたり、自分で辞めたりしないわけですから、必要以上に従業員が会社に滞留することがあり得ます。その結果、職位の増殖、水増し仕事の発生、無能な人材を雇用し続けることにより生じる生産性の低下といったデメリットを引き起こす、と著者は書きます。

３番目に論じられるのは報酬制度の問題です。会社がどのような行為を従業員から引き出そうとしているか、その組織ではどのような行為が支持され理想とされるか、それらが端的に現れるのが報酬制度だからです。

結論から言うと、著者が調査した日本の工場において、報酬の基礎となっているのは、従業員の年齢と教育水準であり、個人の職務能力はほとんど考慮されていませんでした。さらに、家族手当や年齢手当といった各種手当、賞与や退職金、寮や社宅といった福利厚生施設に対する支出額が極めて大きい点も指摘されます。アメリカに比べて、報酬の形態がさまざまで、さらに、より直接的なものではない点に、日本の特徴がある、そして、動機づけや報酬の点で、アメリカの会社とは全く違う論理が働いている、日本の会社は家族集団にほとんど近い、と著者は述べるに至ります。

そのため、会社は時に従業員の私生活まで面倒を見ることになるのです。例えば、工場が過疎地にあり、子弟に不十分な教育しか受けさせられない従業員のために、特別の学校を設立したり、女性従業員向けに、生け花、古典舞踊、料理を教える講座を開いたりしている例を報告します。

また、会社内の意思決定にも、アメリカと日本で大きな相違があります。日本の工場では、⑴相談・協議など、時間のかかる厄介な手続きで集団的に物事を決定する、⑵決定事項が伝達されなければならない権限の階層が非常に多い、⑶決定に対する責任を特定の個人に帰することはほとんど不可能、という特徴があります。

欧米の工業化社会の成長モデルとは違い、日本の工業化は、それ以前の日本の社会的組織と人間関係にそれほど大きな影響を与えず達成されました。著者は、欧米が工業化によって発展できた理由を、非人格的で合理的な組織や制度に帰します。ところが、この日本の例が示唆するように、欧米以外の社会で工業化を進める場合、そうした組織や制度が特に必要というわけではない、と述べます。

今の私たちがこの本を読むと、「非常に優れた外形把握」が展開され、異文化の観察日記とも言えそうです。ただ、この日本型雇用の外形を整えるために、内部ではどのようなメカニズムが回っているか。そして、その核となるものは何か。この点への記述がほぼ抜けていることに気付かされます。

日本の終身雇用システムは「無限定雇用」という企業側のメリットに付随した義務なのであり、その無限定雇用を成り立たせるために、経験に応じたステップアップが必要になる、という本質は、まだこの時点では形成途上であったため、消化不良気味の記述になっていたのでしょう。

ただそれでも、年次とともに職能の蓄積やキャリアの幅を持たせる資格給制度が芽生えつつあった時期にもかかわらず、電産型給与（日本電気産業労働組合＝電力会社の労働組合が主導した給与システム）のみを念頭に置き、「能力アップと関係ない昇給」と断じている点は、とても残念です。なぜなら、この本ほど、人口に膾炙《かいしゃ》した日本型雇用論はなく、多くの入門者がこれを基に、「日本とは」と語るとき、そこにはすっぽり「誰もが階段を上る」構造が抜け落ちてしまうからです。

実は、この時代の米国企業も、「誰もが階段を上れる」社会を目指していました。その一端が細かな職務等級であり、それこそ誰にも年功昇給と職務スキルのアップが可能になる仕組みでした。それは階級型雇用の欧州とは異なり、日本型と類似する部分が多かった、という指摘もあります(※)。ここからアメリカ社会は、公民権運動を経て、「年功的昇給」に関しては悪という風潮が起こり、やがて、上がる人と上がらない人、という欧州同様の階層構造に行きついた、と言われています。

アベグレンはつまり、「誰もが階段を上ろうとしていた」時代のアメリカに育った人だけに、この部分への「特殊性」を感じていなかったのかもしれません。ほんの少々、時代は下りますが、日本型の「誰もが階段」に対して、欧州出身であるロナルド・ドーアが多大な興味を示しているのとは対照的だと感じています。

※森口千晶氏の左記研究など
Did American welfare capitalists breach their implicit contracts? Preliminary findings from company-level data, 1920-1940
Implicit contracts, the great depression, and institutional change: A comparative analysis of U.S. and Japanese employment relations, 1920-1940

往信

拝啓　ジェームス・アベグレン様

●三種の神器の〝発見〟

その昔、日本的経営を表す「三種の神器」と呼ばれるものがありました。終身雇用、年功序列、企業別組合というセットです。その裏側に含意があるのは言うまでもありません。すなわち、日本以外の国では、より良い待遇を求め労働者が頻繁に転職する、（日本以外の国では）評価においては勤続年数や年齢は考慮されず実力主義である、（日本以外の国では）組合は職業別あるいは産業別である、ということです。

この三種の神器は、アメリカ人が書いた本によって〝発見〟されました。それがこの『日本の経営』です。

もっとも、「企業内労働組合」に関する明確な記述はありません。大会社においては各工場単位の組合が合体して企業組合を形成しているが、全国的労働組合とは何の関係も持っていないのが一般的である、と書かれている程度です。そう、日本型経営を最初に指摘した偉大なる本、という色眼鏡で今読み返すと、原点にありがちな、詰めの甘さや解説不足などが散見される本ではあります。少し意地悪にこの本を読み解いていくことにしましょう。

●日本は終身雇用の国なのか

さて、アベグレン氏が同書を通じて訴えたかった結論は非常にシンプルです。社会組織と産業組織の間には密接な関係があり、社会が異なれば企業も異なる。アメリカのやり方を日本にそのまま移植してもうまくいかない、ということです。

何が最も違うのか。氏は二つの点を強調します。一つは社員と会社との関係であり、もう一つが報酬制度です。前者が「終身雇用」、後者が「年功序列」に結び付くわけですが、順に見ていきましょう。

どのような水準にある日本の工場組織でも、労務者は入社に際して、彼が働ける残りの生涯を会社に委託する。会社は、最悪の窮地に追い込まれた場合を除いて、一時的にせよ、彼を解雇することをしない。彼はどこか他の会社に職を求めてその会社を離れることはしない。彼は、人々が家族、友愛組織、その他アメリカにおける親睦団体の構成員である場合に似た仕方で、会社の一構成員となるのである。（略）従業員と会社の間の終身的関係は、アメリカにおける人事管理や労使関係の基礎となっているものとは異なった種類の義務と責任を、工場と従業員の双方に課している。

従業員と会社の間の終身関係の説明がこれです。対して、①終身は言い過ぎで、定年制の存在を無視している、②大企業の男性正社員に限定した話である、③歴史的事実、すなわち１９４９年のドッジ不況（1949年2月に来日したジョゼフ・ドッジの助言に従い、日本政府が行った緊縮予算の影響で発生した深刻なデフレ不況）で多くの大企業が人員整理を行った事実を無視している、④アメリカと日本で比べるとそうかもしれないが、国際比較を行うと、取り立てて日本の雇用が長いかどうかは分からない、といった反論が考えられます。

①の定年に関しては「彼が働ける残りの生涯を」という限定的な表現で書かれていること、②については、氏の調査研究の重点は大企業の大きな工場であり、建築業や造船業の中小企業労働者ならびに女性には当てはまらないことが「注」で述べられていること、③についても、著者はドッジ不況の事実にも触れており、〈最悪の窮地に追い込まれた場合を除いて（解雇はしない）〉という留保条件が付されていることなどを考慮すると、軍配を氏に上げたいところです。

ただし、④が問題です。「日本の労働者の勤続期間は長い」ことを正確に立証するためには国際的なデータの比較が不可欠ですが、そういう記述は見当たりません。実際のデータを当たると、アメリカとの比較において、日本が長期雇用の国であることは明白な事実ですが、ドイツ、フランス、イタリアと比べるとそれほど変わらない。そうだとすると、アベグレン氏が、もしドイツを訪問して同じ調査を行った場合、「ドイツは終身雇用の国である」という結論を出したかもしれないのです。

実は、同書では「終身雇用」という言葉がそれほど多用されているわけではありません。ライフタイム・コミットメント（Lifetime commitment）が終身関係、ラスティング・コミットメント（Lasting commitment）が終身的関係、パーマネントもしくはエターナル・エンプロイメント（"Permanent" or "Eternal" employment）が終身的従業員といった具合に、監訳者である神戸大学教授の故・占部都美《うらべくによし》は「終身」という言葉をむしろ強調します。同書が評判になるとともに、いつの間にかそれらが「終身雇用」という言葉にまとめられ、「日本の会社は解雇をしない。新卒で採用した人を全員、雇用し続ける」という意味になってしまったのではないでしょうか。

しかし、日本の雇用はアメリカに比べると長期かもしれませんが、世界的に見ても長期なのか、しかもライフタイム・コミットメントと言えるほど関係が深いのか、同書の材料だけでは必ずしも「そうだ」と明言できないことを確認して次に進みましょう。

続いては報酬制度ですが、アベグレン氏が典型的なケーススタディとして紹介するのが阪神地区にある財閥系の金属工業会社の例です。こう書かれています。

基本給は、年齢と教育の「函数《かんすう》」であり、これらの要素のみの「函数」である。能力や優秀性にたいしてある程度の幅の弾力性は与えられるけれども、基本給にたいする付加分は第一次的には勤続年数の「函数」である。実際のやり方を見ても、基本給の付加分においても弾力性の幅はほとんど用いられないで、各年齢のグループにたいしてほとんど一律の昇給が行われているようである。（略）職務給だけが、遂行する仕事の性質に密接な関連をもった手当である。いいかえれば、日本の従業員の全給与額のほんの少しの部分だけが、彼がなす仕事の種類と、また仕事をなす方法にもとづいたものである。

この報酬制度の記述に関しても、アベグレン氏の勇み足が窺えてならないのです。

一つはアメリカとの比較といいながら、アメリカの実態に関する材料が皆無なことです。当時のアメリカには工場労働者をはじめとしたブルーカラーには、毎年何らかの昇給が起こるような、細分化された職務区分があり、多くの労働者はそれを一段ずつ上っていきました。さらに労働組合も強い時代であり、就業者保護の一つとして、先任権（セニョーリティ）が浸透し、昇進は勤続順、解雇は逆勤続順が常識ともなっていましたから、それこそ年功序列的な昇給昇格体系となっていたのではないでしょうか。つまり、比較考証をなおざりにした日本論でもあったわけです。

さらに言うと、日本の社会科学、特に社会学や心理学には実証的な研究が不足しているため、日本語の文献は利用しなかった、と書かれていること。これなどは、同時代を知る日本人には許せない類の言葉でしょう。例えば東京大学社会科学研究所が１９５１年9月に実施した「京浜工業地帯調査」。これは横浜市、ならびに川崎市内の86工場に勤務する約1万５０００人の従業員に勤続年数や入職経路を尋ねたもので、まさに氏の関心と一致する内容ではなかったでしょうか。この調査はさらに回を重ねて厚みを増しています。１９５０年代当時こそ、こうした労働分野での実地・実証研究が日本で盛んだったとも言えるでしょう。

同書にはこういう記述もあります。

給与制度において基本的要素となるものは、従業員の年齢である。（略）年齢それ自体は職務の状態になんら関係を持つものではない。むしろ、年齢が進むにつれて、職務の能率は低下する以外には、関係はないように思われる。

第3章に登場する小池和男さんいうところの「熟練」に対する考慮が全く払われていないようです。そして、日本人が年齢とともに大切にする、「個人の能力」を基本にした給料体系という概念をまるで理解していなかったと思われます。

●そして、世の常識となっていった

太平洋戦争中、海兵隊で日本語を学んでいたアベグレン氏は、原子爆弾の被害調査のため、戦争直後の広島にアメリカから最初に派遣された「戦略爆撃調査団」の一員として日本に初来日します。

その後、シカゴ大学に復学、人類学と臨床心理学を学び、フォード財団の海外研究員として1955年に再び来日、19の大工場（従業員2000人から8000人）と、34の小工場（同200人未満、多くは8人から20人）を1年余りかけて訪ね歩き、書き上げたのがこの本です。ただし、その重量級の分析は曖昧でもあり、取材ボリュームに引っ張られて、大工場の話がずいぶん色濃く反映した内容となっていました。しかも、原題は『The Japanese Factory』、そう、「日本の工場」なのです。これを「日本の経営」としたのは売れ行きを伸ばすための監訳者もしくは出版社の戦略だったと思います。しかも、ここまで書いてきたように、随所に詰めの甘さが残る、不完全な作品でもありました。

にもかかわらず、この書がその後の日本社会、特に企業の経営と人事に与えた影響は甚大であった、そのことは間違いのない事実です。

それは、「極東の遅れた敗戦国」でしかなかった日本の企業経営の特色を欧米に紹介した初めての本であり、日本人からすれば、偉大なるアメリカ人が日本企業について書いた、というアナウンスメント効果が強かったのだと思われます。

そして、どんなに多くの予言本・予測本が、「この先こうなっていく」と精緻な分析を行ったとしても、社会は簡単に動きはしないのに、この書は見事に世の常識となり、多くの日本企業は同書が示唆する方向へと歩を進めていきました。その理由は、発売当時の日本社会は、ここに書いてある方向に顔を向けたかった、そこで語られた言葉を待っていたからではないか、と思っています。

かなり厳しいことを書き連ねてしまいましたが、最後に、アベグレン氏に聞いておきたいことがあります。

１９９１年のバブル崩壊以降、失われた10年を経て、日本はすっかり自信をなくしてしまいました。皆があなたのご託宣を信奉し、そちらに歩を進めていたあの当時の日本人、とりわけ企業経営者の心情は、現在では大きく変わってしまったのでしょうか。

あなたは、１９８２年から教壇に立っていた上智大学で、「日本社会とアメリカ社会が違うように、日本企業とアメリカ企業の組織の在り方は違って当然だ。アメリカから組織のつくり方をそのまま移植したら必ず失敗する」という話を説き続けていたといいます。その一番の「核」となる違いを、今のあなたならもちろんお分かりでしょう。

そして、こうした話を、今の日本の経営者や企業人、そして研究者は、どう聞くべきだとお思いでしょうか？（荻野）

返信

ジェームス・アベグレン氏からの返信

私は、日本各地の企業を調査した結果に基づき、１９５８年に『日本の経営』を発表しました。その本で、日本的経営の三つの特徴を指摘しましたが、いつしかそれが「日本的経営（あるいは日本的雇用）三種の神器」と呼ばれる

ジェームス・C・アベグレン

(James C. Abegglen)

1926年生まれ。シカゴ大学で心理学博士号を取得後、ハーバード大学で研究。シカゴ大学専任講師などを経て、66年ボストン・コンサルティング・グループ東京支社を設立。同社の東京代表。パリ代表を経て、82年より日本在住、上智大学主任教授となる。97年に日本国籍を取得。著書に『カイシャ』（共著）、『新・日本の経営』などがある。2007年５月逝去。

ようになりました。いわゆる終身雇用制、年功序列賃金、企業内組合です。特に大切なのが、企業と従業員の間の社会契約を意味する「終身の関係（Lifetime commitment）」であり、これが後に終身雇用制という言葉で世に流布することになったのです。

私が指摘したのは誰かが決めた「制度」ではありません。企業と従業員との「終身の関係」という概念です。ところが、この本の新版が出された２００４年前後から、「終身雇用制の崩壊」といった記事が新聞や雑誌をにぎわすようになり、特に直近の10年はその頻度が高かったように思います。終身雇用は本当に崩壊したのでしょうか。

私は10年後も、大企業を中心に、多くの日本企業は終身雇用を維持し続けると考えます。会社にとっても社員にとっても利点がある制度だからです。ただ、サービス経済化が進み、製造業よりサービス業の割合がますます高まると、その部分で終身雇用は弱まるでしょう。

例えばソフトウェア業界でも法律事務所でも、そこで働く人は、自分が属する組織よりも、それぞれの職種により大きなアイデンティティを持つ。プロ意識と呼んでも構いません。企業も、そのようなプロフェッショナルを自社で雇用するよりも、必要なときにのみ契約することを望むはずです。

もちろん、企業の競争力を左右する本当のコアの部分を担う人に対しては終身雇用が維持されます。そういう意味では、全体のパイは減るかもしれませんが、終身雇用は維持されると見るべきです。

あとの二つについても触れておきます。

まず年功序列賃金に関してですが、この10年で、だいぶその勾配《こうばい》がなだらかになってきました。将来に向けて、ますますその傾向が強まるでしょう。高齢社会になり、若者の価値が相対的に上昇するからです。そう考えると、逆・年功序列という企業が現れてもおかしくありません。

企業内組合はほとんどその活動が目立たなくなりました。組織率も20％前後になり、さらに低下への歯止めがかかりません。60年ほど前は、経営陣と角突き合わせる関係でしたが、賃金より雇用確保が優先で、今では経営陣以上に会社の長期的な利益を守ろうとしています。今後、日本全体として組合の価値は緩やかに低下し続けますが、正社員以外のパートタイマーを取り込むといった動きは活発になるでしょう。

日本企業の人材マネジメントを考えるに当たって大切なのは、「アメリカの企業が純粋な利潤追求組織であるのに対して、日本の企業は社会組織である」という事実をよく認識することです。日本における企業の存在理由は、社員の幸福と安寧を実現することです。この10年、派遣人材やパートタイマーの活用といった「雇用の多様化」、年功序列のフラット化、労働組合の役割低下と、一見さまざまな変化がありましたが、企業の根本的な性格は変わっていません。過去の日本は産業化を目指す過程で、海外から多くの技術を導入し成功しましたが、人事や組織運営のノウハウはあくまで自前主義でした。そこにこそ日本企業の強さがあることを忘れないでほしいのです。

第2章

【完成期】欧米信奉の呪縛からの解放

●日本の人事管理は将棋の駒

働き方に大きく関わる要素の一つとして、給与制度が挙げられます。マスコミや識者も含めて、多くの人が気付いていませんが、日本は欧米とは大きく異なった給料の支払い方をしている、という事実があります。

こう書くと、「年功制で年齢によって給料が決まることだろう?」と訳知り顔で語る人が現れるのですが、残念ながらそれは間違いです。もしこれが本当なら、年齢が同じなら社長も専務も部長も課長も皆同じ給料となってしまうでしょう。もちろんそんな会社はありません。

年功序列という言葉にも、相当誤解があります。年齢に従って、誰でもほぼ平等に昇進できるのは、多くの会社でせいぜい係長まででしょう。課長には、同年次入社者でも早く昇進する人と、遅く昇進する人で従来から普通に差がついていましたし、少数ながらなれない人もいました。部長クラスになると、もう完全に実力主義でなれない人の方が多くなります。年齢に従い序列がついて、誰でも自動昇進というのは、厳しくいえば係長までの話、もう少し拡大解釈しても、せいぜい課長まで。これが現実だったのです。

一方で、欧米はどうかというと、もちろん一律な昇進・昇給などが導入されているわけではないですが、それでも上位役職には、ベテランが大勢を占める点は日本と同様。そのため、年齢別平均給料を取れば、日本と同様に年功カーブがきれいに現れます。とりわけ、ホワイトカラーに限定すれば、年功カーブは鮮明となり、その年代別格差も日本と大差ない状況となることが知られています。第一、年功カーブを示す時に用いられる「ラジアー曲線」という言葉自体、アメリカの労働経済学者のエドワード・ラジアーが、アメリカの給料体系を基に命名したものです。このあたりの詳細は小池和男氏の本や、拙著『就職、絶望期』(扶桑社新書)などをごらんください。

●「英語もドイツ語も話せる人」は給料が高いか

さて、では日本の給料のどこが、世界でも稀な仕組みなのか？

それは、こんな質問をするとすぐに分かるのです。

「ある外国語教室があったとします。この外国語教室は、英語もドイツ語も教えています。ここに二人の教師が在籍しています。講師Aさんは英語しか話せないアメリカ人。講師Bさんは同じアメリカ人ですが、英語同様にドイツ語も話せる人。さて、どちらの方が時給が高いでしょうか？」

講演でもこの例えをよく使って質問をするのですが、よっぽどの天邪鬼《あまのじゃく》でない限り、ほぼ全員が、「英語もドイツ語も話せるBさん」に手を挙げます。これが当たり前のようにそう思う。実はこの感覚こそ、日本独特の「給料の仕組み」と言えるのです。

解説してみましょう。

Bさんは英語もドイツ語も話せるのですが、授業でいっぺんにその両方を使うことなどあり得ません。担当するのは英語の授業か、ドイツ語の授業のどちらかになるはず。とすると、AさんもBさんも、同じ「英語の授業」を担当することになります。ならば、「同じ授業」なのだから、時給は一緒になる。そう、働く人本人の教養や能力に差があったとしても、同じ仕事をしている限り、給料は変わらない。給料は仕事が決めるんだ、という考え方。これを、「職務主義」と呼びます。

一方、日本はどうか？　給料は人によって決まる、と考える。BさんはAさんよりドイツ語ができる分、能力が高い。だから時給が高くて当然。これが日本人の標準的な考え方です。この仕組みを、給料は（職務ではなく）人の能力が決める、という意味で、「能力主義」（または属人給）と呼びます。能力主義とは、日本的人事慣行の大きな要素の一つなのですね。ただ、その語感から、全く本来の意味とはかけ離れて、「実力主義」と誤用されるケースを見掛けます。このあたりは人事の世界に身を置く人間として、非常に残念に感じています。

●「人で給料が決まる」が日本の特色を生み出した

さて、人の能力により給料が決まる、という日本型の仕組みは、一見小さな違いにしか見えないのですが、その実、とてつもなく大きな雇用慣行の差を生み出します。

もう一度、例の外国語教室を引き合いに出して考えてみましょう。あなたが今、Aさんのように英語しか話せない教師で、給料をアップさせたいなら、どうするか？　日本流に考えるなら、ドイツ語を学び、能力アップして、同じ仕事をしていても給料を上げてもらう、となるでしょう。一方、それがアメリカならどうなるか？　ドイツ語を学んでも、仕事が変わらない限り給料はアップしません。とすると、ドイツ語なんか学ぶよりも、給料の高いポストを獲得するしかありません。例えば、「初級英会話クラス」ではなく、「ビジネス英会話クラス」へとポストを上げる。そのポストが埋まっていたなら、よその教室に転職することを考えるはずです。職務が変わらなければ給与は上がらない世界で、「上の職務」がいっぱいならそうするしかないでしょう。

これが一つ目の違い。日本は今のポストで能力研鑽《けんさん》すればいいと考える。アメリカはよい待遇のポストを求めて、それが見つからないなら社内・社外関係なく取りに行く。そう、「人で給料が決まる」日本型の仕組みが、地道な能力形成と長期勤続という風潮を生み出しているのです。

次に、社内での異動（職務変更）というものを考えてみましょう。もし、アメリカのようにポストが給料を決めているのだったら、他ポストへの異動のたびに給料も変更されなければなりません。最初に営業で入社した人が、顧客に対応した経験を生かして、マーケティングに移ったとしたら。マーケは往々《おうおう》にして高給ポジションのため、大幅に給料アップとなるでしょう。その後に、マーケで数字に強くなったので、今度は経理に移るとします。経理は事務主体で報奨金もなく、ベース給料も下がります。こんな形で給料がアップダウンするのであれば、昇給するからマーケに行きたい人は多々現れますが、経理には誰も行かない、という状況になってしまいます。

そう、職務が給料を決める仕組みだと、異動というものを会社主導でさせにくい、ということにもなります。

一方、日本はどうか？　給料は人で決まるため、職務変更したとしても、連続性が保たれます。その間に職業人として能力アップした分だけ、少しずつ昇給していく。だから、どんな職務に異動指令を出しても、多くの人は拒否したりはしない。これを会社側から見ると、人が余った部署から人が足りない部署に、自由に異動させることができるため、人員調整が容易、というメリットとなります。これを働く側から見ると、一つのポジションで成功できなくても、社内で再チャレンジすることにより、最適なポジションが見つかる、というメリットとなります。その両方が相まって、やはり「長期勤続」という風潮を生み出していくことになります。

ここまでをまとめておきましょう。日本型の給料決定システムは、異動をしながら自分の職務適性に応じたポジションに誘われていく。そして、地道に能力研鑽《けんさん》をすればポストがなくとも給料はあがり、職務難易度も上がる。

そう「誰もが階段を上れる社会」を成り立たせるように、給与制度も適応していることに気付くでしょう。

●アメリカ型職務主義の挫折

「誰もが階段を上れる社会」の重要な要素となる「人の能力が給料を決める」仕組みはいつから日本に

根付いたのか、が、本章のテーマです。

職務が給料を決める、という仕組みは合理性や透明性が高いため、先進的と思われがちです。そのため、GHQの占領時代には、「日本も原始的な属人給を廃して、職務給に変えろ」という指令がしきりに出された、といわれています。

その後も、ずっと「職務給＝先進的」「属人給＝原始的」という揶揄《やゆ》が国内外から続きます。そうして、1960年代初頭の外資規制撤廃で欧米系企業の日本進出が叫ばれた時期に、その1回目のピークが訪れます。迎え撃つ「人で給料が決まる」日本型の支持者はどうだったか？

実は、日本の「属人給」概念は、そのころまだきちんとした制度とはなっていませんでした。そのため、対抗し得る理論的根拠がなく、言われる通り「やはり原始的」と認めざるを得なかった部分があったのでしょう。

戦前の職工身分制時代でも、職・工それぞれの中では、人により給料が決まる風習が、すでに浸透していました。そんな長い慣習を合理的なシステムにするためには、戦後20年以上の歳月が必要だったのです。

まず、戦後すぐに産別会議が主導した階級闘争が吹き荒れた直後、労働者にランク付けることはよくないという思想のもと、査定さえもはばかられる風潮の中で、年齢が給料決定に幅を利かせる「電産型給与」が、大手企業に広がり始めます。もちろん、この仕組みだと、がんばった人・そうではない人に給料差がつかず、納得感は得られず、やる気も起きない、といった弊害も生まれがちです。

それでも戦後の一時期、この仕組みが広く浸透したのは、日本経済の疲弊により、多くの人が飢えていたためでしょう。少ない原資を皆で平等に分ける、という意味で、一定の合理性があったからでした（正確に書くと電産型賃金体系の中にも「能力給」が2割程度のシェアで存在し、同一年齢でも多少の差がついています）。

当然のように、戦災から復興して社会全体が豊かになってくると、この仕組みへの支持は減り出します。1950年代の中盤くらいからは、各企業で、脱電産型が模索され、アメリカ型職務主義の導入が試みられていくことになります。

この職務主義は、職務ごとに難易度を決めて、上のランク（職階）の職務に上がれば、給料が上がる、という明快な仕組みでした。しかし、これを導入するには、すべての職務を分析し、それに等級をつけるという準備が必要です。また、厳格に運用するなら、自分に定められた等級より難易度の高い仕事も低い仕事もやってはならないということになり、さらに、当時急成長中の日本企業では、随時新たな仕事が生まれるため、そうした仕事は誰がやるのか、という問題にも直面しました。

また、ブルーカラー系の職務だと比較的容易に難易度を切り分けて等級化することもできるのですが、ホワイトカラー系の仕事だと、ルーティンが人それぞれで異なり、それを細かく等級化することがそもそも難しいという、根本的な欠陥にも行き当たります（実はアメリカもこの問題に悩んでいました）。

結果、職務給制はこの時期の日本でも根付きはしなかったのです。

「青空の見える労務管理」を目指して

一方、1950年代の中盤ごろに、もう一つの給料制度として「資格給制」が次第に広がり始めてもいました。ある一定の職位（職階）に就くためには、学歴・職歴・年齢・考課点などの基準があり、この基準を満たした人が、選考委員会で認定されて、該当職位に任用され、有資格者となる、というものです。この制度が支持された理由の一つは、給料は人（の保有する資格）により決まる、という日本的風土を基礎に置いていたことが挙げられるでしょう。

ただ、そのこと以上に大切だったのは、どんな職務に就いたとしても、勤続と高評価を重ねて基準を満たせば、きちんと昇進昇給ができる、という平等さを働く人たちにきちんと示した、ということの方です。こうした平等さ・公平さを当時の経営者が大切にしていた理由は、やはり、戦前の職工身分制への反省と、戦中の職・工ともに貧困にあえいで共闘した記憶があったためではないか、と言われています。上席者が公職追放でいなくなり、いきなり経営者に抜擢《ばってき》された若い世代が、労働争議やドッジ不況などを経験しながら経営手腕を磨いた結果が、公平・平等という結論になったのではないでしょうか。

当時の名経営者として名高い八幡《やわた》製鉄の小松廣氏や日本鋼管の折井日向《おりいひゅうが》氏などは皆、こうした共通体験を持っています。職工格差をなくして、誰でも一定のルールで昇進昇給ができる仕組みを称して、折井氏は「青空の見える労務管理」という名言を残しています。

その「青空の見える労務管理」とはいったいどういうものだったのか。嚆矢《こうし》とされる八幡製鉄所（現・新日鐵住金、2018年9月現在）の例を紹介します。

1958年、八幡製鉄所は新たに戸畑製造所が稼働するに当たり、職制を一新させました。それまでの組織体制は上から課長、掛長、監督技術員、組長、伍長、一般工というものでした。課長、掛長、監督技術員になれるのは大卒者のみで、高等小学校や中卒、高卒までの人材は一般工から入り、伍長を経て、せいぜい組長で昇進がストップしていました。

新職制は、上から工場長、掛長、作業長、工長、一般工となり、新しく創設された作業長を管理者として位置づけるとともに、一般工であっても、作業長はもちろん、その上の掛長や工場長にも昇進できるようにしたのです。

その背景には、工場設備が近代化し、現場の仕事が勘やコツの重視、そして力任せの肉体労働だけではなく、頭脳労働の面が強くなってきたことや、現場の若手の学歴が中卒から高卒主体に移ったことがありました。優秀な高卒が職員と工員という厚い壁に阻まれて昇進できず、腐ってしまってはいけない、そのために、暗い天井を取り除き、青空を覗《のぞ》けるようにしようと。当時、さかんにこう言われたそうです。「八幡の空に青空が見えた」と。戸畑に限らず、そして八幡に限らず、日本中の大企業で、このやり方が広まっていきました。

川の源流をたどるがごとく、「誰もが階段を上る社会」の大元が垣間見られる一事例です。

●能力主義の誕生

資格給制に話を戻すと、この制度は、「なぜ経験を積み、好評価を続けると、ランクが上がるのか」ということの説明は何もしていません。そこで、やはり根拠薄弱で説明力不足となってしまいます。折しも、外資規制が緩和されて、欧米企業が日本に来襲すると皆が戦々恐々としていた時代。そこで、この根拠を明確にするために、「能力」という概念が用いられるのです。

そう、経験と実績（評価）を通じて、確かに能力アップが確認できたとき、ランクを上げる。そのためには、ランクごとに、必要な能力をあらかじめ決めておく。そうすれば、合理的で透明性の高い運用ができる。これが、１９６０年代後半に日本企業が行き着いた結論でした。世界に先駆けたスマートな属人給の体系が「能力主義」だったのです。

人の能力がアップしたら、それだけで職位資格も上げ、給料もアップする。なぜそんなことが可能だったのか。１９５０年代から１９６０年代にかけて、日本は経済全体のパイが日増しに膨らむ高度成長という果実を味わっていたからにほかなりません。

「もはや戦後ではない」という名文句が綴《つづ》られたのが１９５６年の『経済白書』でした。１９５５年からは神武景気が始まり、１９５８年からは岩戸景気が幕を開けます。１９６０年には実質経済成長率が12・０％にも達し、家庭も豊かになって１９６６年には「３Ｃ」（カラーテレビ・カー・クーラー）という言葉が生まれました。１９６８年にはＧＮＰ（国民総生産、当時よく使われた経済規模を示す指標。日本ではＧＤＰ（国内総生産）とほぼ同じ）が西ドイツを抜き、遂にアメリカに次ぐ世界第２位の資本主義国となります。製品は作れば売れ、作れば輸出できました。企業業績も右肩上がり、職位資格を上げることで人件費が増えても、企業は十分にやっていくことができました。八幡製鉄所の事例で示したように、ホワイトカラーのみならず、ブルーカラーもその恩恵に与《あずか》りました。能力主義の全面開花期といえるでしょう。

逆にいうと、ポストのことなど考えず（それは無尽蔵に生まれてくるから）、能力研鑽《けんさん》に応じて給与も役職も付与できる、夢のような時代だったとも言えます。やはり、日本型の「誰もが階段を上れる社会」は、その時期の経済状況が最良だったという運もあって、うまく形作られたと読むこともできます。

この章では日本企業が能力主義に大きく舵《かじ》を切るきっかけとなり、理論的支柱ともなった日経連の報告書『能力主義管理』と、能力主義を基盤とし、日本型「誰もが階段を上がる社会」作りを支えた楠田丘氏の『職能資格制度』を取り上げます。

（海老原）

02

能力主義管理—その理論と実践

日本経営者団体連盟編

１９６９年　６１５頁　日本経営者団体連盟弘報部

（初出：『ＨＲｍｉｃｓ』２号　２００９年１月発行）

ダイジェスト

巷間《こうかん》、日本企業は能力により、欧米企業は業績によって従業員の処遇を決める、と言われますが、能力と業績はどう違うのか、そもそも能力とは何か。いつごろからそうなったのか、よく分かっていない人が多いのではないでしょうか。そうした人こそ、まずこの本をひもとくべきでしょう。

　また、２０００年代前半に人事関係者がよく口にしていましたが、最近はあまり聞かれなくなった言葉に「コンピテンシー」があります。以前は「高業績者に共通する職務能力」という訳語が当てられていましたが、最近では

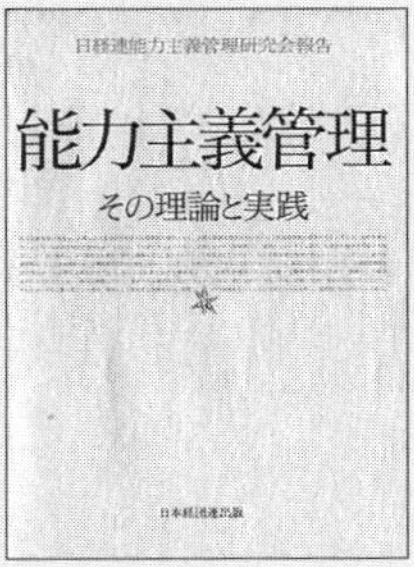

●目次

新装版　2001年　498頁　日本経団連出版

「実践能力」「発現（発揮）能力」などと訳されることが多くなっています。そのコンピテンシーと能力の違いに関心がある人もこの本のよい読者になるでしょう。

――労働者一人ひとりの能力を最高に開発し、最大に活用、さらに学歴や年齢、勤続年数にとらわれない、能力の発揮に応じた真の意味の平等的処遇を行うことで、労働者のモチベーションを最大化し、それによって少数精鋭の勤務体制を目指す人事労務管理を「能力主義」といい、各社において、その確立を一刻も早く実現させなければならない――日経連（日本経営者団体連盟）が1965年の総会において採択した見解です。

その背景には、賃金の大幅な上昇、技術革新、労働者の意識の変化などがありましたが、何といっても大きかったのが労働力不足という問題でした。その影響を最小化するべく、一人ひとりの労働効率を高めること。これが能力主義管理の主眼だったのです。

その具体的方策を定めるため、翌1966年10月、日経連労務管理委員会（委員長：茂木啓三郎・キッコーマン醤油社長、人事管理担当副委員長：田中慎一郎・十条製紙副社長）の下に、主要企業21社の人事部長・課長からなる「能力主義管理研究会」（主査：早稲田嘉実・昭和電工千葉工場総務課長）が設けられました。以来、同研究会が足かけ4年にわたって、毎月2回程度の会合を開き、事例研究、学者ならびに専門家の意見聴取、実態調査などを行った結果をまとめたのがこの本です。

同書は能力主義管理の基本的な考え方を述べた第一部と、実践編の第二部に分かれます。

第一部では、能力主義管理を必要とする企業経営側の理由として、次の8点が挙げられています。

(1)労働力過剰から労働力不足への移行、雇用構造の老齢化、進学率の上昇に伴う従業員学歴構成の高度化
(2)大学教育の一般化に伴う大学卒の量的拡大と質のバラツキの拡大
(3)技術革新の進行（適応能力の訓練・再訓練および配転のニーズ）
(4)外国技術輸入依存から国内技術の開発・輸出へ（自己技術開発に対するニーズ）

(5)貿易自由化・資本自由化による国際競争の激化
(6)高度成長期の終了と需要超過経済から供給超過経済への移行＝国内競争の激化
(7)労働者、特に若年労働者の価値観の変化
(8)労働異動増大にともなう定着対策の必要性の発生

こうしたニーズに対応する能力主義管理は以下の五つの特徴を持っています。

①キャリア育成（自己啓発意欲の喚起）
②モチベーションおよびインセンティブの重視
③年功・学歴による学歴別年次別管理、形式的処遇からの脱皮、能力による真の平等処遇の確立（適性による配置、能力中心による昇進・昇給・降格・降給の積極的推進）
④目標管理、スキルズ・インベントリー、人物調査制度など、能力主義管理施策の統合的な手法の確立
⑤人事考課を中心とする個人別人事情報管理

第二部、実践編では、能力主義管理の実際を組織管理、育成配置管理、賃金管理の三つに分けて説明します。さらに、組織管理を本来の組織管理と要員管理の二つに、育成配置管理を採用管理と配置管理と能力育成管理の三つに分け、賃金管理と育成配置管理の双方に関連するものとして能力評価管理を置き、それぞれのあるべき内容を詳しく紹介しています。

どんな仕事に就いていたとしても、職務やポストではなく、能力で評価する。だから誰にでも昇進のための階段が用意できる。こうした夢のような世界観を実現するための理論的裏付けとなったのが、この書と言えるでしょう。

往信

拝啓　山田雄一様

●能力とは何か

能力とは企業における構成員として、企業目的達成のために貢献する職務遂行能力であり、業績として顕現化されなければならない。能力は職務に対応して要求される個別的なものであるが、それは一般には体力・適性・知識・経験・性格・意欲の要素からなりたつ。それらはいずれも量・質ともに努力、環境により変化する性質をもつ。開発の可能性をもつとともに退歩のおそれも有し、流動的、相対的なものである。

所々に古めかしい語句が混じっていますが、これはいつ書かれた文章だと思いますか？　正解は今から40年近く前の1969年です。今読んでも十二分に通用する内容に驚きを覚える人も多いのではないでしょうか。そして、この文章こそ、この本の骨格をなす「能力とは何か」を表した箇所なのです。

同書の執筆を担当した日経連能力主義管理研究会は当時の主要企業21社の人事課長クラスを中心に構成されていました。その中の一人が、元・明治大学学長で、当時は富士製鐵（新日鐵住金、2018年9月現在）勤務の山田雄一先生でした。日経連は戦後、労働組合に対応するために作られた経営者の団体で、いわば労働問題に関する経営側の総本山です。経団連（経済団体連合会）と統合され、今は日本経済団体連合会に形を変えています。

日経連が総会において「能力主義」を採択したのが1965年のことです。それを具体化するために発足した同研究会は、1966年から毎月2回の討議や専門家を呼んでの研究会を4年にわたって繰り広げ、議論が白熱し深夜に及ぶことも稀ではなかったそうです。その成果である同書は約500ページもある大著となりました。理論編では能力主義管理の基本的枠組みと、それが要請される背景が、実践編では、組織・採用・能力開発・評価・賃金といった個々の管理手法が詳しく解説され、下手な学者やコンサルタントが裸足《はだし》で逃げ出しそうな理論と実践の書となっています。ご多忙の向きは、冒頭にある30ページほどの「要約」だけでも一読するべきでしょう。同書に対して、あえて難点を述べるとすれば、巻末に事項索引の類があれば、折に触れて参照しやすい書物になったのではないかということくらいでしょうか。

1969年は全共闘運動の最盛期、東大・安田講堂の攻防戦で1年の幕が開け、夏にはアメリカが打ち上げたアポロが月へ行った年です。ベトナム戦争に突入していたものの、アメリカはまだ自信満々でした。同書が書かれた理由として、「労働者の規模という面ではアメリカに比肩《ひけん》するようになった企業でも、生産性はアメリカ企業の2分の1から3分の1にとどまっている。それは間接部門（ホワイトカラー）の労働効率の低さがガンになっている」という記述がそこかしこで見られます。勉強会が開かれた4年間はちょうど、いざなぎ景気の時期でした。

高度成長を経て、1968年には西ドイツを抜き、日本はついにアメリカに次ぐ第2位の経済大国になっています。国は確かに富んだが、いつまでもこの豊かさが維持できるとは限らないという危機意識が同書の筆致から窺えるのです。

●「身分的」区別から「職務」区別を経て「能力」区別へ

さて、企業の人事管理の根本は、従業員の何に着目し、それをどう評価するか、ということです。当時の日本の経営はなぜ「能力」に着目したのでしょうか。時計の針を少し戻してみましょう。

1945年の敗戦前までは、企業は従業員に身分的区別を行っていました。大卒が強烈に少なかった当時、エリートの代名詞でもある「大卒」ホワイトカラー職と、一般工員・社員との間に、昇進・給与・社内待遇の面で、大きな差があったのです。その特権的地位にあった「大卒」ホワイトカラーは、「年功」すなわち、学歴・入社年次で昇進・給与が決まるという機械的な評価が主流でした。大卒が稀少《きしょう》で、選ばれた一部の秀才のみが幹部候補として入社し、帝王学を授けられる時代でしたから、当時は年功制にも合理性があったのでしょう。

ところが敗戦でGHQがやって来て、「そんな曖昧な基準で人を評価し、賃金を決めるのはけしからん。わが国のように、担当した仕事の価値で賃金を決める職務給にしなさい」と指導が始まりました。それに対してNOという声を挙げたのが当時、労働省の官僚だった楠田丘さんでした（78ページ参照）。

一方で、当時は戦後の困窮期です。労働組合の力が大変強い時期でもあり、経営も「従業員の『生活』第一」という風潮に流されざるを得ませんでした。そのために多くの企業で年齢および家族構成を重視した給与制度が採用されていきます。その典型が1947年、敗戦の2年後に成立した電産型賃金体系で、給与総額の75％が年齢給と家族給で占められていました。電産は、当時、最も影響力のある組合の一つでした。

その後、ドッジ・ラインや大労働争議、朝鮮戦争特需を経て、1956年には『経済白書』で「もはや戦後ではない」と謳《うた》われるように、日本も高度成長の端緒につきます。このころにまた、GHQご推奨の職務給が復活し始めます。製鉄会社、電力会社、製紙会社といった大企業の生産現場を中心に、仕事の価値に応じて賃金を決める職務給制度が導入されました。当の日経連も、55年に『職務給の研究』という本を刊行し、その旗振り役となっています。

ところが、この時期もまた職務給は普及しませんでした。職務給の導入に当たっては、どの仕事にどれだけのお金を払うか、という職務評価が不可欠なのですが、そのころの日本経済は高度成長期にありました。一人が担当する仕事は頻繁に変化し、また、新たな組織が日々発生――そのたびごとにいちいち職務評価を改訂していてはコストがかかりすぎる。そのため職務給は浸透しなかったといわれています。

ただ、そんな経済合理性だけでなく、職務給は心の部分で日本になじまなかったのです。職務給＝固定職務のみ担当する契約概念――ここには、後輩への面倒見のよさも、各人の切磋琢磨《せっさたくま》にも評価が与えられない。和と研鑽《けんさん》を旨とする日本的伝統とはなじまない制度だったのでしょう。

『職務給の研究』から14年後、同じ日経連が出したのがこの『能力主義管理』です。「身分的区別」と「学歴・年功」から「生活」、そして「職務」を経て「能力」へ。二十数年の間に人事管理はようやく日本的慣習へと収斂《しゅうれん》し、しっくりとしたエポックが出来上がりました。

●ジェネラリスト育成にマッチ

能力主義は、年功制や職務給と全く違った形にはなり得ませんでした。

まず、「能力」は、ある面、年功や学歴と連関する部分もあるためです。しかし、以前の「学歴・年功制」は、過去の経歴が報酬を決めるという「後ろ向きの処遇制度」という観点が強いものでした。対して、「能力主義管理」は、従業員個々の現在の能力を重視し、その能力がどれだけ業績を生み出すか、という「前向きの業績管理」である点が大きく異なります。

また、能力主義でも、それぞれの職務に必要となる能力をもっている人がそれぞれの仕事に就くことになるので、結果的に能力給で判断しても職務給で判断しても、その仕事をしている人は同じ給与になります。

ただし、実務運用上、能力給と職務給は大きな違いが生まれます。その最たるものが、異動でしょう。職務給体系では、営業でバリバリの課長でも、経理未経験なら経理課長には登用されない。経理課長職務に当てはまる人のみが任用されるわけです。つまり、職務の壁を越えた異動は行いにくい。一方、能力主義は、本人の能力は「課長ランク」であるため、異動しても短期間に能力が衰えることがない限り、経理「課長ランク」でいられる。そのため、職務異動が行いやすい。この点は年功給的な運用であり、ジェネラリスト型の人材育成に重きを置く日本型雇用にマッチしたわけです。

●コンピテンシーと名を変えて逆輸入

実は、２００１年に同書の新装版が刊行されています。山田先生が改めて発刊の辞に筆を執られ、〈業績主義、成果主義、発揮能力主義が強調される今日の視点からみても、十分批判にたえうるものであることは明らか〉と書かれています。ここで言う発揮能力主義とは「コンピテンシー」のことでしょう。冒頭に引用した「能力とは企業における構成員として、企業目的達成のために貢献する職務遂行能力であり、業績として顕現化されなければならない」を指しての言葉だと思います。

事実、先生の言葉を裏打ちするように、タワーズペリンのコンサルタント、本寺大志《もとでらだいし》氏が２０００年に上梓した『コンピテンシーマネジメント』（日本経団連出版）の中で、本稿冒頭に掲げた能力についての記述は、同社が推進しているコンピテンシーの概念とほぼ同じであり、〈本書（『能力主義管理』）を読み返すたび、自分は遅れてきた青年に過ぎないのではないかという思いに駆られる〉と述べています。

日本発の能力主義がアメリカに輸出され、数十年後、コンピテンシーと名を変えてブーメランのように戻ってきた。それを、バブル崩壊後の業績不振にあえぐ日本企業が救世主のように崇《あが》めた、ということでしょうか。その背景には、〈開発の可能性をもつとともに退歩のおそれも有し、流動的、相対的なものである〉という箇所が顧みられず、せっかくの能力主義が、保有能力主義（発揮しなくてもよい能力）となり、甘い年功主義に陥ってしまったという事情があるのでしょう。

さて、ある雑誌のインタビューで本書の話題になった際、当時の研究会は一枚岩ではなく、能力主義という新しい旗を立てるのに反対する人事も数多くいた、という事実を教えていただきました。山田さんもその一人でした。山田さんは大学で心理学を専攻して人事院に入り、その後、富士製鐵に移られました。自らを心理学者と任じています。そういう人にとって、能力という物差しで人を管理するのは暴挙だと思われたのでしょう。

　山田さんいわく「労働の成果は能力×意欲で図られる。いくら能力が高くても、意欲が低かったら、成果は限りなくゼロになる。能力のみにスポットをあてるのではなく、意欲を上げる仕掛けも考えなければ、能力主義は日本企業を殺してしまうだろう」。そうした危惧を研究会のリーダー格の人に告げたところ、「気持ちはわかるが、今回は能力主義という新しい概念を立ち上げることが大切なんだ」となだめられ、納得されたそうですね。

　最近、能力主義の淵源を江戸時代に求める興味深い本を読みました。『武士道と日本型能力主義』（笠谷和比古、新潮選書）です。その代表例は将軍・吉宗が行った「足高《たしだか》制」です。能力は高いものの、基準石高に満たない身分の低い幕臣を幕府の役職に就ける場合、当該人の家禄と基準石高の差を「足高」として、役職期間中だけ支給する、という制度です。政務遂行のための一時的昇格であり、政務終了とともに、元の鞘《さや》に収まるところが味噌です。これは従来の身分秩序や家禄の体系を破壊することなく、柔軟な抜擢《ばってき》および配置を可能にした制度なのです。

　この制度に代表される、江戸幕府の能力主義があったおかげで、世に出た代表的な人物を二人挙げるとすれば、まずは幕末の外交問題の第一線で常に活躍した勘定奉行・川路聖謨《かわじとしあきら》だそうです。豊後日田《ぶんごひた》の属吏の出だった川路は、旗本の養子となって家督を相続し、勘定所の役人試験に合格。そこから江戸幕府における〝高級官僚〟の道をまっしぐらに進み、三千石の勘定奉行にまでなります。もう一人は、かの勝海舟です。地位の低い旗本の息子として江戸に生まれた彼は自ら学んだ蘭学や兵学の知識が認められ、長崎の海軍伝習所に入り、そして咸臨丸《かんりんまる》の艦長を任せられ太平洋横断に成功。それによって、幕府高官への道を歩み始め、軍艦奉行、陸軍総裁となりました。

家柄や身分にとらわれず、能力ある人間を取り立てようとした制度といえば中国の科挙が思い浮かびますが、この制度は、「学歴・年功」的運用にとどまり、ビューロクラシー（官僚政治）の悪弊を拡大していきます。なぜそうなってしまったのでしょうか。翻って、日本に能力主義は根付いたといえるのでしょうか。

「誰もが階段を上れる社会」の理論的支柱を作ったのがまぎれもなく、山田先生たちの研究会であり、その苦労がこの一冊に収められています。ポストや職務は有限であり、誰にも提供することはできません。ところが、能力に関しては、物理的な数が決まっていないため、いくらでも増大させることが可能。そこを出発点にすれば、どの職務でもしっかり頑張り習熟を積むことで誰でもが必ず階段を上れる社会を実現できる。

そんな清々しい思いがこの本には示されています。

ところが、日本型能力主義も、運用の甘さからやがて、年功的な運用に陥り、ビューロクラシーの臭いを醸し出します。

なぜ、青き志はどの国どの時代でも結局は、安きに流された形式主義へと堕してしまうのか。

歴史にも造詣が深い山田さんにぜひ伺ってみたいところです。

（荻野）

［追補］山田さんの訃報は私の父から第一報を聞きました。実は父は、山田さんの初職である人事院に、一期下で入庁した氏の後輩であり、同院のＯＢ会などで毎年旧交を温める間柄という、不思議なご縁がありました。山田さんは理論的

な部分はもちろん、心の部分でも日本型雇用の特質を何度も私に語ってくれました。本書にも書きましたが「徳なくば立たず」はその最たるものでしょう。序章の後半にも書いた通り、日本型の職務無限定雇用は身分的契約の色合いが強い前近代的なシステムです。それがなぜ今日にも成り立つのか。その規範として「徳」が経営者に求められるからだという山田さんのお言葉、心に焼き付いています。それを失したならばいつでも日本型はブラックに堕す。まさに今日の雇用問題の本質を表した至言でしょう。その慧眼《けいがん》を敬い続けながら、ご冥福をお祈りいたします。

（海老原）

返信

山田雄一氏からの返信

出版の時代背景まで詳述した講評を拝読させていただき、30代後半の働き盛りの4年間を費やした研究会の記憶が鮮やかに蘇ってきました。少し触れられている通り、当時、私は能力主義に反対の立場でした。働く人の使用価値が過度に重視され、存在価値が軽視されるような人事管理へと逸走することを恐れたからです。

それまでの、いわゆる年功主義、より正確には、学歴・身分・採用年次別の集団区分による逐年的管理をやめ、職務能力というスケール一本で従業員、特にホワイトカラー個人を処遇しよう、というのが能力主義管理の趣旨です。その思想は拍手をもって迎えるべきでしょうが、一方で、働く人の価値は職務能力のみに還元し得ないのも事実です。人柄、人あたり、人気、人望、人徳、仕事への意欲、その仕事

山田雄一（やまだ・ゆういち）

明治大学名誉教授。1930年生まれ。東京大学文学部心理学科卒業後、人事院に勤務。富士製鐵、茨城大学教育学部助教授、明治大学経営学部教授を経て、明治大学学長に就任。主著に『社内教育入門』『企業のなかでどう生きるか』がある。2012年4月逝去。

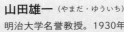

を価値あるものと考える度合い等々、職務能力を倍増させる、あるいは半減させる要素を見落としてはならないと考えたのです。

今から数十年前、都市対抗野球でのことです。「優勝間違いなし」という下馬評が高かった企業で役員の不祥事が発覚、今日にも特捜部が家宅捜索に入るとマスコミが報じた直後の試合で、格下の相手にあえなく屈してしまいました。能力が高くても、世間に申し訳ない、という気持ちがあれば、意欲が阻害され、たちまち弱くなる。実業団スポーツの世界では、企業業績とチームの強さには、ある程度の比例関係があるそうです。業績がいい場合は仕事が忙しく練習時間が減って不利になるはずですが、現実は逆で、好業績が組織の勢いにつながり、それが大きなチーム力を生み出すのです。もちろん、逆もまた真なり、です。

能力主義に関するもう一つの危惧は、組織を個人単位に分断しないか、ということでした。「徳は孤ならず。必ず隣あり」という孔子の言葉がありますが、同様に、「能力は孤ならず。必ず隣あり」という状況を創出することが極めて大切です。能力主義が年功主義に陥る愚は避けなければなりませんが、一人ひとりが能力発揮を通じてつながり合う組織をつくる、という大前提を忘れてはいけません。

ところで、日本の能力主義の淵源ですが、江戸よりもっと前、中国の優れた文物を学ぼうと遣隋使や遣唐使を派遣した飛鳥・奈良時代にまでさかのぼれるのではないでしょうか。遣隋使や遣唐使は能力で選ばれたわけですし、彼らがもたらした律令制により日本の国家体制が整いました。

江戸期にはご指摘通り、武家社会にも町人社会にも能力主義人事管理の原型が現れます。戦前の高等文官試験（現・国家公務員試験総合職試験）は、科挙に相当します。そのスタートは清朝も、科挙自体も消滅寸前のときでした。１８７０年、西洋で最初に官吏登用試験を実施したのはイギリスで、その際、清朝の科挙を参考にしたそうです。

科挙の廃止は、詩文中心の教養主義的偏向のためといわれています。逆説的に言えば、昨今、政財界含め、あまりに教養不足のリーダーたちの言動を見るにつけ、幹部の登用には今こそ教養試験が必要、人間主義に帰れ、とは言えないでしょうか。

03

職能資格制度
―その設計と運用

楠田 丘著

1975年 315頁 産業労働調査所

（初出：『HRmics』1号 2008年10月発行）

ダイジェスト

本書で再三書いてきたとおり、日本では給料は「人」で決まりました。例えば同じ職務を担っていたとしても、人が異なれば、当然給料も異なる。それが普通の状態。この説明として使われたのは、「仕事は同じでも、能力が異なるから」という理由。しかし、人の能力とはなかなか明らかにできないものです。そのため曖昧な基準で日本型人事はダッチロールを続けたのですが、楠田式「職能資格」の登場で、問題の多くが解決することになりました。人の能力をベンチマークする基準を取りそろえて、それを制度として明示したのが、「職能資格」制度です。

それまでも、欧州では人の能力に基準を設

●目次

第1章　能力主義人事の性格と機能
第2章　職能資格制度の設計
第3章　職務調査と等級基準（職種別等級別職能要件）
　―職能マニュアルの設定
第4章　職群管理の導入と運用
第5章　職能資格制度の運用
第6章　期待像を軸としたトータルシステム
　―人材の評価・育成・活用
第7章　日本型成果主義の構築が労使の課題
第8章　職能資格制度のこれからの課題

改訂5版　2003年　237頁　経営書院

け、それにより給与を決めるという人事慣行があったのですが、この方法は日本とは決定的に異なります。かの国々では、ギルドに端を発する職種別労働組合が存在し、そうした会社を超えた「職務」でのつながりがあったため、社内標準ではなく、ナショナルスタンダードとしての「能力把握」がなされていました。それも、経営者を目指して能力アップする、という体系ではなく、あくまでも、職人として腕を磨くという意味。つまり、企業人能力というよりも、熟練工としてのスキルが主となったものでした。ギルドも社外連携もない日本では、この仕組みはうまく機能しないでしょう。

　そうではなく、日本のように社内で企業人として成長していくことと、それぞれの職務に必要な能力の両方を見て、制度化してこそ、日本型能力給となります。楠田式はそこを実践的な手法で体系化しています。仕事（Ｊｏｂ）とは小さな課業（Ｔａｓｋ）の集合体であり、日本の場合Ｊｏｂが曖昧模糊《もこ》としているのですが、日々のＴａｓｋは比較的明確です。そこで、各職場のＴａｓｋを取りそろえ、それに必要な能力を調べていく。こんな手法でランクごとに必要な能力を積み上げたものが職能要件であり、これにより職能資格が作られます。

　これは、社内で経営者への道を歩むための体系でもありますから、職務が異なる場合でもある程度の共通性を生みます。例えば、課長相応職であれば、管理能力、統率力、融和力などはどの職場でも共通となっていくでしょう。こうした企業内共通の要素を含むため、同一ランクの人が多職務に異動しやすい、という仕組みとなっています。

　しかも、細則までよく読めば、異動後2年たって、該当職務の必要能力をキャッチアップできないときは、職能ランクの降格もあり、とまで書かれている。この通りに企業が運用したならば、決して下方硬直は生まれず、また、安易な多職務異動型ジェネラリストも生まれなかったはず。「楠田式は年功給と日本的ジェネラリストの温床《おんしょう》となった」という評価は間違いであり、こうした悪弊は企業人事側の運用の不徹底が招いたといえるでしょう。

さて、職務に人をつけるというアメリカ的職務給概念は、ブルーカラーが主の時代は合理性を持っていたのですが、ホワイトカラーが主となると問題が多発します。ホワイトカラーは突発事項や自主判断で仕事を作り変える必要が随時発生し、明確な「Ｊｏｂ」など規定できないことが一つ目の大きな問題。そして、職務ランクだけ決まってしまっても、そこに誰を任用するか、例えば課長ポストに果たして大学を出たばかりの人を任用してもよいのか、判断できないという二つ目の問題がでてきます。

そうすると、結局、職務定義は曖昧になり、また、任用のための基準（相応の人が分かるように、人にランクをつける）が発生していく。結果、人をベースにした人事へと昇華するしかないわけです。4章の太田隆次氏のところで詳細が書かれていますが、そうした曲折の中で、人で給与が決まる「コンピテンシー型」能力給がアメリカでも普及していきます。コンピテンシーをありがたいご託宣のように日本に輸入した企業は、「人が給料を決める」というそもそもの考え方自体は、日本がお家元だったと改めて認識し直すべきでしょう。

前に紹介した『能力主義管理』が、日本型「誰でも階段を上れる社会」の理論書とすれば、楠田氏の本書は、それを現実場面に設置させた「実務書」と言うことができます。

折しも、オイルショックの頃、この本は上梓《じょうし》されています。ここから先、経済成長はスピードを落とし、ポストは今までのように増えなくなっていく。つまり、職務主義と能力主義の違いがいよいよ鮮明になる時期に、「ポストはなくとも等級は上がる」という魔法の仕組みがもたらされたということです。まさに、絶好のタイミングで日本型の「誰もが階段を上る社会」づくりを支えた書といえるでしょう。

往信

拝啓 楠田 丘様

●人間愛にあふれた人事コンサルタント

日本で最高に有名で成功した人事コンサルタントは誰か？
コンピテンシー開祖の太田隆次さんや、人材含み損概念を提起した高橋俊介さん、ＳＰＩ（適性検査）をはじめ人事アセスメントを日本に普及させた大沢武志さん……。高名な先生方の名前が頭に浮かびます。では、「あえて誰か一人に絞るならば」と付問したなら誰の名前が挙がるでしょうか。たぶん50代以降の人事マンなら、「楠田さん」と答える人が、圧倒的多数となる気がしています。

楠田さんが提唱した「職能資格制度」は、日本型人事を完成へと導きました。ただし、「その業績をもって彼はナンバーワンと目される」というのは早計にすぎる気がしています。

人事マンが彼を愛してやまないその理由。それは、彼の人間性にある、というのが、私の正直な気持ちです。

先を見る力
本質を見る力
現実への接地面を作る力
それらの土台となる人間愛

この四つがあいまって、彼の魅力を醸し出している。例えば私たちが人事制度を作るとき、利益追求や事業目的達成を念頭に楠田さんの本を読むと、ページを繰るたびに、「そんな皮相的な仕組みで、人を管理することが出来るか」という叱咤《しった》を必ず受けることになる。そして新たに、私たちは楠田さんへの敬愛の念を深めることになるわけです。

●職務主義は日本には合わない

前章まで見てきたように1960年までの間に、給与制度に関しては徐々に日本型の仕組みが出来上がりつつありました。しかし、職務設計や評価については、まだまだ不十分なところが多かったのです。その最たるものが、「なぜ職務主義を導入しないのか」という合理主義者からの批判です。職務内容を明確に記載し、その記載に従って任用条件を定め、また、その記載された通りの労働ができているかにより評価する——いわゆるアメリカ型人事の基礎となるのが職務主義です。こうした「人」ではなく「仕事」で任用も評価も給与も決まるという制度は、とても合理的で分かりやすい。しかも、すべてが「職務」で決まるから、好き嫌いなどの差別が入り込む余地もない。この合理性とアメリカの時代性（公民権運動の高まりによる差別撤廃）があいまって、60年代に職務主義は全盛時代を迎えます。

それに先立つこと20年以上も前の戦後当初から、GHQは職務主義の日本への浸透を指示していました。日本型の曖昧さへの批判と、戦後高揚していた「アメリカ型礼賛」の一環から出た方針と思われます。

「日本では珍しかった女性行政官が、私に強く職務主義を言明した」——当時、労働省官僚だった楠田さんはGHQからそんな指導を受けたことをよく記憶されています。同時に楠田さんは行政官としての将来を捨て、人事制度研究を主務にする、つまり技官（研究職としての官僚）への道に進むことを決意されたとも語っています。

「職務主義はすべての面で日本に似合わない。かといって、今の日本には参考となる制度が見当たらない。これから少し時間がかかるだろうが、本質的でユニークな人事制度を作らねばいけないな」。そのために、「黒塗りの車に乗る（高級官僚になることの例え）ことは諦めた」とも氏は語ります。

●職能資格制度の予見性

楠田さんと同様の動きは、学界や産業界でも起きていました。とりわけ、ＧＮＰが世界第2位になり、日本も国としての自信を回復した１９６０年代に、その動きは活発化します。

前で見てきたように、日経連が主になって進めた研究によって、１９６９年に「能力主義」という概念が楠田さんよりも一足先に提唱されました。ここに、職務ではなく人にスポットを当てた日本オリジナルな人事制度の理論的支柱がようやく誕生するわけです。

ただ、これを実務面に落とすとなると、生産性やコストとのバランス、人の気持ち、人事部門の業務量など、さまざまな「接地面」が必要となるわけです。ここから先は、楠田さんの独壇場となります。

職務パッケージのない日本では、まずタスク（課業）を洗い出し、その課業の難易度に従って、担当者の必要能力を定める。担当職務ごとの必要能力が明確になったところで、レベル感の類似する担当業務を一つの群とする。その群を担当できるような人たち（必要能力群）を職能要件とし、これをもって等級を定めていく――人事実務にスムーズに落とせる現実性を楠田さんは提唱します。

時は高度経済成長の終焉《しゅうえん》期。オイルショック直前です。確かに高度経済成長期は、次々に新たに職務が発生し、その職務をいちいち定義している暇などないから、職務主義は似合わなかった。そうした意味で、「能力主義」が重宝されます。楠田さんがすごいところは、この後すぐに訪れる安定成長期のことも慮《おもんぱか》っていた点でしょう。

安定成長期になれば、今までのようにポストの急拡大は起こらない。とすると、能力があるのに昇進できない人が増える。これでは人のモチベーションは維持できず、能力研鑽《けんさん》の風土も廃れていく。この点を予見したかのように、職能資格制度には以下の2点が盛り込まれています。

能力は相対評価ではなく、絶対評価

能力等級とポストは関係ない。ポストなしの専任職課長もOK

当時、楠田式と比肩される人事制度だった弥富《やとみ》式（弥富賢之氏によって提唱された職能資格給制度。中小企業を中心に広まった）は、若干この2点への示唆が少なかったと思われます。確かに、相対評価主流の弥富式は、導入難易度が低く、また、高考課者が続出することもないのでコスト上昇も起こりません。そのため、当初、中堅企業を主に、弥富式の方が受け入れられた時期もありました。ただ、オイルショック以後、大企業を中心に、楠田式が独占状態となっていきます。

まさに、楠田の慮《おもんぱか》り（人間愛と先見性）の勝利と言えるでしょう。

さて、時代は下り、バブル崩壊とともに、楠田式に対する評価が一時期下がったことがあります。楠田式は下方硬直性（給与が下がらない）が強く、「働かない中高年を生み出した元凶」という批判です。この点についても、楠田式は予《あらかじ》め見越したように、制度設計の基本に注意書きを入れています。

同一等級の他職務に異動しても等級を維持できる猶予期間は2年。2年たって能力を発揮できない場合、等級を洗い替えする。

職能要件は、時代・事業により随時変更すべき。2年程度をもって、小まめに見直す。

要は、企業努力の不足が下方硬直を生んだのであり、楠田式制度設計が責めを負う必要はないというのが私の見るところです。

●真の成果主義とは

さて、今普及しているコンピテンシーと成果主義についても、近著（『日本型成果主義―人事・賃金制度の枠組と設計』生産性出版）で楠田さんは触れています。私はこの近著を一つの警告としてとらえました。

コンピテンシーも成果主義も、今の人事は全く履き違えた評価をしています。その際たるものが、コンピテンシーを「行動特性」ととらえる風潮でしょう。コンピテンシーは、明らかに、「発揮（職務）能力」です。アメリカでも一部学者が、「行動特性」というミスリードを行っていますが、スクノバーやクリールマンなどの実務型コンサルタントは「発揮（職務）能力」と話しています。そこにあるものは、楠田式の職務要件定義とほとんど内容が変わらないものばかり。ただ一つ違うのは、楠田式のそれは「保有（職務）能力」だという点のみなのです（コンピテンシーについての詳細は200ページを参照）。

本来、楠田さんの「保有能力」も当然「発揮されている」ことが前提で、発揮されない場合は、2年程度での洗い替えを念頭に置いていました。それが、運用で硬直的になり、発揮もしていない能力に給与を払い続ける制度になってしまいました。その点について、責任はないにもかかわらず、楠田さんは反省熟考しているのです。

同様に、アメリカの実務者たちも、日本型能力主義を相当研究し、日米双方の弱点を補う形で制度を作った。要は、「ちゃんと発揮されている能力にお金を払いましょう。その能力ベースで昇給・昇格・職務異動させましょう」。それが、コンピテンシー（発揮能力主義）なのです。

このような経緯があるから、楠田さんの思想は、コンピテンシーにまるで違和感なく溶け込んでいます。

決して変節には当たらないのです。

成果主義も同様です。成果主義には「会社をいくら儲《もう》けさせたか」をベースにする制度と、「ちゃんと能力が発揮されているか」を見るための制度、この二つがあるのです。私は、前者を「山分け成果主義」、後者を「成果アセスメント型能力主義」と呼んでいます。世に言う「成果主義」はほとんどの場合、「山分け」のこと。人事制度として定着すべきは、「成果アセスメント型能力主義」。この点も、楠田さんは『新，賃金表の作り方―能力・成果主義』（経営書院）で喝破しています。

私が主催したあるセミナーで、論客から楠田さんがこう攻められた場面を記憶しています。

「イギリスのある工場で、人事部長が自分の成果について、『社内人事異動を80人も行いました』と話していました。それが果たして成果と言えますか？　会社にどんな利益があったのですか？」

多忙の中、参加された楠田さんは、一瞬言葉を詰まらせました。

あの時、参戦できなかった自分を恥じ、今、おわびとともにその論客に私が語りたい。

「あなたのいう成果は、『山分け』のことでしょう。それはもうアメリカでも使われていない、古い成果主義です。人事部長として能力が発揮されているか否か。誰もが認める難易度の高い仕事が達成できているなら、能力を発揮できたイコール成果、と見るわけです。80人の人事異動というのは、難易度が高いというアセスメントになり、それが成就できたということは、立派に能力が発揮できていることに他なりません」

楠田さん。偉そうに言わせていただくと、この「難易度が高いというアセスメント」について、アメリカでは「メルクマール」とか「マイルストーン」と呼ぶコンサルタントが多いようです。今度お会いした

ら、そのあたりを話しませんか？　（海老原）

返信

楠田　丘氏からの返信

まことに貴重かつ的確な書評をいただき、心から御礼申し上げます。特に、職能資格制度の理念、機能、そして歴史的意義の３点について、誠実なご意見をいただき感謝の極みです。

すなわち、第一の理念については、職能資格制度が社員の自己充足、自己主張を通じて労働意欲（マインド）の高揚を図る点、第二の機能については、同制度が職種別・等級別の職能要件を明確にし、人材育成の実践的基幹となっている点を、そして第三の歴史的意義としては、戦前から受け継がれた「三種の神器」の一つであった年功主義を崩壊させ、戦後の有効なシステムを再編していく過程において、職能資格制度が年齢給→職能給→役割給と、順を追って機能し、業績賞与、成果昇進といった日本型成果主義を成立させる出発点として位置づけられている、との評価をいただきました。いずれの点も、著者としての意に誠実に沿っており、感激の至りです。

さらに、あるセミナーで参加者の質問に理論的に対応することができなかった小生の不手際を寛容にも受け入れていただき、正しい理解（成果主義は結果だけではなく、それに至る社員の努力と姿勢も見ることが大切）を示していただいた点も深く感謝申し上

楠田　丘（くすだ・きゅう）

日本生産性本部　雇用システム研究センター所長。1923年生まれ。48年九州大学理学部数学科卒、労働省（現・厚生労働省）入省。64年労働省統計業務指導官。65年経済企画庁経済研究所主任研究官。68年アジア経済研究所主任調査研究員。70年日本賃金研究センター研究主任、84年代表幹事。94年より現職。

げる次第です。

私の唱える職能資格制度は、これまで二度にわたる危機に直面してきました。最初の危機は経営側からの〝悲鳴〟という形で訪れました。石油ショックから円高不況、そしてバブル崩壊と、高度成長から一転、日本経済が低成長時代に突入したのがきっかけです。職能資格制度の基盤は能力主義ですから、「今日よりも明日の方が人は成長している」という考え方です。ですから、その成長分に対して報いる定期昇給という仕組みは何としても守り抜かねばならないものでした。

ところが経営側もない袖は振れない。私も「もはやこれまでか」と、何度か天を仰いで考え込みました。そんな中、２０００年ごろだったでしょうか、経済の調子が悪い時こそ、人々のやる気が大切だ。やはり定昇は不可欠なのだ、という確信に至ったのです。そのためにはどうしたらいいのだろう、と考え、日本型成果主義――能力主義を基盤として、その上にアメリカ型の成果主義を入れる――の模索が始まり、今に至るというわけです。

二番目の危機はまさに今です。それはワーク・ライフ・バランスの破壊による労働者の疲弊という形で表れています。本来、社会の中に経済があるべきなのに、いつの間にか経済の方が社会よりも大きな顔でのさばっている感じがするのは私だけでしょうか。

これでは「社員の自己充足、自己主張を通じて労働意欲（マインド）の高揚を図る」という職能資格制度の理念にもとるばかりか、社会の活力を殺《そ》ぎ、少子高齢化を通じて国を滅ぼす事態にもなりかねません。これを改めるには、日本型成果主義の徹底とともに、時短の促進、雇用形態の違いによる待遇差別の改善、後払い賃金という意味合いが強い賃金カーブの是正なども併せて行う必要があります。私は本気でこの国の将来を憂えています。

コラム

〝50年1日〟の「日本型批判」

今騒がれている「年功給」「終身雇用」「総合職制度」「新卒一括採用」については、もう50年以上にわたり、ほぼ同じ批判がなされてきました。各時代の新聞記事をなぞって、その状況を確かめてみましょう（参考：武蔵大学公開講座ワーキング・グループ『昭和の歴史を考える』御茶の水書房、２００1年）。

以下に挙げた三つの記事は、それぞれいつ発表されたものでしょうか。

◉①

「労務管理制度も年功序列的な制度から職能に応じた労務管理制度へと進化して行くであろう。それは年功序列制度がややもすると若くして能力のある者の不満意識を生み出す面があるとともに、大過なく企業に勤めれば俸給も上昇してゆくことから創意に欠ける労働力を生み出す面があるが、技術革新時代の経済発展を担う基幹的労働力として総合的判断に富む労働力が要求されるようになるからである。企業のこのような労務管理体制の近代化は、学校教育や職業訓練の充実による高質労働力の供給を十分活用しうる条件となろう。労務管理体制の変化は、賃金、雇用の企業別封鎖性をこえて、同一労働同一賃金原則の浸透、労働移動の円滑化をもたらし、労働組合の組織も産業別あるいは地域別のものとなる一つの条件が生まれてくるであろう。（略）広域職業紹介の機能を持つ職業安定機構の確立を図り、横断的な労働市場を形成して行かなくてはならない。（略）労働力の可能性の障害となっている住宅問題の改善が急がれる。（略）従来、一部の大企業においては従業員に対する社宅の提供を行っていたが、大部分の労働者特に中小企業の労働者にはそのような便宜は与えられてこなかった。労働者が独力で住宅を得ることは現在の賃金水準のもとでは困難であり、民間の賃貸住宅の賃貸料の負担も容易ではない。したがって、政府施策による勤労者用住宅の充実を図ることが緊要となる。（略）年功序列型賃金制度の是正を促進し、これによって労働生産性を高めるためには、すべての世帯に一律に児童手当を支給する制度の確立を検討する要があろう」

◉②

「近年、わが国においても、労務管理に関する論議がなかなか盛んである。年功給から職務給への移行、終身雇用的労働慣行の打破と雇用における流動性の賦与、（略）等々。一般に、このような諸問題が問題としてとりあげられ、議論されているのは、（略）さし迫った実践的課題があるからである。というのは、今日まであまり問題を感じないできた年功賃金制が、一方では技術革新の進展過程で運営上の困難につきあたり、他方では終身雇用と定期昇給制のもとで、年々平均賃金が、したがって賃金総額が増大し、いまや年功賃金体制が企業にとって負担と感ぜられるに至ったからである」

◉③

「（略）個々の企業に一そう体質改善の必要性を迫り、製品コストの切り下げとか、技術の近代化を強く要請し、賃金上昇の安定的な計画化を要請するのみならず、自由化は景気変動を鋭くし、競争の激化に伴う企業の再編成や産業構造の近代化をさらに強く促してくる。したがって雇用と賃金が景気の波動と産業構造の変化にもっと弾力的に適応し得るようなものにしなければならない。ところが、日本の終身雇用制や年功序列の賃金体系のような硬直的な制度では、すでに技術革新の波によって動揺を受けているが、貿易自由化問題のあおりを受けて一そうの非弾力性が問題になってきた」

多少、言葉遣いが古いことなど違和感はあるかもしれませんが、内容自体は今、マスコミが騒いでいることとほとんど変わらないことばかりではありませんか？

では、発表された年次を明らかにしましょう。

① 1960年　池田勇人首相の「所得倍増計画」

② 1962年　隅谷三喜男「日本の労務管理—その形成と展開」

③ 1960年　日本経営者団体連盟「賃金体系の近代化と職務分析」

そう、すべて約半世紀以上前の論調なのです。

参考にした『昭和の歴史を考える』という本は、中村圭介氏（東京大学教授）の「昭和の歴史を考える」という講座（開講時期は１９８９年）で話されたことが基になっています。教授はここで、「何十年もマスコミは変わらず日本型批判を続けている」ことを揶揄《やゆ》するように、これらの記事を紹介しています。ただおかしいのは、この授業でさえ、今からもう30年近くも前のことなのです。

こんな感じでいつの時代でも、日本型雇用批判は、全く主義主張を変えず、50年以上連綿と続いてきました。その根源は、「日本は異質・原始的」「欧米が標準・合理的」という安易な偏見と言えるでしょう。

（海老原）

第3章

【順風期】安定成長が生んだ万能感

石油ショックからバブルまでを振り返る

1950年代半ば以降、高度経済成長を続けてきた日本社会は、1973年に第1次オイルショックを経験し、戦後初めてGDP（国内総生産）でマイナス成長を経験します。この年の消費者物価上昇率は22％、卸売物価に至っては37％という驚愕《きょうがく》のインフレが巷《ちまた》を襲い、不況とモノ不足のダブルパンチで、家庭生活は大混乱に陥ります。灯油はもちろんですが、なぜかトイレットペーパーや洗剤、砂糖までが品不足となり、戦時中の配給さながらに、主婦たちはスーパーに行列を作りました。

今振り返ると、この大不況は一過性の景気後退というよりは、戦後の日本経済が最初に経験したモードチェンジだったのでしょう。石油危機はその引き金でしかなく、構造変革の背景には、為替レートの変更がありました。ブレトン・ウッズ体制で1ドル360円に固定されていたレートが、71年に1ドル308円に、そして、73年には変動相場制へと移行していきます。日本からの輸出産品は、そのたびごとにドル建て換算では値上げとなり、国内の人件費もドル建て換算で急上昇をします。要は、途上国として産業競争力をつけやすい為替レートが許されていたものが、成長を続けた結果、相応の為替レートへと変更を余儀なくされました。その結果、日本の企業は楽に儲《もう》けられたものが、だんだんと苦しくなっていきます。現在の韓国や中国が経験している道のりを、一足も二足も早く、日本は経験したと言えるでしょう。

「誰でも課長」という日本神話

この間、1985年のプラザ合意までの為替レートは、第2次オイルショック時期に1ドル200円を瞬間的に割り込んだことがありましたが、その異常期を除けば、大体200円台前半に落ち着きました。つまり、1970年当時1ドル360円だったものが、10年あまりかけて、おおよそ3割強切り上がったことになります。この間、景気は2～3年の短いサイクルで上下動し、80年前後に始まった第2次オイルショックでは戦後最長の36カ月にも及ぶ長期不況にも陥りました。つまり、「ジャパン・アズ・ナンバーワン」と謳《うた》われてはいたのですが、60年代やバブル期とは異なり、けっこう青息吐息の胸突き八丁ではあったのです。

このころには、男性の大学進学率が３割を超え、多くの大手企業は、ホワイトカラー職の高卒採用を減らして、大卒に切り替えます。高卒ホワイトカラーは企業内で「補佐的立場」という役割を任されていたため、多くは管理職まで昇進できず、課長補佐や係長で終わる人の割合が高くなっていました。そのため、管理職のポストが足りなくなることはありませんでした。ところが、大卒者中心になると、皆がタテマエ上「幹部候補」のため、やがて、管理職ポストが足りなくなり出します。さらに、経済も高度成長から安定成長へシフトチェンジしたため、企業規模の拡大によるポスト創出もかつてほどは望めなくなりました。つまり、社会状況的には、「誰もが階段を上れる社会」に黄色信号が灯《とも》り出していたのです。

幸いにも日本社会は、こうした、産業構造や学歴に大きな変化が訪れるその直前に、「職能資格＝ポストがなくても管理職になれる魔法の杖《つえ》」を生み出していました。この職能資格という魔法の杖の生み出し方、すなわち、魔法の階段の作り方を説いたのが、前章で紹介した楠田丘さんの『職能資格制度』です。

これで、足りない課長の椅子、という問題は解決され、「誰でも階段」は維持されたのです（多くの人にとっては本物の階段ではなく、ガラスの階段だったかもしれませんが）。

同時に、誰にでも役職を与えはするものの、上位職級者とヒラ社員の給料差が世界一小さいという平等化により、この一度目のシフトチェンジをうまく乗り切りました。そして、大学を出て、きちんと勤続し続ければ、誰でも課長になって、それなりの生活が送れる、という日本神話をつくり上げたのです。

そのことが、ジャパニーズ・ドリームとして称揚され、世界の範となった、それが１９８０年代前半までの日本と言えるでしょう。

ちなみに、当時は、まだ途上国は教育などのインフラが整っておらず、中国は改革開放が始まるか始まらないかという時期です。日本企業は製造部門を海外に移すことができず、猛烈な経営効率化と生産拡大によるスケールメリットで、国内の工場を堅持しました。高卒者には、こうした製造部門での正社員雇用という道が残され、彼らにも、ライン→ライン長→職長→工場内事務職という「誰でも階段を上る仕組み」が温存されていたと言えるでしょう。

●時代の象徴の書でもある『ジャパン・アズ・ナンバーワン』を取り上げない訳

オイルショック後の日本経済は1974年に戦後初のマイナス成長（実質経済成長率マイナス0・5%）となった後、それまでの年率10%台という成長率からその半分以下の4%前後へと急降下で推移します。この新しい現実を企業がまず受け入れ、省エネと合理化を推し進め、相次ぐイノベーションによる生産性の向上に努めます。

高度成長から安定成長へと、日本経済は再び確かな足取りで歩み始めました。こうした中で開かれた1978年のボン・サミットでは、日本と西ドイツに「世界景気を引っ張る機関車」の役が割り当てられました。第2次世界大戦で敗戦した二つの国が、30年近くのちに世界経済の牽引役《けんいん》を任させられるとは誰が予想したでしょう。

とりわけ、稀なレベルで高度成長を成し遂げ、かつ「唯一成功した社会主義国」と揶揄《やゆ》される日本への興味関心はかのアベグレン以来、欧米では途絶えることがありませんでした。

その代表作がハーバード大学の社会学者エズラ・ヴォーゲルによる『ジャパン・アズ・ナンバーワン』です。

出版年次は1979年、邦訳旧版の売り上げだけで70万部を超えるベストセラーの同書。時代を代表するという意味では文句のない一冊なのですが、「日本人の働き方に影響を与えたか」という点では、果たして及第点に届いているか。この部分で筆者的には納得ができなかったため、本書には掲載しないことにしました（ただし、コラム内の158ページで紹介）。

同書の内容は、以下のようなところです。

日本人は勤勉で、学力が高い。その理由の一つには、識字率の高さや読書量の多さが挙げられる。こうした勤勉・高学力が競争力の根源にある。

もう一つ、日本人・日本社会は個ではなく、公を重視する。企業社会でも、従業員は自身の生活向上よりも「会社の成長」を、経営者は自己の所得アップよりも「会社の成長」を第一に考える。こうした共同体的な思考が、「終身雇用」「年功序列」「企業内労働組合」という形で日本型経営の根幹を形成し、高い学力と勤勉さを伴って、世界最高の効率性＝企業競争力を生み出した。

そこには、50代以上の人なら、思わず懐かしさとうれしさがこみ上げるような言葉が並んでいます。しかし、よく考えると、この書の指摘した日本人の特性とは、その20年以上も前にアベグレンが『日本の経営』で指摘したことや、愛国者がしきりに語る日本人の優秀さといった、見慣れたキーワードばかりなのです。新しくて鋭い示唆が明らかに足りません。

が、それも無理はないでしょう。この書は、日本人への啓蒙《けいもう》書ではなく、アメリカ人への警告として書かれていました。事実、この本には「Lessons for America」という副題が付けられ、「こういう日本人のよさを真似しないと、そのうちアメリカもやばいよ！」が本意なのです。だから、「アメリカ人の働き方」に大きな影響を与えた一冊ならば、間違いなく選出されるべき本ではありますが、本書の選には適《かな》いませんでした。

ただ、この書の警鐘が効いたためか、アメリカ企業は、うまい具合に、日本型経営を取り込んでいきます。例えば、ゼネラル・エレクトリック（GE）は徹底した日本研究を行い、かの有名なシックスシグマという品質管理手法を生み出しました。人事の世界でも同様に、日本的慣習がアメリカ企業にも取り入れられました。「給料は仕事で決まる」という職務主義を軌道修正し、「給料は人で決まる」という能力主義がアメリカにも浸透し始めました。それが、「コンピテンシー」です（その邦訳は、発揮能力・業績差別化能力・行動特性などとされていますが、どれもしっくりは来ない言葉です。コンピテンシーの詳細については、4章の太田隆次さんの書に関連部分があります）。

職務主義のアメリカでは、当然、仕事に等級をつけること（職務等級）が当たり前で、日本のように人の能力に等級をつける（職能等級）という仕組みは一般的ではありませんでした。ただ、この方式だと職務（ポスト）獲得への意欲は喚起されますが、ポストが埋まっている場合には人材流出が起こりがちなのはすでに書いた通りです。また、職務（ポスト）への登用のために、どのような努力をすればよいのか、も不明確です。そこで任用条件として必要な「能力」を示し、それを獲得し発揮することを評価条件に入れる、という能力主義への歩み寄りを見せるのです。その時の「能力」をコンピテンシーとしたのです。あれこれ論議の尽きなかった「コンピテンシー」とは、結局、ポストへの任用条件であり、また、ポストに就いた後の「評価基準」だったと振り返ればよいでしょう。

かような状況から分かる通り、80年代の欧米では職務主義が隘路《あいろ》に突き当たり、従来、タスク（やるべき細かな仕事）を並べて、「こんな仕事をする」ということで職務を規定していたやり方を大きく変えます。そして、職務自体は細かくタスクでは決められないから、そこで必要な能力、もしくはその仕事の責任や権限、といった茫洋《ぼうよう》としたもので評価する方向へと、軸足を変えていくのです。

●シフトチェンジに失敗、奈落の底に

こんな風に、欧米の雇用形式にさえ影響を与えるほど日本型礼賛の風が吹いたこの時期、本当に日本は世界最強の人事管理を誇り、合理的な働き方をしていたのでしょうか？

先ほど70年代から80年代前半までに起こった最初のシフトチェンジを日本はうまく乗り切ったと書きましたが、シビアに振り返れば、このシフトチェンジについては、日本がまだ高い〝下駄〟を履かせられていたことが幸いしていたと私は考えています。1ドル360円から230円くらいまで為替レートが切り上がった後でも、日本の一人当たり国民所得は、まだ、欧米諸国に比べて7～8割程度でした。そう、この時点でも日本の人件費は先進国の中では圧倒的に安い部類に入っていたのです。しかも、前述の通り、より人件費の安い途上国はといえば、こちらはまだ教育水準・技術力が低いため競争相手にはならず、さらに、社会主義諸国とは冷戦の最中で、こちらも国際競争には参戦してこられない。これならば、先進国では人件費水準の低かった日本が、まだまだ国際的に優位に立てて当たり前とも言えたのです。

日本の真価が本当に問われるのは、この直後、85年のプラザ合意後でした。ここから先は、異常な速さで円高が進行し、3年でなんと2倍、1ドル120円レベルにまで達してしまいます。結果、いよいよ日本の人件費は、世界最高といわれるほどに高騰してしまいます。これでもまだ日本が輝きを失わなければ、その力も本物であり、称揚されてしかるべきでしょう。

でも、現実はどうだったか？

2回目のシフトチェンジを行うべきこの時期に、日本は人事管理面では、ほぼ無策でした。当時は、過剰流動性により不動産ならびに有価証券への投機が起こり、日本全体がバブルに沸き返ります。そしてその熱狂に酔いしれながら、何の冬支度もしないままに、バブルは崩壊し、奈落の底に落ちていきます。その後に失われた10年、そして20年がやって来たのです。

80年代前半までの第1回シフトチェンジ期と、そして奈落に落ちるバブル崩壊後の90年代前半。この間にぽっかり入る80年代後半の「ジャパン・アズ・ナンバーワン」の風潮はやはり「褒め過ぎ」で、それが無為無策につながった、と私は感じています。誤解を恐れずに言えば、真珠湾攻撃からの快進撃におごり、油断と慢心が横行した結果、アメリカに完膚なきまでに叩《たた》きのめされた、半世紀前の戦争から何の進歩もしていない、日本の悪い癖だともいえるのではないでしょうか。

本章ではそんな80年代から90年代に、世間の浮かれた風潮とは対照的に、地に足のついたデータと実地調査で、日本企業の本当の強さは何かを探り、理論化した本を4冊、紹介したいと思います。

日本企業の現場の強さを解き明かした小池和男さんによる『日本の熟練』、日本的経営本の決定版、伊丹敬之さんの『人本主義企業』、リクルートの創業メンバーのひとり、大沢武志さんによる異色の経営実践書『心理学的経営』、日本企業の強みを解き明かした経営書の世界的ベストセラー、野中郁次郎さんらによる『知識創造企業』です。「褒め過ぎ」のきらいがある時期だからこそ、それまで公言しづらかった日本型の強さが、つまびらかにされたということが、強いていえばこの時代のわずかな歴史的意義とも言えるのではないでしょうか。

（海老原）

04

日本の熟練—すぐれた人材形成システム

小池和男著

1981年　298頁　有斐閣選書

（初出：『HRmics』9号　2011年4月発行）

ダイジェスト

能力の違いを示す基準を作り、それを制度にしたのが「職能資格給」制度です。しかし、ここで示された能力とは、どのように培われ、それがどんなときにどんな風に発現するのか。それをはっきり示そうと研究を続けたのが小池和男氏です。

例えば、一般工員と熟練工員の差は何か？　通常時は同じ仕事を同じように行っているので職務的な差はほとんどありません。ただ、ひとたび緊急事態が起きると、それへの対処能力があるかないか、という大きな違いが発現する。そんな違いが「熟練」であり、それはどのように形成されていくのか。日本人は「年功に従って給与が上がる」という事実に対して、一般的には、「単に年寄り優遇」と思われがちなところを、実際に何ができて何が勝るから給与に差があるのだ、という形で、一般常識を可視化させ続けたのが小池氏です。氏はこのように、一般的に言われていることを、実地検証やデータで証明することに心血を注いでいます。

この本は、「一般的に言われることのウソを暴く」という小池氏のもう

●目次

Ⅰ　日本の熟練
Ⅱ　年功賃金の吟味
Ⅲ　終身雇用の吟味
Ⅳ　高年者の雇用
Ⅴ　女子労働の国際比較
Ⅵ　地方の雇用

一つの特徴を表しています。「欧米と比べて日本は」という類いの話のほとんどは論拠が薄弱。よくデータを見ると、そんなに違いはありません。そして、見過ごしがちな些細な違いにこそ、本質がある。例えば、欧米と日本の長期勤続傾向にはそれほどの差がない。ホワイトカラーに限ると、どちらも年功給であり、年長者優遇は変わらない。本当の意味で、日本のみの特徴というと、ブルーカラーの年功給にある。つまり、日本のブルーカラーは、ホワイトカラー化している。それは、単純工ではなく、多能工であり、問題解決力に富んだ高級人材だ、といった指摘をしています。

データで精緻に裏付けを取っていくと、時代を超えた物事の本質というものが次々に明らかとなっていきます。この書を30年以上経《た》った今読み返すと、驚きの連続です。

「高年者の継続雇用」「定年制の功罪」「女性の労働参加の不全」「地方経済への示唆」……。そのすべてが今日的課題であり、そこにどのような姿勢で臨むべきかも、この本にすべて書かれています。

小池さんの分析力・示唆・文章（研究論文的ではなく、ジャーナリスティックな書きっぷりで、読んでいて面白い）に心魅かれた人は、次のテーマの著書を続けて読んでみることをお勧めします。

アメリカと日本の比較↓『アメリカのホワイトカラー』東洋経済新報社、１９９３年
熟練とはどのように形成されるのか↓『仕事の経済学』東洋経済新報社、１９９１年
日本的雇用慣行は間違いか↓『日本の雇用システム』東洋経済新報社、１９９４年
研究・分析の作法↓『聞きとりの作法』東洋経済新報社、２０００年

日本型の「誰でも階段を上る社会」は、「階段を本当に上っているのか？　年寄りが既得権を離さず、能力不相応な役職と賃金をせしめているだけではないか」という声が従来からありました。その批判に対して、実証研究で異を唱えることに成功したのがこの書でしょう。スマート・マチュア（知的熟練）という武器を得たことで、「誰でも階段を上っている」という自負が生まれ、多くの日本人が上を向いて歩けるようになった。

その意義たるや、筆舌に尽くし難いものがあります。絶好調の日本経済下にあって、こうした日本礼賛が、異論を寄せ付けなかったという時代背景もあるでしょう。

ただし、それだけ優秀な日本の熟年層が、「給与不相応なアウトプット」だと、不況になるたびにリストラ対象となるのはなぜでしょう。その点に関して、日本経済が芳しくない昨今では、「小池氏の研究は割り引いて考えるべき」との意見も聞かれます。そのどちらにも肩入れをするつもりはないのですが、多くの日本企業が一時期、熟練価値を年功で単純評価する、という形式主義に陥った、ということだけは確かではないでしょうか。

楠田氏の職能評価、小池氏の知的熟練。こうしたものをしっかり機能させていれば、失われた20年の傷は、もう少し浅く済んだはずです。

往信

拝啓　小池和男様

●今こそ『日本の熟練』を読み返すとき

雇用問題が混迷を極めています。

だからこそ識者やマスコミは、もう一度、小池さんの研究成果を精読し、そこに記された事実と、行間からにじみ出る先生の憤りを真摯《しんし》に受け止めるべき時だと、強く感じます。

一体全体、マスコミも世間も、どうしてこんなに駄目なのでしょう。

易《やす》きに流れ物事の表層しか見ず、一度常識として定着してしまったことには、全く疑問を投げ掛けない。何より、データや多数の事例を通した客観的な事実検証が一切なされないこと。そうして、記事にしやすく伝聞により広まりやすい「エキセントリックな一事例」を面白おかしく取り上げる。

その様は、小池さんが研究の世界に入られた1950年代から全く変わっていません。直近の、あまりにひどい事例を幾つか挙げさせてもらいます。

例えば、日本型雇用は崩壊したという論説。企業は労働者の雇用を保障できない状況となり、リストラの横行により、労働者はロイヤリティが著しく低下してきた、もうそこにはかつての良き日本はない、というのが、半ば常識となりつつあります。

しかし、2007年の『厚生労働白書』に示された数字を挙げれば、40代の男子正社員のうち、現在の企業に15年以上勤める人の割合は、63％にも上っています。50代での25年勤務者の割合は51・2％。その数字は20年前よりも8％も上昇しています（小池さんが30年前にすでに主張されていた、「ホワイトカラー化の進展により、長期勤続傾向は強まる」という主張が明らかに当たっている！）。「労働力調査」の中の項目を仔細《しさい》に見れば、企業都合による非自発的退職者の数もそこには記されています。大卒男子正社員でその数を出すと、09年度で約4万人。大卒男子正社員が約1200万人いることを考えると、約300人に1人という数字。これが、リーマン・ショック後の雇用最悪期における「リストラの真相」です。

一方で、連綿と続く「日本型雇用による働かない中高年」問題。昨今ではこれが進化して、「こうした熟年層が高給で会社に居座る」ため、若年に仕事が回らず、そのため、若年の非正規社員が増えている、と続く。先ほど、長期雇用慣行は壊れた、と言っておきながら、そのすぐそばで、「熟年が居座る」と相反する言説が並存すること自体おかしいでしょう。

何より、データを見ると、この話も全く事実とは異なっています。まず、非正規社員は45歳以上が全体の53％を占めています。決して若者の問題ではありません。詳しく内訳を見てみましょう。1700万人いる非正規社員のうち、900万人は主婦、400万人が主婦を除く55歳以上の再雇用組、110万人が学生。この三者を合わせると約１４００万人、つまり、非正規の８割以上が縁辺労働者（この言葉、差別的で恐縮です）であり、決して若者の問題ではない。しかし、一切正論は通じず、日本型雇用の崩壊論と、若者カワイソウ論は勢いを増すばかり。

結果、「高給で仕事をしない熟年をクビにし、若者に仕事を。欧米のように雇用を流動化させれば、多くは解決する」という論調が渦巻く。

マスコミも識者も、まず小池さんの本、とりわけ、『日本の熟練』を読むべきだと強く思います。

●常識のウソを検証する

この本は、終始、世で言われる「日本型雇用の特殊性」そして「日本型雇用の非生産性」が、本当かどうかを検証する、という作りになっています。

例①：「日本は年功給のため、若年の給与が安く、熟年層に多くが配分されている」

↓（検証、以下同）ブルーカラーでは確かにその傾向は認められるが、ホワイトカラーでは世界中どこでも年齢比例の給与となっている。唯一の違いは、50代以降の給与の落ち込みが日本のみ突出していること。

例②：「日本は生産性の高い大企業と原始的な中小企業との二重構造社会であり、企業規模の大小で給与格差が著しい」

↓企業規模格差は確かに存在するが、欧米と比べて著しく大きくはなく、中位よりも小さい部類に入る。

要は、「欧米には同一職務同一賃金という職務給体系があるが、日本は学歴・年齢・企業規模により給与が決まる非合理的な社会」という神話が見事に打ち砕かれています。小池さんは、「職務給は、1940年代にアメリカにおいて始まり、それほど広がりを見せなかった」、しかも、「職務難易度が高い高給な職務は、そこへの登用が熟練者に絞られるから、結局、賃金は年功的なカーブとなる」と、常識のウソを喝破しています。

そう、当たり前でしょう。近年、日本企業が擬似的な職務主義を導入したものの、しばらく経《た》つと「職務への任用が不明確だから、任用基準を作り」「任用基準は、能力等級そのものとなって」「最後には、能力＝年功的運用」に戻っていった状況を、小池さんは30年も前に見抜いています。

例③：「日本は長期勤続者が多く、雇用の流動化が進んでいない」

↓欧米（特にアメリカ）は平均転職率が確かに高いが、その欧米とて、年齢が上がるにつれて、転職率は著しく低下する。

↓欧米の傾向としては、勤続年数の短い層も厚いが、勤続年数が10年、20年という長期雇用層も厚い。要は二極化している。

↓この理由の一つとして、欧米（特にアメリカ）ではセニョーリティ（先任権）が確立されており、勤続年数の長い人はクビにならないことが挙げられる。

例④：「欧米は外部労働市場、日本は内部労働市場」

↓欧米（特にアメリカ）でも、上記の先任権に従い、熟練者を内部で重用し、経験の短い未熟練者が流動化する。特に、ある程度の熟練者は、企業に残れず解雇された場合でも、先任順位に従って景気回復時に優先再雇用される。

↓西ドイツでも、職場の中でポストが空いた場合、外部登用ではなく、同じ職場で働いている人間からの登用が多く見られた。

↓年代別の失業率を見ても、どの国でも、若年が高く、熟年層が低い。

これは余談となりますが、小池さんの『アメリカのホワイトカラー』では、ＡＴ＆Ｔ調査やシェリダン調査などの大規模なホワイトカラー追跡調査を取り上げ、「アメリカといえども課長（ミドルマネジャー）レベルでは、圧倒的多数が内部昇進」という事実も明らかにしています。

そう、これも当たり前の世界共通の事実なのでしょう。小池さんの時代は、まだブルーカラーが労働者の多数を占めていました。代わって現在は大卒×ホワイトカラーが中心となっています。それでも、ますます内部化は進んでいます。

人材ビジネスに20年以上携わってきた私の実務的な説明を以下、試みさせていただきます。

まず、ホワイトカラーといえども、中身は職人です。例えば、都銀で大手法人のファイナンス業務を担当する営業スタッフ。彼らは、個人営業↓小規模法人↓中規模法人と鍛え上げられなければ、そのポストには上り詰められません。与信や決済のルールを覚え、法律や企業財務に詳しくなり、さらにＩＰＯ（株式公開）やＭ＆Ａ（合併買収）などの諸業務に慣れて初めて、大手法人の担当が可能となる。その間に、ゆうに十数年のキャリアが必要です。同様に、例えば大手総合商社で、台湾新幹線のジョイント・ベンチャーを率いるスタッフも、同じように十数年の「商社ビジネス」を知るからこそ、のはずです。

この両者が、お互いに「優れた人材」だからと、行ったり来たりできるか？　それは無理。もう、「都銀」「商社」という狭い範囲でしか生きられない職人となっています。ただ、この狭い範囲では転職が可能か？　それも難しい。なぜなら、この職人は、「コネ」「人脈」などの社内資産を多用して業務を遂行する人たちだから。要は、職人だということに、多くの識者は気付かず、「ビジネスマン」「営業」という名の同一職務だという皮相的観察をしている。だから間違った論調を垂れ流すことになるのでしょう。

小池さんは、同書の中で「常識となったものはなかなか変わらない」と達観されていますが、若輩ものの私は、ここに、ジレンマを感じずにはいられません。

小池さんがこの本で明らかにしたことは何だったでしょうか？

欧米型や日本型と言われていることに真実はない。これが一つ。

もう一つ。

私は、ブルーカラーのホワイトカラー化こそ、日本型だ、と読み取っています。戦前の職工身分制を経験した世代が、戦中戦後に食うに困って、労職一体となってあくせくし、さらに公職追放で熟年層がいなくなる中で、若き経営者が汗をかいて、必死に作り上げた制度。途中、労使紛争が吹き荒れた時期もありましたが、旧弊にとらわれない若者たちは、日本型の職・工どちらともほぼ相似形の仕組みを作り上げたのではないか。高度成長期、日本鋼管などで実現した「青空の見える労務管理」という言葉などから、私はそんな感慨を持ちました。小池さんは、これを数字で証明したと、勝手に解釈しています。

●推理小説のような著作群

ここからは、分不相応にも、小池さんの研究の特徴を書かせていただきます。

何かおかしい、と思うこと。もしくは、数字や論理で裏付けるのが、ことのほか難しいから、みな手をつけないような難題に対して、居ても立ってもいられなくなる、というのが、小池さんの研究の出発点ではないでしょうか。例えば、前者が「日本型批判、日本異質論」への挑戦であり、後者が「熟練」のメカニズム解明だと思っております。

そして、資料集めが始まる。資料は一見、どこにもないように見えるものですが、本気で探すとどうにかなる。それは、聞き取りを積み上げて作るか、企業や組織などに埋もれている1次資料を丹念に集めるか、公的機関で埃《ほこり》をかぶった統計の中から、「まさにこれ」という項目を見つけるか。大体、この三つで事足りる。そんなことを小池さんの諸作は教えてくれています。そこには、すぐにアンケート調査に頼り、それを先行研究とからめて補足してしまうような、「現実が見えなくなる」手法は入り込む余地がありません。

「おかしい」「難しい」という出発点、そして、資料発掘のためのフィールドワーク、さらに、集めた資料の徹底的な分析検証という手法。これは、良きジャーナリストの行動そのものなのでしょう。だから、小池さんの諸作は、まるで調査報道や推理小説のようで、「この後どうなるんだ」「おっ、こんな驚きのデータも出てきた」「だからやっぱりそうだった!」と飽きない。驚きと感動の連続です。そう、小池作品はだから面白い。これも、れっきとした特徴の一つだと思っております。

次に、小池さんの諸作は、ことのほか分かりやすい。平易な文章であり、データを介した三段論法であり、安易な風潮への憤りや叱咤《しった》のような感情が一貫しているから、言いたいことがすぐ分かります。これだけ高名な方なのに、大上段に振りかぶった表現をしないところが、「本質重視」の小池さんなのでしょう。

分かりやすい理由はもう一つあります。大体、世の中の動きなど、四則計算で説明できることの方が多いはずなのです。小池さんは、計量的手法よりも、一般人にも分かる四則計算を重視します。対して、多くの研究者は、多変量解析や因子分析などの高等数学を使い過ぎる。だから分からなくなる。

この違いはなぜ起きるか？　大切なのはここだと思います。センスさえあれば、世の中の声を聞き、現場の生の資料を集め、公的データと見比べている時に、もう「話の筋」が見えてくるものなのだと思います。その筋に沿って、再度資料集めをする。こんな積み重ねで研究は進められます。ところが、筋が見えない人は、高等数学を使って「答え」をなんとかひねり出す。そもそも筋が見えていなかった人が、数学に頼って論文を書いているわけだから、こうした研究は分かりづらい。この差なのではないでしょうか。

ここまでを要約すると、センスと仮説とフィールドワーク、この三つが小池さんの真骨頂。それはそのまま、東京大学社会科学研究所の由緒ある伝統とも言えます。藤田若雄さんや氏原正治郎さんなど大先輩の秀作とも相通じると言えるかもしれません。

ところが。

ここからが小池さんのみの特徴です。

多くの言説は、何かしら偏った物の見方でフィルターがかかっている。

例えばそれが、「日本は劣っている」「日本は異質だ」といういつもの話。もしくは、宗教や社会運動、愛国心などの行動原理、イデオロギー。こうしたものが仮説の根底にある。だから得てして最終結論は「金太郎飴《あめ》」となってしまう。ところが、小池さんはあくまで「本質重視」。だから曇らない。それ故、通説を打ち破り、驚きの研究成果を作り上げたのではないでしょうか。

小池さんと最後にお会いしたのは、『日本産業社会の「神話」』（日本経済新聞出版社、２００９年）が吉野作造賞を受賞された、その記念パーティの席でした。会の冒頭挨拶で、小池さんは短くこんなスピーチをされました。

「私も後期高齢者の一人ですが、この私が表彰されるということは、いよいよ熟練というものが日本に認められたということで……」

衆人を惹きつけるウイット、アイロニー、そして常識への反発。

清家篤先生や猪木武徳先生など高名な方たちに囲まれ、私のような若輩が近寄りがたい雰囲気の中で、小池節はますます盛ん、と、遠くから大変うれしく聞き入った次第です。

（海老原）

返信

小池和男氏からの返信

この本は、私に言わせれば〝羊頭《ようとう》狗肉《くにく》〟なのです。タイトルに相違して「熟練＝競争力の源泉となる高度な技能」の話がほとんど出てこず、賃金と勤続の話に終始しているからです。私の熟練研究にご関心の向きは、『仕事の経済学（第3版）』『人材形成の国際比較―東南アジアと日本』『海外日本企業の人材形成』（ともに東洋経済新報社）の三部作にお目通しいただけたら、と思います。

何《いず》れにせよ、私がこの本を通じ、「日本は他国と違い、年功賃金・終身雇用の国」という通説に疑問を投げ掛けることができたのは、ＥＣ（欧州共同体）による「1972年賃金構造調査」の存在があったからで

小池和男（こいけ・かずお）

法政大学名誉教授。1932年生まれ。55年東京大学教養学部卒、同大学経済研究科博士課程卒業。東京大学、法政大学、名古屋大学、京都大学、法政大学、スタンフォード大学ビジネススクール、スウェーデン労働生活研究所など勤務を経て退職。96年紫綬褒章、2014年文化功労者。著書『日本の賃金交渉』『職場の労働組合と参加』（エコノミスト賞）、『仕事の経済学』『人材形成の国際比較―東南アジアと日本』（猪木武徳氏と共編著、大平賞）、『海外日本企業の人材形成』『高品質日本の起源』（日経・経済図書文化賞）。2019年6月逝去。

す。当時、名古屋大学に勤めていたのですが、ECとの特約で、さまざまな統計が続々と送られてくる中に、計13巻、幅1メートルにも及ぶ、浩瀚《こうかん》なそれがあった。情報の詳しさもさることながら、データの出所が企業である点（賃金データは個人より企業から収集した方が正確）が、わが国の誇る「賃金構造基本統計調査」に実によく似ていたので、二者を詳細に比較することができたのでした。

なぜこうした、素朴な、いや本質的な比較を日本の学者はやらないのか。私に言わせると西洋崇拝の念が強すぎるのです。

彼我の差を実証的に調べずに論をぶつどころか、たまたま日本にやってきた外国人が「日本企業は年功賃金で終身雇用だ」という本を書いたら、十分な検証をすることなく妄信してしまう。

最近もその風潮はなくなっていません。海老原さんご指摘のように、「中高年が居座ることによって若者に仕事が回らず雇用情勢が悪化している」という言説がまことしやかに囁《ささや》かれていますが、私にとっては浮薄な議論に思えてなりません。例えば、欧州における雇用のしわ寄せは、ブルーカラーの場合は若者の失業に、ホワイトカラーの場合は同じく若者の失業と中高年の希望退職に向かいます。一方、日本の場合は、ブルー、ホワイトともに中高年の希望退職という形を取ってきた。こうした構造を踏まえ、欧州と比較した上で、日本の現状はどうなのだ、という議論が全くない。寂しいですね。

計量的手法を使わない私のようなやり方は、鉈《なた》のような鈍刀でモノをぶった切るようなものかもしれません。が、鋭利かもしれないけれど、小さな刃物をちょこまかと使うより、物事の本質を探るという意味ではるかに理にかなった手法のはずです。

ご指摘の点、一つだけ補筆させてください。ブルーカラーのホワイトカラー化＝日本型、というのはまさにその通りなのですが、その成立時期は戦後ではなく、戦前だったというのが最近の私の考えです。

１８９０年代、日本の外貨を稼ぐ急先鋒《せんぽう》だった当時の紡績会社の資料を丹念に読むと、紡績工、つまりブルーカラーにも、働きによって上がっていく賃金体系が成立していたことが分かったからです。ブルーカラーの賃金は入職後10年程度は上昇するものの、その後は頭打ち、というのが当時の世界的常識でしたが、日本は違っていたのです。ブルーカラーのホワイトカラー化に関して、日本は１２０年以上の歴史を持つ、おそらく世界で最先端の国なのです。

「海外で稼ぐ＝外国人に働いてもらう」ことが何より重視される今、これは吉報ではないでしょうか。働きに応じて賃金が上がっていく企業と、どこかで頭打ちになる企業、どちらで働きたいですか。それこそが日本企業の強みでしょう。

05

人本主義企業―変わる経営、変わらぬ原理

伊丹敬之著

1987年　222頁　筑摩書房

（初出：『HRmics』8号　2010年12月発行）

ダイジェスト

アベグレンの項ですでに触れた通り、氏の記した「日本的経営」は、日本企業の経営の「外形観察」に終始した書であり、この書には、「では中はどうなっているのか」という内部メカニズムの補足が必要でした。それを、人事管理から「能力主義管理」が、人事実務面から「職能資格給」がサポートすることで、日本的経営が機能として確立したものになりました。

それから十数年が経った1980年代後半に、日本的経営のメカニズムの成果を振り返る研究が盛んになります。小池氏の「知的熟練」は、それがどのように人材形成に資したのかを分析する概念でした。

そして、本書。

この本は、アベグレンが〝発見〟した「三種の神器」、あるいは、労使の協力関係、多能工教育、QC（品質管理）サークル、カンバン方式、下請けとの協力関係、政府と企業の緊密な関係等々、日本企業の具体的な経営の仕組みの背後にある、より抽象的な原理の抽出を目論《もくろ》んだ本です。

なぜ、こうした作業が必要になったのでしょうか。日本企業が時代の転

●目次

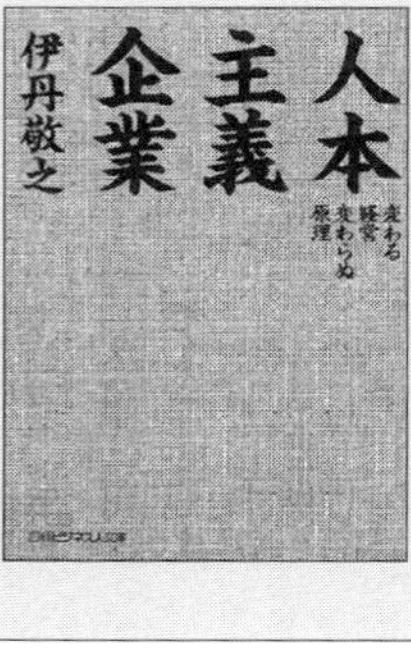

ちくま学芸文庫　1993年　255頁
日経ビジネス人文庫　2002年　277頁

換点にさしかかっていたからです。戦後すぐの時代は経済復興が人々の共通の目標でした。それが達成された後は経済成長に向けて、国民全員がひた走りました。そのための企業経営のビジョンは欧米、特にアメリカ企業に追い付くことでした。その際は大量生産によるコストダウンとそれによる量的拡大を基本的な考え方にしておけばよかったのです。

ところが、１９８０年代になると、日本企業の師匠だったアメリカ企業が、鉄鋼、繊維、電気、自動車、半導体など、さまざまな分野で日本企業との競争に敗退してしまいました。とすれば、アメリカ企業はこれまでのような意味での師匠たり得なくなったのです。

ではどうしたらいいのか。同書は、戦後の日本企業の成功そのものに従うべき原理を求め、それを〝闇夜の灯台〟にして進むべきだ、という立場を取ります。その灯台こそが「人本主義」なのです。

人本主義とは資本主義に対置される言葉です。資本主義はカネを経済活動における最も本源的かつ稀少な資源と考え、その資源の提供者を中心に企業システムがつくられるものと考えます。それに対して人本主義は、ヒトが経済活動の最も本源的かつ稀少な資源であることを強調し、その資源の提供者たちのネットワークのあり方に、企業システムの編成のあり方の基本を求める考え方です。もちろん、企業の活動は経済的な活動であり、市場経済の中で動いている以上、人本主義システムといえども、カネの原理を無視して活動できるわけではありませんが、ヒトのつながり方を「カネを生み出す活動」の基本に据えるというのが人本主義の特徴なのです。

人本主義は、⑴「企業の概念＝企業は誰のものか」としては従業員主権であり（⇕資本主義は株主主権）、⑵「シェアリングの概念＝誰が何を分担し、どんな分配を受けるか」という点では分散シェアリングであり（⇕資本主義は一元的シェアリング）、⑶「市場の概念＝企業同士はどうつながり合うか」という面では組織的市場（⇕資本主義は自由市場）という特徴を持ちます。

著者によれば、企業活動は、物的な変換活動の集合体（物質としての企業観）、情報処理と学習活動の集合体（情報としての企業観）、企業のメンバーの心理的反応の集合体（エネルギーとしての企業観）という三つの面を持ちます。

資本主義企業システムではこの三つの企業観に階層性があり、その強弱は物質≫情報≫エネルギーの順番となっています。それに対して、人本主義企業システムでは階層性はほとんどありません。三つの企業観が等しく、その背後に存在するのです。つまり、企業は人間の集合体として把握され、物理的存在としてのヒトばかりでなく、情報的存在としてのヒト、心理的存在としてのヒト、いずれもが考慮されるというのです。

その結果、資本主義企業システムのように、「モノをどれだけ多く、安くつくったか」だけでなく、「どのくらい学習したか、情報を伝えたか」「どのくらいコミットメントがあるか、やる気は十分にあるか、周囲とうまくやっているか」ということまで、一人ひとりの評価の対象になってしまうのです。

人本主義企業システムは時代と国境の壁を越え、普遍的な経営原理になり得る、と著者は言います。そして、「日本の企業は、あるいは日本の企業社会全体は、戦後40年余りの間に、欧米の標準的な企業システムとは違う生き物を、半ば無意識の試行錯誤の連続の中から作り出してしまった。それが戦後の日本経済の類いまれな成功の基本的理由の一つとなっている。資本主義と対照させて、人本主義企業システムとでも呼ぶべきこの企業システムは、戦後という時代に、日本という国で機能したばかりではなく、時代と国境を越えられる普遍性を持っている」と主張するのです。

欧米では、日本型雇用を「世界中で唯一成功した社会主義モデル」と揶揄《やゆ》する論調がありました。「人本主義経営」はその社会主義モデルを解明した書とも言えるでしょう。

人事実務の世界とは離れた経営学的アプローチのため、「誰もが階段を上る」構造についての直接的な言及はありません。ただ、「誰もが階段を上る」構造は、経営と労働者のどういう関係があって成り立つのか、その部分を客観的に理解するための材料として最適な本です。

往信

拝啓　伊丹敬之様

●ブームを打ち止めにした日本的経営本の決定版

ひところ一世を風靡《ふうび》したのに、最近とんと耳にしなくなった言葉に「日本的経営」があります。その意味するところは、終身雇用・年功序列・企業別組合という「三種の神器」をはじめとして、人の和の尊重、緻密な稟議《りんぎ》制度、おみこし経営、集団責任体制、私生活にまで及ぶ手厚い福利厚生などから構成される日本独自の人事労務慣行を基礎に置いた企業経営のスタイルのことです。

『日本の経営』を嚆矢《こうし》とし、その後の高度成長と歩調をそろえるように、かの言葉を冠した書物や論文が陸続と刊行され、「Japanese-style management」という言葉が欧米だけでなく、アジアや中南米にも広まっていったのです。

決め手は、エズラ・ヴォーゲルによる『ジャパン・アズ・ナンバーワン』でした。そのインパクトの強い書名もあって、当時、日本でもかなりの評判となりました。そこでは、今挙げたものの他に、新卒一括採用、愛社精神を培うための各種行事や集会、定期異動、独創性よりも協調性に富んだ会社人間を作る教育訓練、家族手当や退職金制度、社宅、独身寮、保養所、忘年会、送別会など、実にさまざまなものが、日本をナンバーワンの国に押し上げた独特の労務慣行として紹介されています。

１９８７年に刊行されたこの本も、広い意味では、そうした日本的経営本の一書に加えることができますが、論述の仕方がまるで違っています。すなわち、日本的経営の要素としてこんなものがあるんだと、一つひとつを枚挙する方式は取っていません。

日本企業は人本主義、それと対極のアメリカ企業は資本主義で経営されている。このようなシンプル極まりない定義から、著者は出発します。日本的経営の個々の要素には入り込まず、〝日本的経営を統《す》べるもの〟を最初に取り出す。この盤根錯節を断つ明快さが、同書刊行後に、「人本主義」という言葉を一人歩きさせたのだと思います。同書刊行後、日本的経営をテーマにした目ぼしい本は出ていません。そういう意味では同書は、ブームを打ち止めにした日本的経営本の決定版とも言えるのです。

●三つのシェアリング

さて、人本主義とは伊丹さんの造語です。資本主義はカネを最も本源的かつ稀少な資源と考え、その提供者を中心に企業システムを作るのに対して、カネを生み出す活動である経営の中心に、ヒトのつながりをおく原理が人本主義です。

入り口はシンプルですが、その後に展開される議論はやや複雑です。著者は人本主義を支える、以下三つの概念（サブシステム）を取り出します。

企業の概念：企業は誰のものか
シェアリングの概念：誰が何を分担し、どんな分配を受けるか
市場の概念：企業同士はどうつながり合うか

まず、企業の概念についてですが、人本主義企業では従業員主権が、資本主義企業では株主主権が貫か

れています。これは今や世間一般に流布している常識といってもいいでしょう。

次が少々理解を要します。情報、付加価値、意思決定に関する三つのシェアリング（分担と分配のパターン）が企業内部で行われている、と著者はとらえます。典型的な資本主義企業である多くのアメリカ企業では、能力が高いがゆえに情報を多く持つ人（上級幹部）が、意思決定の権限を持ち、一番よい報酬（付加価値）も手にします。いうなれば、「一元的シェアリング」です。

対して、人本主義がとられている日本企業では、情報、付加価値、意思決定を独り占めにする人間はあまりいません。実質的な権限を持った人が必ずしも高い給料を手にするわけではないし、社長と新人の間の給料格差もアメリカ企業と比べれば限りなく小さいことなどを例に挙げ、日本企業では、「分散シェアリング」が行われている、と著者は指摘します。

情報を持っている人とは現場の課長でしょうか。付加価値を多く手にする人は働きに比べて給料の高い定年前の中高年、意思決定者とは社員時から昇進の階段を上りつめた経営者といったところでしょう。それら三者がシェアリングのパターンを変えながら、すべてを独り占めしないよう、それぞれに花を持たせているというわけです。グー・チョキ・パー、三すくみのじゃんけんを思い出しました。

三番目が市場の概念です。資本主義企業は、一つの取引ごとに財の買い手と売り手が取引条件を決め、取引関係は固定しない、いわゆる「自由市場」が一般的です。一方の人本主義企業では、長期的な取引を重視し、取引先の数も多くはありません。こうした長期継続的な取引を限られた相手と行う市場を、著者は「組織的市場」と呼びます。

以上を踏まえ、著者はこうまとめます。

人本主義企業ではそこに働く人びとが「会社は自分たちのもの」と考え、平等感と参加意欲を重んじるように仕事や情報や成果の分配と分担が決められ、取引はたんにその時の条件次第で相手をきめずに長期的なつきあいを重んじる。こうした企業システムでは、ヒトをもっとも重要な資源と考え、ヒトとヒトとの関係のあり方を、企業内でも企業間取引においても継続的かつ円滑な関係にすることに大きな努力を払う。

その結果として、どんなメリットが企業にもたらされるのでしょうか。それは、参加、協力、長期的視野、情報効率という四つのキーワードで説明されます。すなわち、従業員や取引先に参加の意欲を与え、協力を促し、長期的視野の下、高い情報効率が得られるというのです。

●時代と国境を超えて

こうやって日本的経営と呼ばれるものの本質を取り出した著者は、次にこう述べます。人本主義企業は確かに日本が生んだ固有の〝文化の所産〟だけれども、時代や国境を超えて通用する、普遍的な〝文明の利器〟となり得るのだ、と。

伊丹さんが取り上げるのは、トヨタがGM（ゼネラルモーターズ）との合弁で作った会社（NUMMI《ヌンミ》）がGMの古い工場を見事に再生させたことや、ホンダが米オハイオ工場で幹部の個室を廃止したり、ホワイトカラーとブルーカラーで分かれていた食堂を一つに統一したりして従業員のやる気を高め、商品の高品質化と高生産性の二つを達成したことなどです。

もう一つの課題、人本主義は時代を超えられるか、についても、本書の見解をたどってみましょう。伊丹さんは、技術革新と産業構造の変化という二大潮流が今後の日本企業を襲う、と見ています。より深刻なのが、雇用の構造転換を余儀なくされる後者です。要らなくなった労働者を速やかに他の部門に移すことが要請されるわけですが、その時に必要不可欠なのは、企業内部のヒトとヒトの関係、なかんずく「この会社は自分たちのものだ」という信頼関係が毀損《きそん》されないようにすることです。

それを担保する制度として、著者は「中間労働市場」を提案し、その拡充を訴えます。平たくいうと、転職エージェント的な機能を持つ組織と派遣会社に分かれますが、その後、まさにそうした市場が大きく成長したことを思うと、著者の慧眼《けいがん》ぶりはさすがと思えます。転職や派遣の役割拡大は日本企業の資本主義化を表すものではなく、人本主義企業が環境の激変に耐えるために必要不可欠なものだったのでしょう。

さらに技術革新への対応という点でも人本主義は有利だと著者は胸を張ります。これからの革新のトリガーとなるのが情報であり、それはヒトとヒトの間の相互作用の中からしか生まれてこない。そこに基礎を置いた人本主義が強みを発揮するのは当然だ、と言うのです。

●人本主義の懐の深さが問われる時代

そんな、世界に誇るべき人本主義企業に死角はないのでしょうか。

残念ながらあるのです。著者が指摘するのは、まとまりはいいけれど、こぢんまりした人材ばかりが育ってしまう傾向があることです。顔触れが同じですから、ぬるま湯につかった状態になってしまい、大きな視野を備えた人材がなかなか育ちにくいということでしょう。

それを避けるための条件として、機会と夢、（本人の）若さ、異質なものの許容、の三つを挙げます。さもありなん、というものばかりですが、その後、日本企業はこの条件をきちんと用意できたのでしょうか。

この本が出版されたのは１９８７年。そう、バブルの前夜です。この本でも指摘されていますが、当時、世界のＧＤＰの15％を日本が担い（２０１０年には７％）、世界の銀行の上位５行を日本の銀行が占める（２

010年にはゼロ）という、まさに「ジャパン・アズ・ナンバーワン」の時代でした。そんな余裕ある時代に少しでも次を見据えた対応ができればよかったのですが、それは叶わぬ夢でした。人間も企業も、上り調子の時に変革を行うのは至難の技なのです。

正確に言えば、「人事を変えた」というより、当時の人事に「自分たちのやってきたことに間違いはなかった」と自信を植え付けたに違いない同書ですが、今この時代だからこそ、再読する意味があると改めて思いました。

人本主義企業を支えるサブシステムの筆頭は従業員主権ですが、その従業員のあり方が二つの意味で変わってきているからです。一つはこの本でも相当のページが割かれている国際（グローバル）化がますます広がっていること、もう一つは大卒・男子・正社員だけではない、多種多様な従業員が企業の現場で働くようになっていることです。日本語を話せない異国の事業所で働く人たちにも、有期雇用、あるいは短時間勤務で働く人たちにも、「この会社は自分たちのものだ」と思わせるにはどうしたらいいか。人事の知恵の使いどころだと思うのです。改めて人本主義の懐の深さが問われる時代がやって来たのではないでしょうか。

伊丹さんにお会いした時、ぜひ伺ってみたいことがあります。同書では、財閥解体や公職追放、労働組合の勃興とその挫折といった、戦後すぐの混乱の中から、「企業は自分たちのものだ」という認識が働く人たちの間に生まれ、それが基礎となって人本主義の原理が成立した、と書かれています。現在は当時、そして、その前の明治維新にも匹敵する時代の転換期と言われています。そんな環境変化の中で、人本主義はまだ健在でしょうか。

また、国単位ではなく業種によっても人本主義が合う企業、合わない企業があるのではないでしょうか。

たとえばシリコンバレーのＩＴ企業です。その代表格のグーグルでは、強い議決権が付与された種類株を創業者が持ち続け、資本の論理が裸のままで行使されるのを防いでいます。社員の待遇も至れり尽くせりで、なまじ日本企業より人本主義で経営されている感じがします。そう考えると、あくまで国が単位の、日本的経営という言葉が廃れてしまった理由も分かる気がするのです。

ひょっとして、伊丹さんは、この時代の移り変わりをある部分予見していたのではないか、と私は思っています。なぜか？

「人本主義」という言葉、新造語ながらモチーフが類推されました。それは「民本主義」という言葉。昭和戦前の軍国主義的雰囲気、明治維新の立身出世的価値観に対して、自由闊達《かったつ》な大正時代のことを「大正デモクラシー」と表すのはご存じの通りでしょう。確かに、原敬率いる政党内閣が始動し、「ハイカラさん」や「モボ・モガ（モダンボーイ・モダンガール）」なんて流行語も生まれた当時。日本にも自由社会がなじむように思えた時代でもあります。

この大正デモクラシーの日本語訳が、「民本主義」でした。なぜ「民主主義」と言わずに「民本主義」だったか。そこには、その先、この華やかな時代が崩れていく予兆が示されていたのです。明治憲法下の当時、主は明らかに天皇だった、つまり「民主」とは言いきれない。そこで苦肉の策として、「民本」という言葉を当てた……。

この本に書かれた要素も、例えば固定取引先や少数安定株主などは、いずれも壊れるべき要素を孕《はら》んでいた。そして、本当の主は市場でありグローバル化だった。その儚《はかな》さが予想できたから、「人主主義」ではなく「人本主義」と名付けたのではないか……。

人本主義という造語の秘密、お会いした時に改めて聞かせてください。

（荻野）

返信

伊丹敬之氏からの返信

最初に荻野さんの誤解を解いておきますと、人本主義は単純に資本主義の対極の言葉として思い付いたもので、お書きになったような深い意味を含むわけではありませんが、「民本主義」とのアナロジーで考える、そんな見方もできるんだなあと、大変面白く、原稿を拝読いたしました。

グーグルは確かに人本主義企業の典型だと思いますが、アメリカ企業としては例外中の例外だと思います。共同経営者の一人、セルゲイ・ブリンの両親は旧ソ連のユダヤ人で、迫害を逃れるためにアメリカに移住してきて彼が生まれました。血は争えないもので、グーグルの種類株制度は、かの国の反資本主義スピリット（＝株主の好きなようにされてたまるか）が彼の中に脈々と息づいている所産ではないか、と思えるのです。

さて、この場をお借りして声を大にして言いたいのは、人本主義は死なず、ということ。経営者と酒席をともにすると、「本音を言えばやはり人本主義でなければ経営はできませんよ」とおっしゃる人が今でも多い。

サブシステムの面からも人本主義の健在ぶりが窺えます。昨今、いくら株主の力が増したといっても、従業員主権を捨てていない企業が大部分です。シェアリングの実態も大きく変わったとは思えません。新入社員と社長の給与格差が広がったといってもせいぜい10倍程度。アメリカでは桁が一つ違いますからね。長期的な取引を限られた相手と行う、私の言う「組織的市場」についても、その維持

伊丹敬之（いたみ・ひろゆき）

国際大学学長。1945年生まれ。一橋大学大学院商学研究科修士課程修了。カーネギー・メロン大学経営大学院博士課程修了。一橋大学商学部教授・同学部長、商学研究科教授、東京理科大学イノベーション研究科教授、同研究科長などを経て、2017年9月より現職。『経営戦略の論理』『日本型コーポレートガバナンス』『難題が飛び込む男 土光敏夫』など著者多数。

に成功したのがトヨタとホンダであり、失敗したのが日産。その差が業績に如実に表れていると思うのです。皆さん、どこか誤解しているんじゃないでしょうか。

なぜ人本主義は日本に根強いのか。その答えの一端となるような仮説を、日本と英国の土地制度を比較した書物から得ました。それによれば、英国では昔から大土地所有制が発達し、土地は富裕な貴族のもの、という考え方が一般的だそうです。そうした貴族たちは、いざとなったら、おのおのの土地に土着した人たちの権利を剥奪し、自由に放逐できた。だからこそ、エンクロージャーと呼ばれる土地の囲い込み運動が可能になったわけです。追い出された農民が工場の労働者となり、産業革命の原動力になったのだから面白いですね。一方の日本では、入会権《いりあいけん》に代表されるように、土地は公のものという意識の方がむしろ一般的です。

この土地を株式と置き換えてみてください。英国（アングロ・サクソン）は株主が貴族で、農民（＝従業員）の生殺与奪《せいさつよだつ》の権利も持っている。つまり株主主権です。日本はそういう貴族がいないから、従業員主権になるというわけです。

ただ、私の本でも指摘したように、人本主義企業では大きな絵を描ける人間がなかなか育ちにくいという欠点があります。それを回避するには、社会や企業が若い人たちを、時に荒波に放り出し、時には千尋《せんじん》の谷へも突き落とす必要があるのです。そんな場は今や海外にしかないでしょう。人事や経営者は中国やインドなどの新興市場にどしどし若手を送り込むべきだと思います。

私の今の関心は中国企業がこれからどうなるか、という点にあります。私の見たところ、かの国の企業こそ、人本主義を取り入れればいいのです。

社会主義市場経済と資本主義企業は水と油のような関係ですが、人本主義企業ならもっと親和性が高いはずだからです。そうなることは世界経済の発展のみならず、人類の平和のためにも大きく寄与すると思うのですが、いかがでしょうか。

06

心理学的経営―個をあるがままに生かす

大沢武志著

1993年　220頁　PHP研究所

（初出：『HRmics』6号　2010年4月発行）

ダイジェスト

人事にも業務に必要な基礎知識というものがあります。例えば、古株の人事スタッフなら必ず知っている以下のような言葉を、皆さんはどれくらいご存じですか？

小集団活動　PM理論　X理論Y理論　報酬決定理論　衛生要因と満足要因　経済人仮説　認知的不協和　ホーソン実験　エンカウンターグループ

こうした言葉を、セットにして教えてくれるのがこの書です。しかも、単に辞書のように言葉の羅列で終わるのではなく、会社とは何か、人事とは何をすべきか、という通底した流れの中で、いつの時代でも必要な六つの骨太な命題を掲げ、それを説明する中で、こうした基礎用語を理解させていく、という有機的な作りとなっています。

この書の構成を大別すると、前半3章が組織運営の考え方について、後半3章が適性や人物要件について書かれています。

●目次

序 章　心理学的経営とは
第1章　モティベーション・マネジメント
第2章　小集団と人間関係
第3章　組織の活性化
第4章　リーダーシップと管理能力
第5章　適性と人事
第6章　個性化を求めて

個々人のやる気を維持するためにはどのような職務設計をすべきか、風通しの良い職場で談論風発を保つには何に気を付ければよいのか、会社全体のバイタリティを維持し続けるための方策は何か。こうした経営者の手練としてしか語られないノウハウについて、科学的理論を根拠に説明するのが前半3章。リーダーや上席者の資質、人員配置と人物特性のバランス、人それぞれのコミュニケーションの癖と気を付けるべきことなど、構成要員と職務の関係を説いたのが後半3章。

いずれも単なる理論・研究の説明書ではなく、著者たる大沢武志氏がリクルートで経営者として実践してみた結果や、また、同氏が適性検査・能力開発研修などを事業化した結果、企業が実践したことなども踏まえて書かれている。この部分が、類書にはない奥行きを同書に持たせていると言えるでしょう。

さて、この書ほど、今回のラインナップでどの時代に入れるべきか、悩んだ本はありません。時代的にはバブル崩壊後の刊行なのですが、本当は、1章に入れるべき書であるというのが編者の偽らざる心境だからです。

本書で何度も触れた日本型雇用の成立期について、再々度、触れておくことにいたしましょう。

戦前にも年功給や能力主義的風潮はあったといわれますが、やはり、職工身分制といわれる通り、一部エリートと一般社員の待遇には格差があり、それは、欧州型階級社会に近い部分を有していました。それが、戦中の熟練工不足や産業報国会などの特殊事情を経て、戦後の労働運動、逆コースとたどりながら、「青空の見える労務管理」に代表されるような誰もが階段を上れる社会を目指した。1950年代は、その苦闘期と言えるでしょう。

当時、実はアメリカも「誰もが階段を上れる社会」を目指していました。それは、1章で触れた通りです。欧州型のギルドに発する階級社会・固定社会を脱し、自由に上下左右を動ける雇用構造を模索していたアメリカは、ある面、戦後の日本の範となった部分がある。能力主義管理という概念はさすがに職務主義のアメリカには根付きませんでしたが、職務を細分化したレベルに区切り、それを細かなポストとして、毎年１階段ずつ上る、という仕組みで、疑似能力主義管理を実現しています。結果、熟練により給与は上がる社会が出来上がりつつあった。

それが壊れたのは、１９６０年代の公民権運動による「反・年功差別運動」のため、ということもすでに触れたとおりです。

ということは公民権運動前のアメリカは、誰もが階段を上るための理論作りに非常に力を入れていたとも言えるのです。テイラーの科学的人事管理を批判する形でホーソンが人間性に基づく組織活性化をうたいだしたのが１９３０年代。そうした人間本意の考えが、当時まだ生まれたばかりだった組織心理学に根付き、個人のモチベーションリソースの型を分類したマーレイやアトキンソン、その流れで、博愛主義を基軸にして、知識や技能だけでなく、業績を上げるための要素は、「人間性だ」と説いたマクレランド、等々。50年代には「誰もが階段を上る」ための研究が広がっていくわけです。

こうした中で、内発的動機を保つ組織設計をすれば、誰もが階段を上りたくなり、それにより生産性がアップするというモチベーション理論を編み出したのが、ハーズバーグ。中間管理職クラスの個性を「目的重視」と「対人重視」に分け、それぞれのマネジメントの状況による優劣を説いたのがマクレガー。そして、「仕事とは苦痛であり、給与とは苦痛の対価」という経済人仮説が取る古い労働観を脱し、「仕事とは自己実現の道具であり、成長の対価として賃金を得る」という新しい労働観に行きついたマズロー。

皆、学会で近しい位置におり、相互が刺激しあって、「ボトムアップ型」の経営学に花を咲かせたことでしょう。

ちょうど、新たな日本型を模索していた日本企業は、こうした研究成果を片っ端から企業経営に取り入れていきます。そのために、１９５０年代の日本企業は、企業内に優秀な研究者の卵をどんどん囲い込んでいく。

本書でも登場する知の巨匠、野中郁次郎氏はその社会人のスタートが富士電機。同じく、産業・組織心理学会長を3期勤めて、明治大学学長まで上り詰めた山田雄一氏は富士製鐵。適性テストの祖とまで言われる心理学者の佐野勝男氏も、皆、初職は民間企業となっています。今では信じられないでしょうが、当時は世界で最も産業と学術の壁が低かったのが、日本だと言えるでしょう。

こうした形でアメリカ型ボトムアップ研究が日本企業には根付いていきます。実は、アメリカの最先端の研究がアメリカでは根付かず、日本でのみ花咲いた、という事例は少なくありません。ケインジアンによる修正資本主義はGHQを通して日本に広がり、SQC（統計的品質管理）やTQC（統合的品質管理）運動もボトムアップ型としては日本でのみ根付いたと、張本人のデミングを驚かせています。ドラッカーがこよなく日本を愛する理由の一端もこの辺りにあるでしょう。

一方、アメリカは、公民権運動を経て、より説明責任が厳しく問われる社会となり、結果、見えない曖昧な階段は許されず、全員によるボトムアップよりも、一部のエリートを重視する社会へと構造が変化していきます。現在の組織心理学の主題が、リーダーシップであるのもそのためでしょう。

大沢武志氏も、この時代の研究者であり、東大で博士号を取得後、日立製作所に勤務していました。その卓越した心理学理論の具現化能力に目を付けた、リクルート創業者の江副浩正氏が同社に彼を引き入れ、リクルートの自由闊達《かったつ》な風土を「科学的」につくり上げたといわれています。

本書は、こうした1950年代の研究成果を咀嚼《そしゃく》し、それが企業実務にどう結び付いたか、を知るための絶好の書です。バブルが崩壊して、日本型が精彩を欠く中で、あえて応援歌として青雲の志を呼び覚ますために、この書を世に問うた、とも思えます。

「誰もが階段を上る」ためには、そのための燃料が必要です。それを「モチベーション」だとし、そのモチベーションをどのように拡大再生産していくか、実務家でもあり研究者でもある大沢氏だからこそ解明できた偉業といえるでしょう。

往信

拝啓　大沢武志様

●「人事とは何か」への解答

今回この書を取り上げるのは、実はとても気が引ける裏事情がありました。

なぜか？

この本は、私のＨＲ（ヒューマン・リソース／人事）に関する所説（蘊蓄《うんちく》）のほぼすべてに共通する礎《いしずえ》となっているからです。そう、読者の皆さまには「なんだ、海老原の話は結局この本の受け売り？」とネタばれしてしまう。つまり、私の非才さを世間に曝《さら》す結果になるのが目に見えていたからです。

それでも、どうしても取り上げねばならない、という気がしておりました。

私の手元にあるこの本は、１９９３年10月発行の初版本になります。私がまだ20代後半の若きリクルートマンだったころに手にした一冊です。４章で太田隆次さんがいわれる通り（２００ページを参照）、経理や法務には、それになるために勉強すべき知識がありますが、人事というのは、誰でも任用されたその日から、何の用意もなく着任することができる職務です。そのため、逆に向学意欲に満ちた若き人事スタッフは苦悶《くもん》してしまったりする。私もそんな感じでした。

何をどこから学べばいいのか？　理論というものは何だろう？

例えば、社会保険の基礎知識や、給与計算、こうした実務書はいくらでもあります。教育や評価、人事制度に関しての実践指導書も数多く見つけることができるでしょう。でも、それらすべての土台となる「人事とは何か」ということへの解答となると、良書は少なくなってきます。世に言われるその類いの書も、労務や勤労などで名を成した名経営者の回顧録的な指南書です。つまり、「理論」ではなく「経験」を語るものばかり……。

私が編集長を務める『ＨＲｍｉｃｓ』５号でアセスメントの特集を行ったとき、大沢さんの各書を書棚から取り出して改めて読み直しました。その中で、特集とは関係ないのですが、日焼けしたこの書を手に取り、ページを繰るごとに、あまりの面白さと、若き日の自分を思い出して読みふけり、私の礎がここにあったことを痛感するとともに、この書をぜひ多くの人に薦めねば、と切に思ってしまった次第です。

●多くの理論・学説をチョイス

前置きが長くなりました。

同書がどのような内容なのか、ざっと振り返ってみましょう。

まず、なぜ人は働くのか、モチベーションを一つ目のテーマに置いています。ハーズバーグの「動機づけ・衛生理論」、ブルームとローラーによる「外的報酬の意義」、ハックマンとオールダムが唱えた5要素からなる「職務特性モデル」、エドウィン・ロックや松井賚夫が明快に示す「目標設定理論」。ここまでで、働くことの意味と、それに合わせた仕事の与え方、職務の作り方、目標と報酬の設計などの基本が分かるはずです。

大沢さんは、序章で痛烈なジャブを入れています。

法規中心の組織論になじむ人間観はいわゆる「経済人」仮説である。人間が本来、成長や達成に向って内的に動機づけられるとみるよりも、経済的報酬などによって外的に刺激を与えられてはじめて仕事に動機づけられるという前提でマネジメントの仕組がつくられてしまうのである。この枠組みのなかで考える限り、仕事は苦痛を伴う労役の範囲を超えることができず、組織のなかに経営者と労働者という二種類の人間が存在することになってしまう。(略)「経済人仮説」などは、心理学的経営論からは受け容れられるものではなく、そういう意味で〝労働者〟という用語は死語にしなければならない。(略)人びとに強い職務満足をもたらすものは、給与や処遇などの外部から与えられた報酬では決してなく、内的な達成欲求や成長動機に根ざした主体的な行動に起因するものであることが、ハーズバーグ（F. Herzberg）の研究に代表される様々な実証的研究によって明らかにされているのである。

もう、ここまでで、存分にこの本の素晴らしさが味わえるはずです。

もし、皆さんの心の中に「人事の本義とは何か」「それを理論として抽出できるか」という気持ちが起きたとき、自分でその疑問を解くにはどうしたらよいかを考えてみてください。

周囲の蘊蓄家に話を聞き、関連する書物を読みあさり、その中の肝になる部分をつないで、ようやく一つの理論が見える。しかし、世の中の蘊蓄家はそれほど的確な指示を出してはくれません。そして、心理学の本はこれまた星の数ほど存在します。さらに、(恐縮なのですが)書物から真理を読み解きそれを概説する術は、普通の人には期待できないものです。つまり、この本のたった1章だけを取り上げても自分の力で同様の結論を得ることは、あり得ないことなのでしょう。

大沢本は、普通の研究書と全く異なります。

あまたある心理学の理論から、必要最低限なものを抽出する。

それを最適な順番で並べていく。
さらに、つないだ線から一つの結論を導き出す。
最後に、経営者としての経験から、実際にそれを実践した効能を説く。

これほどの過剰サービスがこの本ではなされているのです。

マッコールもベニスもコッターもコヴィーも……。心理学や社会学から発した名著は枚挙に暇《いとま》がないのですが、その多くが、自説についての詳説です。多くの理論・学説を適宜チョイスしてそれを最適な順に並べ、そこに解説を施す、という意味での名著は、大沢さんのこの書をおいて他に私の記憶にはありません。

●人事活性化5大施策

余計な解説が入り過ぎました。もう少し、同書の内容をたどることにしましょう。

続いて第2章には、小集団の効果についての説明が入ります。単なる機能ではなく、それが個々のモチベーションにどう関連するか、ということが書物全体に通底しているところなので、第1章で学んだことが隠れて効いてくる、という絶妙のコンビネーションとなっています。

小集団に選ばれる効果、承認欲求への応答という側面をまずはホーソン実験の第一段階でひもとき、ここから、集団の凝集性＝インフォーマルグループの持つ意義という第2側面、さらには、グループ自体の自律性／自己決定による当事者意識や効力感の向上へと、順を追って、この難しい仕組みの解説が続きます。

なぜ、人は群れるのか、その集団はなぜ大きな力を発揮するのか。逆に言えば、どのようなことに注意しないと集団は力を発揮しないのか。グループダイナミズムの本質に迫り、組織経営というものへの正解を示唆してくれます。

そして、第3章は、組織の活性化。私は、この章が大沢さんの本領なのではないか、と思っています。まずは、研究者・経営者の枠を大きく超えたその筆致に、衝撃を受けるはずです。

活性化された組織はいわば雑然とした無秩序な世界である。(略)一見整合性のある制度や規則、固定化した上下関係、人間はこうした秩序化への願望から組織を指向した。(略)しかし、いわば合理の世界・タテマエの世界は、表面に現れた論理的整合性のある制度や仕組みの裏にかくされたドロドロとした情緒やエネルギーを押し殺してしまう。

活性化は、規制の構造としての秩序を破壊することからはじまる。(略)今のままではダメだと現状を厳しく自己分析して、昨日までの成功体験を否定する。こうした現状の自己否定が組織に葛藤と緊張をひき起こし、組織内の均衡状態を崩していく。これがカオスの演出という活性化のための最初の戦略として認識されなければならない。

ジェレミー・リフキンの「エントロピーの法則」やマックス・ウェーバーの「官僚論」、フロイトの「無意識」やユングの「集合的無意識」など、大沢さんの心に響いた理論や学説を縦横無尽に駆使して、この章を編み上げるその筆致。論文や理論や学説ではなく、これは立派な作品なのです。

さて、大沢本はそこでは終わりません。そのカオスを具現化するための方策をも、端的に語ります。いわく、「一に採用、二に異動、三に教育、四に小集団活動、五にイベント」。リクルートという企業集団の活性化担当として修羅場に身を置いていたからこそ体得できたこの「人事活性化5大施策」。大沢さんと対談してこの言葉を聞いた野中郁次郎さんは、早速、自著『企業進化論』にこの言葉を引用しています。まさに至言でしょう。

●10代・20代で世に名を成す経営者はいない

この本は全部で6章立てであり、この後にも後半3章が続きます。後半も前半に勝るとも劣らぬ出来栄えなのですが、私は圧倒的に前半3章が大好きです。なぜなら、後半は大沢さんの研究・ビジネス領域に非常に近く、ともすると、「理論家・経営者」の大沢さんとしての大作と感じてしまうからです。大沢さんは、理論家であり実践者でもありますが、もう一つ、ものすごく鋭い目を持って世の中の事象を読み解き、それを紡いでいく編集者でもあるのです。この三つがそろった名クリエイターとしての卓見、それが前半だと私は思っています。

大沢さんの書はアセスメント絡みの記事を書くとき、必ず参考にさせていただきました。中でも『人事アセスメントハンドブック』（共編著、金子書房、2000年）は、この領域の解説書としては、出色の出来です。ただ、やっぱり私の中では、「名編集者としての側面」がキラリと光るこの『心理学的経営』と『経営者の条件』（岩波新書、2004年）がナンバーワン、ナンバーツーです。

15年のインターバルを置いて2008年秋にこの本を読んだとき、私には幾つか新たな感慨が湧いてきました。それはこういうことです。

この書で書かれていたマネジメントの理論。これを若手の人事スタッフや係長になりたての人間が知ったとしても、実践は難しいでしょう。若手が読むのは、「啓蒙《けいもう》」のためであり、仕組みを学ぶためであるということ。そう、これを読んで実践するのではなく、世の中で起こっていることの意味が腑《ふ》に落ちるようになる。若い人たちはそれを意識すべき。

逆に、経営やマネジメントの立場でしばらく過ごして、人や組織への造詣を深めた人間こそ、「あの時こうやれば」とか、今目の前の課題について「そうか、ここを変えよう」とか、実践に即使う目的で、この書を読むべきなのだなあと気付きました。

つまり、経営とは一つの理論から実務を引き出せるほど簡単なものではないということ。演繹と帰納を行ったり来たりしながら、長年かけて身に付けるもの。

そういう意味で、リクルート創始者である江副浩正さんがよく話されていた次の言葉を思い出します。

「10代・20代で世に名を成す名アーティスト、名アスリートはいるが、経営者はいない」

大沢さんや江副さんのような偉大なる先人たちが作り上げたこのリクルートグループの系譜の末席に私も名を連ねていること、改めて感慨深く思っております。

（海老原）

〔追補〕　大沢さんは、２０１１年に鬼籍に入られました。その当時私は、ここで取り上げた『心理学的経営』の復刻版制作に向けて奔走していたところで、突然の訃報に言葉を失ってしまいました。同時に大沢さんの教えを、師になりかわって世に広めるべきと心に誓ったのを覚えております。それから2年して、『心理学的経営』のエッセンスを私流の解釈で著した『マネジメントの基礎理論』を上梓《じょうし》できました。師への餞《はなむけ》のつもりで出した同書が、都合6刷のヒット作にもなったことで、大沢さんの理論が現在でも全く色あせていないことが証明されたと思っています。ちなみに『マネジメントの基礎理論』の表紙は『心理学的経営』をモチーフに作りました。

（海老原）

返信

大沢武志氏からの返信

拙著に対する海老原さんの講評は「単なる書評ではない」とあるように、著者から見るとドキッとするような思いがけない視点にまずは驚かされました。そんな読まれ方もあったのか、という著者にとっての新たな発見は実にありがたいものです。

「大沢本は普通の研究書とは全く異なります」とのご指摘ですが、著者としてまことに的を射た見方をしていただき、大変うれしく思います。「心理学の理論から必要最低限のものを抽出し、最適な順番に並べ……最後に経営者としての経験から実際にそれを実践した効能を説く」という拙著のスタイルを類書にない特徴として過分に評価いただいているのは、率直にありがたいご指摘として受け止めたいと思います。

確かに、この『心理学的経営』は経営者および研究者という2種類の実務経験から生まれたものと考えています。

一つが、「人材輩出企業」と呼ばれるようになったリクルートという企業の経営者として、創業者・江副浩正さんとともに作り上げてきた経営風土に関わる側面です。一言で言えば、「活性化のマネジメント」を指向した数々の試みが多分に心理学的な要素に支えられていたことに気付き、それを多少なりとも体系化しようと考えた結果を「心理学的経営」と称するようになったという点です。

この本の全6章のうち、「モティベーション・マネジメント」「小集団と人間関

大沢武志（おおさわ・たけし）

産業能率大学大学院客員教授。1935年生まれ。東京大学教育学部卒業、同大学院修士課程修了。日立製作所を経て日本リクルートセンター（現・リクルート）入社。専務取締役、組織活性化研究所長を経て、人事測定研究所を設立し社長に就任。著書に、『経営者の条件』『採用と人事測定』『人事アセスメントハンドブック』（共編）などがある。2012年2月逝去

係」「組織の活性化」の前半3章は、まさにこのリクルートという企業における人と組織の活性化というテーマそのものなのですが、海老原さんが「前半3章が圧倒的に大好きです」と書かれ、さらに「第3章『組織の活性化』がこの本の本領なのではないか」と指摘されたことは、リクルートという企業風土の特徴からすると納得させられます。もっとも第1章の「モティベーション・マネジメント」も、若者の、そして女性の動機づけに、どの企業よりも成功してきたと言われるリクルートの大事な側面なのですが。

そして、私が実践した心理学的経営に関わるもう一つの実務経験が心理学を応用したリクルートの二つの事業で、何《いず》れも自ら創業に関わりました。一つはリクルートが求人広告業に次ぐ二つ目の事業として始めた人事測定事業、もう一つがＲＯＤ（Recruit Organization Development System：リクルート組織活性化システム）から始まる人事教育事業です。

前者の事業については、１９８９年にリクルートから切り離して「人事測定研究所」として独立、２００４年には人事教育事業をも吸収・統合して、現在は「リクルートマネジメントソリューションズ（ＲＭＳ）」となっています。

これら心理学を応用した二つの事業に直接関連したテーマが、後半の3章ということになります。すなわち、人事測定事業は、第5章の「適性と人事」の中にその考え方を取り上げています。「社員適性アセスメントに関心を持つ日本企業の特徴にフィットした適性検査として、「ＳＰＩ」を開発してからすでに36年が経過しました。

第4章の「リーダーシップと管理能力」は、人事教育事業で最初に開発したツールである先述のＲＯＤに関連した章ですが、自社の商品であるＲＯＤの最大のユーザーがリクルート自身であったことが心理学的経営の一つの象徴だと思っています。

07

知識創造企業　原題 The Knowledge-Creating Company

（初出：『HRmics』10号　2011年8月発行）

野中郁次郎＋竹内弘高著　梅本勝博訳　1996年　401頁　東洋経済新報社

ダイジェスト

この本は豊富な事例を基に、欧米企業とは異なる日本企業の強みを理論的に解き明かしています。その原点は、著者二人が1986年の『ハーバード・ビジネス・レビュー』誌に発表した「新しい新製品開発ゲーム」という論文までさかのぼります。二人はその論文で、日本企業の新製品開発における強みは「速さと柔軟さ」にあるとし、それをラグビーのメタファー（例え）を使って説明しました。開発中の新製品を、一団となって走るチームがパスしながらゲームを進めていくラグビーのボールに見立てたのです。

同書は最初にアメリカで刊行されましたが、たちまち注目を浴びました。経営戦略論のマイケル・ポーターからは「日本から世界に向けて発信された、経営理論の真のフロンティア」と、組織論の大家カール・ワイクからは「理論と実践のベスト・アンド・モースト・オリジナル・ブレンド」と激賞されました。刊行から20年以上が経過しましたが、いまだに世界に通用する日本発の、随一と言ってよい経営書であり、日本の経営学の代表的成果を知りたい人にとっても必読文献でしょう。

●目次

既存の経営学の限界と、そこからの新たなブレークスルーを企図したものだけに、経営学の父ピーター・ドラッカーから組織文化論のエドガー・シャイン、組織学習論のピーター・センゲまで、それぞれが唱えた理論の内容と限界がコンパクトに書かれている箇所も一読の価値があります。経営学の歴史をかいつまんで知りたい人にとっても、おあつらえむきの一冊です。

著者の一人、野中郁次郎氏は同書刊行後、知識創造理論を世界に広めたナレッジ・マネジメントの権威となり、２００８年の『ウォールストリート・ジャーナル』紙では、「世界で最も影響力のあるビジネス思想家トップ20」に選ばれています。

同書は企業活動における知識の重要性を繰り返し説きます。知識は単に「処理」されるのではなく、新しく「創造」されるべきであり、それこそがイノベーションの源泉である、というのが同書の主張です。

その場合の知識には2種類があります。一つは「形式知」であり、文法に即した文章、数学的表現、技術仕様、マニュアルなどで使われている形式言語によって表すことができるものです。もう一つが「暗黙知」であり、これは形式言語で表すことが困難なもの。信念や価値観、物の見方など、人間一人ひとりの体験に根差した極めて個人的な知識のことです。

この形式知と暗黙知の相互作用こそが著者のいう「知識創造」に他なりません。その相互作用は「知識変換モード」と定義され、以下の四つに分けられます。

すなわち、⑴個人の暗黙知からグループの暗黙知を創造する「共同化　Socialization」、⑵暗黙知から形式知を創造する「表出化　Externalization」、⑶個別の形式知から体系的な形式知を創造する「連結化　Combination」、⑷形式知から暗黙知を創造する「内面化　Internalization」です。それぞれの英語の頭文字を取って、後に「SECI《セキ》モデル」と呼ばれるようになりました。

著者いわく、日本企業は「組織的知識創造」の成功によって連続的なイノベーションを成し遂げ、競争優位性を確保することができました。ＱＣサークルやＪＩＴシステム（カンバン方式）だけが世界に誇れる日本的経営ではないのです。

組織的知識創造とは、新しい知識を創り出し、それを組織全体に広め、製品やサービス、あるいは業務システムの刷新や改善に具体化させる組織能力のことであり、日本企業はこれらを意識的、あるいは無意識的に開発し実践してきました。

「我々は人間の知識創造能力を大切にするのが経営のあるべき姿だと考えるが、実際の日本企業を見ると、うまくやっているとはとても思えない。いま必要なのは、日本的経営を知識創造能力の養成と発揮という観点から再構築することである」と著者は訴えます。

人間の知識創造能力を大切にしている組織として、野中氏が長らく注目しているのがアメリカの海兵隊です。独立戦争が始まって間もない１７７５年に設立され、太平洋戦争で日本軍を撃破して勇名を轟《とどろ》かせた、陸海空を統合する世界随一の攻撃部隊です。２０１７年に発刊された『知的機動力の本質』（中央公論新社）で、野中氏は海兵隊の強さの本質をＳＥＣＩ理論を使って解き明かしています。

この海兵隊がかつての日本企業と似ている、と野中氏は指摘します。

アベグレンが指摘した終身雇用。原語は“Lifetime commitment”であり、終身雇用のより正確な英語である“Lifetime employment”でなかったことは既に述べた通りです。

海兵隊では実はこう言われます。「一度海兵隊に入ったら、ずっと海兵隊だ」（Once a Marine, Always a Marine）と。組織に対する忠誠心や帰属意識は一生もの、まさしくLifetime commitmentでしょう。

また、海兵隊には人員が不足しがちな戦時においても、米国の陸・海・空軍と異なり、階級が下の者を一時的に昇進させる特進制度はありませんでした。能力の段階的蓄積を重んじる、いわば職能資格制度が運用されているわけです。しかも将官への道は全隊員に開かれています。「誰でも階段」があるというわけです。

一方で、個人より集団を重んじ、階級の上下を問わず、内部で団結する力は抜群。その基礎になっているのがライフルマンシップです。「全員がライフルマン」という方針の下、担当職務に関わらず、誰もが一定以上の射撃能力を備えなければならない。それは司令官であっても毎年行われるライフルテストに合格しなければならないというほど徹底しています。

言葉を変えれば、ライフルマンシップという基礎能力の上に、他のあらゆる職能が築かれるということでしょう。私は人事マン、経理マンである前に三菱マン、日立マン。そんな価値観と信条の下、どんな仕事も引き受ける——こうした「職務無限定」という日本型雇用に通ずるものがあるわけです。

海兵隊は日本企業に似ており、まさに日本型雇用を実践している。その海兵隊は知識創造企業の代表例である。つまり、知識創造企業は、職務無限定で「誰でも階段」を備えた日本型雇用抜きには語れない、ということでしょう。

アベグレンが海兵隊員であったことは前で述べました。日本企業のマネジメントを探っていったら、思わず懐旧の情に駆られた、かつて自分が属していた組織によく似ていると、思わず研究にのめり込んでしまったのではないかと思えてならないのです。

往信

拝啓　野中郁次郎様

●ドラッカー流行《ばや》りの中で

２００９年の暮れに発売されて以来、あれよあれよ、という間にミリオンセラーに達した『もし高校野球の女子マネージャーがドラッカーの『マネジメント』を読んだら』（岩崎夏海著、ダイヤモンド社）。高校の野球部の女子マネージャーがピーター・ドラッカーの名著『マネジメント』を座右の書とし、弱小野球部を甲子園出場に導く、という現代のお伽話《とぎばなし》です。

ドラッカー理論を野球部運営に生かすとなると、木に竹を接ぐ内容となりがちなことが予想されますが、当代随一の人気女性アイドルグループ、AKB48のプロデュースにも携わる放送作家が手掛けた作品であり、〝萌《も》え〟的な表紙および挿入イラストともあいまって、さわやか青春小説としても読める点が、稀代の大ヒットにつながったものと思われます。

さて、『もしドラ』では件《くだん》の『マネジメント』のご託宣に従い、高校野球におけるイノベーションを実践する箇所があります。ドラッカーによれば、イノベーションとは新しい満足を生み出すこと。そのためには古いもの、死につつあるもの、陳腐化したものを計画的かつ体系的に捨てよ、と説くのです。

ここを読んだ主人公の女子マネは、監督にも話を聞き、捨てるべきものを、「送りバント」と「ボール球を打たせる投球術」だと見定め、監督を説き伏せてその気にさせ、「ノーバント・ノーボール作戦」を敢行。そのおかげで野球部は念願の甲子園行きの切符を手にすることができたのでした。

ここまで読んで、実は引っ掛かりました。導出された作戦内容はいいとしても、イノベーションってそうやって出来上がるものなのだっけ?と、ページを繰る手が止まったのです。捨てることでイノベーションは生まれるのか。違う。捨てるのではなく、何かを作り出さなければならないのではないか。しかもマネージャーや監督個人の決断によるものではなく、部員の衆知を集めるべきではないか、と。世はドラッカーばやりで、「マネジメントを発明した男」「経営の神様」という賛辞が花盛りですが、ここにドラッカーの弱点、もしくは日本になじまない点があるのではないか。

●形式知と暗黙知

その時、頭に浮かんだのがこの本、『知識創造企業』です。１９９６年3月に発刊されて以来、ロングセラーを続けています。

同書は日本型イノベーションの鍵を「組織的知識創造」にあるとし、そのメカニズムを解き明かしたものです。欧米の学者に向け、１９７０年代から80年代の日本企業が新製品開発という面で、世界のどの国の企業よりも成功を収めた要因を提示することを目的に書かれたもので、まずアメリカで１９９５年に発刊され、翌年に日本語版が刊行されたのでした。

著者は、日本が世界に誇る経営学者である野中郁次郎さんと、カリフォルニア大学バークレー校でともに学んだ竹内弘高さん。ちなみに野中さんは、クレアモント大学ドラッカースクール名誉スカラーも務めたことがあり、ドラッカーのよき理解者でもあります。

では、知識創造のメカニズムとは何か。キーワードは、ドラッカーも「今日唯一の意義ある資源」と重んじた「知識」ですが、野中さんらは、ハンガリーの哲学者マイケル・ポランニーに倣《なら》い、知識を形式知と暗黙知の二つに分けます。形式知とは、形式化し他人に伝えることができる客観的な知識であるのに対して、暗黙知とは、個人に所属する主観的な知識で、他人に伝達することが困難な技能や技巧、勘、知覚、信念などです。

これらの形式知・暗黙知が組織のなかで次のようなプロセスを経て転換されていきます。まず、ある人の暗黙知が別の人の暗黙知に移転する。それが何度も繰り返され組織内で共有される。そうやって広まった暗黙知がいつしか形式知へ転換され、その形式知がさらに一段上の形式知へと変わり、この新しい形式知が個々人の暗黙知へと形を変えていく。個人間、あるいはグループ内、組織内で、この知識変換プロセスが何度も繰り返されることで、新たなイノベーションや組織の刷新が起こるというのです。

なかでも鍵を握るのは暗黙知の形式知化です。例えばこの書で紹介している松下電器産業（当時）のホームベーカリー開発の例。いくら工夫してもおいしいパンが焼けない。問題はパン生地の練り方にあると分かったが、どうしても再現できない。そこで、その技を身体で会得するために、プロジェクトのメンバーがホテルのベーカリーの一流職人に弟子入りしたのです。

その結果、ひねりながら伸ばすという独特の手技がポイントになることを学び、それが機械によっても可能になるよう、試行錯誤を繰り返した結果、容器の内側に畝《うね》（突起）を幾つか取り付けることで、最終的にそれが解決された。そう、おいしいパン生地の作り方という職人に付属した暗黙知が、形式知化されたことで製品化が可能になったのです。

●日本人には理解しやすいメカニズム

この知識創造理論に倣えば、『もしドラ』野球部のイノベーションは、帰結が同じだとしても、次のように書き換えられるべきでしょう。

すなわち、マネージャーがまず「勝つためのイノベーションが必要ではないか」という問題提起をし、部員たちもその気になる。侃々諤々《かんかんがくがく》の議論が起こった末に、誰かが「観客はもちろん、自分たちにとっても楽しい、攻めの野球をすべきでは」というアイデアを披露する。それに皆が賛成し、そのために必要なものは何かを考え、「ノーバント・ノーボール」作戦に行き着く、と。

負けないための野球はやっていて楽しくないなあ、という思い。これが暗黙知。「ノーバント・ノーボール」というコンセプト。これが形式知。その知の転換が知識創造であり、それが組織内で行われることを指して、組織的知識創造というのです。

こうやって、ある人が吐露した思いが他者の共感を呼び、誰もが目指したいと思う、チャレンジしがいのある目標になっていく。日本人にはよく理解できるメカニズムだと思いますが、西洋人はどうも苦手のようです。野中さんらによれば、西洋人は「情報処理機械としての組織」という組織観を信じて疑わないそうですから。組織で行われるのはもっぱら情報処理にとどまり、知識の創造という考え方がないのです。その伝でいけば、個人はいつでも取り換えの利く、機械の部品にすぎないのです。

この本によればドラッカーも暗黙知の重要性に気付いていましたが、知識変換プロセスには人間同士の相互作用や知識共有が必要、という点には思いが至らなかったようです。

●西洋流経営学に叛旗を翻した「反経営学」の書

ところで、野中さんらは「暗黙知と形式知のスパイラル」という卓抜な考え方をどうやって思い付いたのか。その大元であるポランニーも、二つを峻別《しゅんべつ》はしたものの、両者の相互作用というところまでは論を進めなかったのに。

その答えはドイツの哲学者、ニーチェにあるのではないでしょうか。ニーチェの最初の研究テーマはギリシャ悲劇の成立史でしたが、その際、ギリシャの密儀や音楽に象徴される、おどろおどろしい「ディオニュソス的なもの」、オリンポスの神々や造形芸術に象徴される、清朗かつさわやかで、分かりやすい「アポロン的なもの」という二つの原理を立て、それらが見事に結び付いたところに「悲劇」という芸術様式が成立し、ギリシャ文化が最高の域に達したことを説いたのです。ディオニュソス的なものとは暗黙知、アポロン的なものとは形式知と考えると、この考え方は知識創造理論を彷彿《ほうふつ》とさせませんか？

以上は、木田元《きだげん》が著した『反哲学入門』（新潮社）によることですが、それによれば、ニーチェは、プラトン以降に成立した西洋哲学を克服する「反哲学」を最初に試みた人だといいます。

その場合の哲学とは、アポロン的＝人工的なものに重きを置き、ディオニュソス的＝自然的なものを無視するものでした。ニーチェはこれに我慢がならなかった。アポロン的なものとは、プラトンが唱えた

「イデア」、デカルトやカントが依拠した「理性」、ヘーゲルが称揚した「精神」などです。片やディオニュソス的なものとは、芸術や肉体、生命そのものなどです。「神は死んだ」という有名な言葉は、アポロン的なもの（＝神）ばかりを重視することにより、人間の「生」そのものが弱体化していたヨーロッパの風潮を嘆くニーチェの叫びだったのです。

ニーチェが「反哲学者」だとしたら、野中さんらは経営学界のニーチェであり、同書は形式知万能の西洋流経営学に叛旗《はんき》を翻した、まさに「反経営学」の書と言えます。同書では、フレデリック・テイラーの科学的管理法やハーバート・サイモンの情報処理パラダイム、マイケル・ポーターの競争戦略論など、形式知の枠としての、これまでの経営学の成果の限界が小気味よく指摘されています。それは西洋における経営学の常識を大きく覆すものだった。だからこそ、同書は全米でも大きな称賛をもって迎えられたのでしょう。

「ケースを分析し、他にも転用できる成功要素を取り出す」のが、形式知重視の、これまでの経営学です。これには論理実証主義、要素還元主義という言葉がふさわしい。

それに対して、野中さんらは、全く別のアプローチを取った。そうした成功要素そのものがどうやってつくられるのか、に目を向けたのです。

理由は明白です。①全体は部分の総和ではないから、そうした要素を取りそろえたとしても、別の場面で再現できるとは限らない、②分析とは後ろ向きの行為であり、それだけでは新しい価値の創造にはつながらない、③経営とはサイエンスであるとともにアートでもあるから、人間を考察に入れなければその本質をとらえることはできない、からです。

その結果、人間のにおいがしない、スタティックなこれまでの経営学に比べ、極めて人間くさい、ダイナミックな理論が誕生したのです。

興味深いのは、野中さんが、スタティックな経営学の真髄を究めた後、40歳を過ぎてからその限界に気付き、新しい理論を構築したことです。富士電機製造での9年間の勤務という経験が、実験室のビーカー内での議論を思わせる既存の経営学に叛旗を翻させたのかもしれません。

●ミドル・アップダウンマネジメント

この本の優れた点は、こうした知識創造のメカニズム解明にとどまらず、それを促進するための組織やマネジメントのあり方にまで筆を進めている点にあります。

例えばトップダウンでもボトムアップでもない、ミドル・アップダウンマネジメントのすすめ。日々変化する現実のただ中にいる第一線の社員と、組織の大きなビジョンや夢を描くべきトップとの結節点に位置したミドルが、両者を巻き込みながら、組織にとって有用な知を作り出す働きが必要と説きます。

当時の欧米企業では、ミドルは否定の対象でした。「組織の癌《がん》」「滅亡しつつある種族」と呼ばれ、「あるべき変化を拒む抵抗勢力」と見なされていたのですが、同書では「組織の結び目」「かけ橋」「ナレッジ・エンジニア」としての役割が強調されています。ミドルの復権とも言い換えられるでしょう。

例えばナレッジ・クルーの育成。ラインの管理職と職能別スペシャリストのほかに、多様な知識を持った才能豊かな人材を組織は抱えておく必要があります。そういう人材に生き生きと働いてもらうには、評価基準を減点法から加点法に変更する必要があると説くのです。

さらに階層型組織とタスクフォース型組織のいいとこどりとしてのハイパーテキスト型組織の推奨、情報の冗長性の大切さとそれを担保するものとしての人事の戦略的ローテーション、トップがつくる知識ビジョンの重要性、濃密な相互作用の場の提供、外部世界との知識ネットワークの構築……ここ20年の人と組織を語る上で欠かせない概念が同書で多数、提示されていたのです。

ただ惜しむらくはこの本の出版が1996年という、バブル崩壊後の「失われた10年」の真っ最中だったこと。日本企業は「雇用の過剰」に悩んでいました。時期があと5年早かったら、同書で提案された施策がもっと早く企業に浸透したかもしれません。

同書の特徴を一言で要約すると、「あれもこれも」というのがふさわしいように思えます。暗黙知／形式知、知識／実践、身体／精神、個人／組織、トップダウン／ボトムアップ、ビューロクラシー／タスクフォース、東洋／西洋……至るところで、二項対立とそれを超越する内容が綴《つづ》られているからです。見てきたように、暗黙知か形式知か、ではありません。暗黙知も形式知も、なのです。両者は相互補完的関係にあり、どちらが欠けても優れた知識創造はできないからです。その点、東洋と西洋の知識や文物をバランスよく取り入れるなど、日本人は昔から、二項対立とその総合に優れた能力を発揮してきました。その過程こそが日本人にとっての知識創造だったとも言えるのです。

2011年には未曽有の大震災が東日本を襲い、復旧から復興へ、新しく立ち上がる日本の姿を世界が注視しています。原子力／自然エネルギー、中央／地方、経済／社会、等々さまざまな二項対立が起きているように思えますが、どちらかを切り捨てるのは愚かなことでしょう。

そう考えると、転換期の今こそ、リーダーやミドルに読まれるべき一書と思えてならないのです。

（荻野）

返信

野中郁次郎氏からの返信

暗黙知と形式知の相互作用による新たな知識の創造というアイデアを得たきっかけはニーチェではなく

ヘーゲルです。つまり、ある命題とそれに対する反命題を調和させ、新たな命題を作り出す、という彼流の弁証法からです。そのヘーゲルの考えを発展させ、人間の知覚とは知るもの（主体）と知られるもの（客体）の間の相互作用である、と説いたマルクスの影響もあります。われわれが若いころは『資本論』を小脇に抱えるのがインテリの条件でした。〝マルクス・ボーイ〟だった時期が僕にもあるのです。

ご指摘のように、大学を出て9年間、僕は企業人として働きました。最初の配属先は東京の中央線の豊田駅の近くにあった工場です。大学出が配属されたのは初めてということで、人事、労務、そして教育と、いろいろな仕事を担当させられました。養成工向けの学校をつくったし、ある事故の責任者にもなり、組合の執行委員もやりました。その後、本社に異動し、経営者教育やマーケティング、財務、企画の仕事もやりましたが、最も期間が長かったのが広い意味で人事の仕事です。この本の内容が「実務から遊離していない」という意味で、現場からの支持を得られたのも、さまざまな人間や仕事の現実に通じなければならない人事の仕事をやっていたからだと思います。

それから遅まきながら究学心に目覚め、アメリカに渡るのですが、その時の専攻はマーケティングでした。それから組織論、そして情報処理論をやって日本に帰ってきました。そして竹内君と一緒に、この本の元になった日本企業のイノベーション研究に取りかかったら、人間には限定的な合理性や認知能力しか備わっていないという立場を取る、既存の経営学の限界を思い知りました。そういう人間がなぜ素晴らしいイノベーションを起こせるかが説明できないわけです。そこで、人間は自

野中郁次郎（のなか・いくじろう）

一橋大学名誉教授。1935年生まれ。早稲田大学政治経済学部卒業後、富士電機製造に入社。カリフォルニア大学バークレー校経営大学院博士課程修了、博士号取得。一橋大学大学院国際企業戦略研究科教授などを歴任。『知的機動力の本質』『失敗の本質』（共著）『戦略の本質』（共著）『流れを経営する』（共著）など著書多数。

らの限界を仲間との相互作用で乗り越え、新たな知を作り出しているのだ、という理論を考えるに至ったのです。

松下幸之助はかつて「衆知経営」という言葉を唱えていました。全員の知恵が経営により多く生かされれば生かされるほど会社は発展する、一人ひとりの働きがいが高まることで、会社全体の成果も高まるという考え方ですが、まさにわれわれが唱えた知識創造理論が目指すものに他なりません。日本的経営の真髄だとも思います。著名な経済学者のヨーゼフ・A・シュンペーターもイノベーションについて語りましたが、一人、または数人の起業家主体のもの。われわれが考え、松下翁が理想としたそれとは対極にあるものです。

ところが最近、日本企業のお株を奪うような事例が海の向こうに現れました。シスコシステムズのCEO、ジョン・チェンバースが「上から指揮命令する経営から、コラボレーション（協業）とチームワークの経営へと移行する」と宣言、同社は、一人のカリスマに頼らない、ミドル中心の自律分散型リーダーが世界レベルでつながるコミュニティ型企業へと急速に変身しつつあるそうです。

僕の提唱したミドル・アップダウンがまさにそれで、「善い」イノベーションを持続的に生み出すコミュニティ型企業をどうつくるか、ということです。その場合、最も重要で不可欠な役割を果たす戦略的部署は人事に他なりません。新しい衆知経営、新しい日本型経営をもう一度つくり直しませんか。

コラム

欧米が見たニッポン

国力に連動して毀誉褒貶《きよほうへん》を繰り返した日本論

アメリカを主力とした連合国との戦争で大敗したわが日本は1950年6月に勃発した朝鮮戦争による特需で息を吹き返しました。55年にはGATT（関税および貿易に関する一般協定）への加盟が認められ、一人当たりGNPの数字が戦前の水準に回復しました。この前年から高度経済成長が始まり、神武景気、いざなぎ景気へとつながっていきます。

日本経済の地位が高まれば高まるほど、日本に興味を抱き、躍進の秘密を探ろうとする外国人研究者やジャーナリストが増えます。ここでは、そうした外国人が日本的経営や日本経済の仕組みを分析した、アベグレン『日本の経営』に続く書籍を紹介したいと思います。

◉代表的な日本論

本題の日本的経営論に入る前に、その総論ともいうべき、幾つかの著名な日本論について見ておきましょう。

まず外せないのが、戦後はじめて、外国人の手によって書かれた本格的日本論であるルース・ベネディクトの『菊と刀』（社会思想研究会出版部、1948年。現在、容易に入手できるのは、講談社学術文庫版など）です。日本文化は「恥の文化」、西洋は「罪の文化」といった対比や、義務と義理、恩に対する考察などは、その後の日本人論に直接、間接に大きな影響を与えました。

アメリカの戦時情報局が敵国・日本の国民性を解明するために、文化人類学者のベネディクトに委嘱《い しょく》した研究が同書の基になっています。

歴史的考察が欠如している、日本人全体を抽象化し過ぎている、義理は江戸時代、義務は明治時代につくられた言葉であり、それらを同一に扱うのはおかしい、といった批判がありますが、一度も日本の地を踏まず、本国で文献や資料と格闘し、オリジナリティと具体性に富んだこれほどまでの論考を著した点は評価されるべきでしょう。

特筆すべきは、アメリカという国の周到さ、したたかさです。戦時情報局や軍の諜報《ちょうほう》部門を中心として、軍事作戦や戦後の占領政策立案のため、アカデミズムの俊英が大いに動員されていました。その一人がベネディクトだったのです。

これ以後、42ページで紹介したアベグレンの『日本の経営』（1958年）、今や日本文学研究の第一人者となったドナルド・キーンの『日本の文学』（筑摩書房、1963年。現在、容易に入手可能なのは新潮社版『ドナルド・キーン著作集』第1巻）など、数多くの日本論が刊行されましたが、そのほとんどが欧米人によるものでした。そうした中、アジア人の手になるユニークな日本論として評判を呼んだのが韓国人作家、李御寧《イー・オリョン》の『「縮み」志向の日本人』（学生社、1982年。現在、容易に入手可能なのは講談社学術文庫版）です。

李は、事物を拡大するのではなく縮小させる「縮み」志向が日本人の特性であるとし、日本語における省略の多用、中国・韓国由来の団扇《うちわ》を畳む扇子や折り畳み傘の発明など、豊富な例を挙げて、その「縮みぶり」を説明します。現代においてはトランジスタラジオや電卓、パチンコなどにその志向が現れている、と言います。「なるほど」と頷《うなず》くに足る新鮮な指摘ですが、縮み志向の背景、つまり、日本人がさまざまな事物を縮めてしまう心理的動機と歴史的考察が欠如しているため、説得力に欠けるきらいがあります。

◉古いものを、新しいものと並置する日本

本題に戻りましょう。

最初に紹介するのは、日本で半生を送ったフランス人ジャーナリストが、膨大な資料を基に、世界第3位の経済大国となった日本の姿を綴《つづ》った『第三の大国日本』（ロベール・ギラン、朝日新聞社、1969年）です。明治維新以来の歴史を踏まえながら、政治や経済、経営メカニズムはもとより、国民の勤勉性、核兵器なしの安全保障、強力な通商外交政策など、幅広い視点から日本の繁栄の要因を分析しています。

原著は1969年にまずフランスで発行され、その年の年末にこの日本版が出ました。『日本の経営』発刊の11年後というわけですが、以下のように、同書に目を通したかのような記述が目を引きます。

日本の経営者の従業員にたいする態度は、西方の資本主義的自由諸国のそれとはたいへんにちがっていて、経済関係よりも、はるかに人間的関係への配慮によって支配されている。（中略）会社は、その使用人や労働者にたいし、たとえば規律または労働条件の面で、しばしば過酷であるが、同時にまた、西方では考えられないような寛大性をしばしば持っている。たとえば経営が赤字になった場合も、余剰人員を解雇することをせず、なにもしないのに給金の支払いを続けたりする（中略）。年とともに給与の増額が著しいが、昇進は、根本的には、年齢によるためでもある。

戦後の日本の繁栄の秘密は政治は二の次で経済第一に徹したことにあり、優秀な官僚と実業界のリーダーがそのための巧みな政策を推進し（金が選挙を支配し、政治家はしばしば業界のでくの棒にすぎない、とまで言い切ります）、給与の低さも厭《いと》わず働く膨大な数の勤勉な人たちがその繁栄を実現した―ギランの見方を単純化すればこんなところになるでしょう。

同書は「エコノミック・アニマル日本」の姿を活写したリポートとして、ヨーロッパでたちまちベストセラーになったそうですが、それには、在日歴の長さがうかがえる日本に関する詳細かつ具体的な記述―例えば新宿や丸の内、あるいは東京郊外の町に関するリアルな描写―も奏功したに違いありません。無味乾燥な論文ではなく、フランス人らしいエスプリが随所に効いているのです。

しかも、本書は無節操な日本礼賛本でもありません。ギランは日本の欠点もちゃんと指摘します。キーワードは二重構造。具体的には大企業と中小企業の格差、近代化の先端としての工業と立ち遅れが目立つ農業です。

最後にギランは日本の本質をこう描くのです。

他の諸国は、代置によって―古い制度のかわりに、新しい制度を再建するという代置によって、革命を行っている。日本は古いものを保持しながら、そのかたわらに、改めて採用した新しいものを据えつけ、並置する方法をとっている。（中略）西方文明の強烈な衝撃を受けたとき、日本が防衛と抵抗のためにとった巧妙な手段がそれだった。

神仏習合はまさにその典型でしょう。お国のフランスも、例えばパリなどでは古い建築物がよく保存され、今もよく使われているのではないでしょうか、とギランに言いたくなりましたが、的外れと気付き、やめておきます。かの国の人たちが成し遂げた激烈で凄惨《せいさん》な革命のことを思い出したからです。

◉「三種の神器」にお墨つきを与えた報告書

次に紹介するのは、経済協力開発機構（ＯＥＣＤ）が調査・執筆を担当した『ＯＥＣＤ対日労働報告書』（日本労働協会、１９７２年）です。

同書は日本的雇用制度を構成する要素として、⑴生涯雇用、⑵年功賃金、⑶企業別組合主義を挙げます。これらこそ、アベグレンが発見した「三種の神器」に他なりません。そう、同書によって、「三種の神器」に公的なお墨つきが与えられたのです。

この雇用制度の利点は労働者が自分の職業より勤務先の企業に忠誠心を抱くようになることです。労働者がなかなか辞めませんから、労働者向けに行われる企業の教育投資が無駄になりません。労働者が自分と企業を一体のものと考え、企業の生産性に対して大きな関心を持つので、新しい技術や機械・設備の導入にも積極的に対応してくれる、というのです。

一方、制度の欠点も指摘されます。労働者と各企業との結び付きが強いため、企業間および産業間の移動を抑制するからです。生涯雇用も年功賃金も、長くいればいるほど得になる仕組みですから、転職を阻害する要因になるのは当然でしょう。

ＯＥＣＤが、あえてそれを「欠点」ととらえたのは、当時、第１次産業の農業から潤沢な労働者が第２次産業や第３次産業に流れ込むという動きが、既に終わりに近づき鈍くなっていたため、第２次産業、第３次産業で人手不足の問題が生じていたからです。それを解消するために雇用制度を変え、転職をしやすくするべきだ、という主張を盛り込んだのでしょう。が、日本的雇用制度はその後はむしろ評価され、その通りにはなりませんでした。

ＯＥＣＤの指摘でより重要なのは、海外では国によって行われている機能が、日本的雇用制度の下では企業によって肩代わりされているという事実の指摘だと思います。

国が児童手当や高等教育の奨学金を支払う代わりに、年齢や勤続によって上昇する労働者の賃金が子弟の教育費用を賄う。また、定年の際公的年金によって保証される代わりに、労働者は55歳でまとまった額の退職手当を得、それほど需要が大きくない職により低い報酬で就く。

生涯雇用を堅持しようという企業の努力も昔ほど強固でなくなり、年功賃金のカーブも以前より緩やかになった今、企業が担ってきた社会的機能の縮小をどうするのか—これこそ、今の、われわれが直面している問題にほかなりません。

◉イギリスに先んずる日本の雇用システム

翌73年、カリフォルニア大学出版局から、５００ページ近くの浩瀚《こうかん》な書籍が発売されました。イギリスの社会学者、ロナルド・ドーアの手になる『イギリスの工場・日本の工場』です（日本語版は１９８7年に筑摩書房より刊行）。

同書は、日本とイギリスの、いずれも電機会社（日本は日立製作所、イギリスはイングリッシュ・エレクトリック社）の各2工場を素材に、採用や教育に始まり、賃金、労働組合、福利厚生、管理組織、労働者や管理者の意識に至るまで、さまざまな角度から比較・対照し、日英の雇用システムを際立たせる形で抽出します。ドーアを含む日英計6人の研究者が関わった共同プロジェクトであり、日本人が読んでも違和感のない内容になっています。

ドーアらの叙述はまさに水も漏らさぬような緻密さで進みます。日本の雇用システムは組織志向型、イギリスのそれは市場志向型とし、それぞれの雇用制度が、家族、政治、教育のあり方、人々のパーソナリティとどう関わっているか、ということまでペンを走らせます。

興味深いのは、イギリスをはじめとした先発の先進国が、日本的な組織志向型の雇用システムに移行しつつある、という指摘です。イギリスでも敵対的労使関係から協調的労使関係へ、属職的給料制度から属人的給料制度への移行、企業内訓練・企業内社会保障制度の進展、労働移動の低下、などが見られるというのです。

ドーアが一番言いたいことは次の言葉に尽きるで

しょう。

（日英の雇用システムの）良し悪しについて、全般的評価は下しえない。日本の企業では、仕事のやりがい、人間的互譲の精神、企業集団という長いものにまかれる安定感などはあろうが、個人の独立、自分の生き方を選択する自由、自己達成契約の公正を要求する力からいえば、イギリスの企業の方がましだ。（カッコ内は筆者補足）

◉日本人を有頂天にさせた誉《ほ》め殺し本

次に取り上げるのは、1979年にアメリカ・ハーバード大学教授のエズラ・F・ヴォーゲルが著した『ジャパン・アズ・ナンバーワン』（日本語版も同年、TBSブリタニカより刊行）です。本文96ページで言及したように、センセーショナルなタイトルも手伝い、日本でも大きな評判を呼びました。

ヴォーゲルは社会学者で、家族関係と精神衛生の国際研究のために日本を訪れたのですが、しばらく暮らしてみて別のテーマが浮かんだそうです。天然資源に乏しいこの小国が、脱工業化社会に特有のさまざまな課題をうまく解決しながら、なぜ驚くべき経済発展を遂げることができたか。その理由を探るべく執筆したのが同書です。

全体として言えるのは、アメリカと日本を比較して顕著な違いを抜き出し、「組織力」「長期展望」「知識収集力」を軸に、高度なパッチワークでつくった本ではないか、ということです。企業について論じた章も、終身雇用の下、社員の一体感とやる気、忠誠心を醸成する仕掛けがそこかしこにあるといった程度の記述しかありません。

この本は一度絶版になったのですが、新版が2004年に阪急コミュニケーションズから刊行されました。

ヴォーゲルはそこで自らの過去の分析は間違っていなかったと書き、その後の日本の凋落《ちょうらく》は、「後発国の成功後シンドローム」によるものが原因だ、と述べるのです（この時点で、後発国という言葉を使う神経にも驚きます）。具体的には、ハングリー精神の喪失、人口の高齢化、英語が堪能な国際舞台でリーダーシップを発揮できるグローバル人材の不足、時代遅れになった大学、などです。

これを読んで脱力してしまいました。それが正しいとすると、彼が日本の成功要因としてとらえていた組織力、長期展望、知識収集力とはいったい何だったのでしょうか。彼の結論は、日本そのものに真の成功要因は存在せず、冷戦と、軽武装が可能にした経済成長への傾注ぶり、右肩上がりに伸びる国内人口といった当時の日本が置かれていた環境が鍵を握っていたということなのかもしれません。

◉日本的経営の要諦を経営学者が分析

１９８０年代に入ると日本企業の好調ぶりは誰の目にも明らかになりました。そうした中、81年に「アメリカ企業は日本の挑戦にどう立ち向かうか」という副題がついた書籍がアメリカで発刊されました。日系三世のUCLA経営大学院教授、ウィリアム・G・オオウチが執筆した『セオリーZ』（日本語版も同年、CBS・ソニー出版より刊行）です。この本は日本企業の強さの秘密を経営学者が真正面から分析した最初の書籍であり、世界的にも評判となりました。

これまで紹介した書物と同じように、オオウチも日本とアメリカの企業組織の違いを述べます。

そして、日本企業は社員が親密に結び付いた、同質性・安定性のある集団主義的組織であるのに対して、アメリカ企業は結び付きが薄く、異質性・可動性を特徴とした個人主義的組織であるとして、前者をJタイプ、後者をAタイプと名付けます。

では「セオリーZ」とは何か。オオウチいわく、欧米企業にはAタイプばかりでなく、Jタイプに類似した企業も数は少ないものの、存在するというのです。それがZタイプの企業で、その経営手法をセオリーZと呼びます。すなわち、日本企業と同様、長期雇用を重視し、人事考課の個人差が小さく昇進が遅い、さまざまな仕事を渡り歩く異動が多い、全員のコンセンサスを重視する集団主義を取っている、といった特徴があります。

オオウチが、日本企業から学び、AからZへの転換を図った企業の筆頭として挙げるのは、ゼネラル・モーターズ、フォード、クライスラーといった自動車会社。後にどれもが苦境に立たされたのは記憶に新しいところです。彼らは日本企業から学ぶことが少なすぎたのでしょうか。それとも……。

シンクロニシティというべきか、この本が出た81年にもうひとつ、アメリカ人研究者が日本的経営の強さを解析した本がまず本国で、次いで翻訳版が日本で刊行されています。ウィリアム・G・オオウチの所属はUCLAでしたが、今度はそれぞれスタンフォード大学、ハーバード大学で教鞭《きょうべん》を執るリチャード・T・パスカル、アンソニー・G・エイソスの共著者二人による『ジャパニーズ・マネジメント』(講談社)です。

当時、日の出の勢いにあった松下電器産業(現パナソニック)の経営の仕組みを詳細に分析し、さらにそれをハロルド・S・ジェニーンというカリスマリーダーに率いられていたアメリカ企業のITT(国際電信電話会社)と比較することで両者の違いを確認し、アメリカ企業が日本企業のマネジメントに学ぶべきことを剔出《てき》するという内容です。

彼らは松下に代表される日本企業においては曖昧さや不確かさ、不完全さを許容する文化があり、横の社員(同僚)同士、あるいは縦の社員(上司と部下)同士の間に相互依存の関係が成立していることに着目します。しかも、その背景には欧米とは異なる独自の日本文化があると。

多くのアメリカ企業は逆です。マネジメントにおいては明確なことが神であり、それぞれの個人は独立精神が豊かで、誰かに依存することに対する恐怖心を持っているというのです。

日本企業のやり方は自然に社員の採用や教育に意を注ぐことや、会社の使命は何かといったお金儲《もう》けの向こうにある上位目標の浸透に力を入れることにつながり、結果として、日本企業はアメリカ企業よりも社員という人的資産を大切に扱う傾向が強くなっていると。

ただ、例外的に日本企業と同じ特色を持つアメリカ企業として、IBM,ユナイテッド航空、ボーイング、P&G、デルタ航空、スリーエム、ヒューレット・パッカードの名前が挙がっています。前掲の『セオリーZ』の結論と似ていますね。

こう見てくると、他のアメリカ企業も日本企業のマネジメントを軒並み真似るようになり、世界のエクセレント・カンパニーは日本型に収斂《しゅうれん》するかと思いきや、そうはなりませんでした。

◉アメリカ人経営者が称賛する日本的経営

１９８０年代半ばになると、日本とアメリカの間で貿易不均衡の問題が起こりました。特に、アメリカの自動車産業は、小型で低燃費の日本車に押され、壊滅的な打撃を被っていました。

牛肉やオレンジといった農産物に関しても、国内農家の保護を目的とした日本の市場の閉鎖性が問題視され、アメリカの対日感情は急速に悪化していきました。88年8月には、明らかに日本を意識した対外制裁条項（スーパー三〇一条）が可決され、「不公正貿易国」への報復措置が合法化されました。

こうした「日本叩《たた》き」が勢いを増す90年、当のアメリカ人が著した『日本は悪くない―アメリカの日本叩きは「敗者の喧噪」だ』（ごま書房）が上梓《じょうし》されました。著者は69年に初来日し、72年に設立したコンピューターソフト販売会社、アシスト社の社長を務めるビル・トッテンです。

トッテンは、短期の利益を求めるあまり、法外な商品価格を日本で設定しながら、日本人が期待するレベルの品質やサービスを提供しようとしないアメリカ企業のやり方を批判、日本市場の閉鎖性を弾劾するアメリカの姿勢は筋違いであり、そういう姿勢を変えない限り、アメリカ本国でも消費者からそっぽを向かれるだろう、と警告しました。

彼はまた、人を消費財のように使い捨てにし、社員の数十倍もの報酬を経営者が手にするアメリカ企業のやり方にも厳しい目を向け、逆に終身雇用制を取り、社員と経営者の報酬の差が小さい日本的経営を高く評価します。

彼自身、日本で会社を興し、十数年間で業界1位（当時）にまで育て上げました。トッテンは日本的経営を自分で実践してみせたのです。

この日米貿易摩擦激化の折に出版され、高い評価を受けたのがアメリカの歴史学者、ジョン・W・ダワーによる『人種偏見』（TBSブリタニカ、１９８７年、原著はアメリカで１９８６年刊行）です。

太平洋戦争とは日米の国民にとって、互いの互いに対する憎悪を増幅させ合う人種戦争であったという問題意識の下、ダワーは、政府の公文書、漫画、映画などに現れた日米相互のステレオタイプを詳細に再現、それに影響を受けた兵士たちが戦場で行った残虐行為も明らかにしていきます。

時代は下り、当時の貿易摩擦の折、アメリカの政治家が日本人を評していわく「ちっぽけなセールスマン」、逆に日本人の政治家がアメリカ人を「規律を欠いた雑種」と切って捨てる発言があったことをダワーは憂慮します。銃は持たずとも歴史は繰り返す、ということでしょう。同書は時の流れに色褪《あ》せない普遍的な価値を持っているといえ、われわれが民族としての冷静さを見失わないため重要な一書といえます。

◉日本人を幸福にしない会社というシステム

さて、日本に興味を持つといっても、日本、そして日本企業を好意的に見る外国人ばかりではありません。オランダ人ジャーナリスト、カレル・ヴァン・ウォルフレンの『人間を幸福にしない日本というシステム』（毎日新聞社、1994年）は、「日本は官僚に支配された不幸な非民主主義国家である」と断じ、日本企業の姿も否定的に描き出します。

ウォルフレンは二つの概念で日本の企業社会を説明します。

一つは異業種の企業を一つの集団にまとめる縦の「系列」、もう一つは、同業種の企業を一つにし、産業としての秩序を保つ横の「業界団体」です。系列は安定した融資によって倒産を防ぎ、業界団体は過度な競争を防止する合法カルテルを積極的に結ばせる。この縦横二つの働きで企業社会全体の安寧が保たれる、というわけです。

この企業社会の構造の上に政府官庁が位置しています。そこで働く官僚があれこれと、うるさく口を出し、事実上、企業を牛耳っている。しかも、定年後はそこに天下りする、というわけです。それに続き、系列と業界団体の組み合わせが公共部門と民間部門の境界を取り払ってしまった、と書くのですが、境界を取り払うとはどんなことなのか、これ以上の具体的な説明がないので、よく分かりません。

このように、個々の記述が極めて図式的、ゴシップ週刊誌的で、事実として示される材料が非常に少ないのが同書の特徴です。「違和感が多少あるけど、そういう見方もできるかな」と個々の記述を我慢して読んでいくと、最後には官僚を頂点とした圧政国家のイメージができあがっています。一種の手品を見る思いです。

例えばこんな記述、にわかに信じられますか。

日本のサラリーマンは、上司や同僚から、また奥さんを含めあらゆる人から、会社としっかり結びついているよう期待される。会社を、単なる収入源や単なる仕事場と考えるのは許されない。サラリーマンは、会社を家族のように考えて、その一員であると自覚するよう要求されるのだ。

会社を家族とみなす考え方は、戦前・戦中を通じて、日本を慈悲深い天皇を中心にした巨大な家族国家として描く国体イデオロギーを支える下部イデオロギーとして重要な役割を果たした。

ウォルフレンは日本に30年以上暮らしていたそうですが、なぜこんなに悪《あ》しざまにいう国に暮らし続けたのか、理解に苦しみます。

彼が日本の歴史や文化に通暁し、該博な知識を持っていることは確かです。この本もベストセラーとなりましたが、日本人が書くと「そうかな？」と容易には信じない人も、外国人が書き、しかも日本人でさえよく知らない細かな知識をちりばめられると、簡単にその内容を信じてしまう、そういう心理に支えられていたのではないでしょうか。

◉日本は２０００年にアメリカを抜く

同じ資本主義国といっても日本は欧米とは違う異質の国である、という視点はウォルフレンと共有しつつ、その是非については触れず、日本経済の強さの秘密を、さまざまな角度から冷静に分析したのが『見えない繁栄システム―それでも日本が２０００年までに米国を追い越すのはなぜか』（早川書房）です。

著者はアイルランド人で、長年、ニューヨークと東京でジャーナリストとして生活を送ってきたエーモン・フィングルトン。原著の刊行は１９９５年で、日本語版はその2年後に刊行されました。

フィングルトンは、日本とアメリカの資本主義システムの違いを説明します。

たとえば労働分野です。利益を確保するために従業員をすぐ解雇するアメリカ企業と違い、日本企業は利益を犠牲にしても雇用確保を優先します。日本型は一見不合理に見えますが、生産性の向上、研究開発投資の促進、協力精神の涵養《かんよう》といった面で、多大なプラスがあると日本型を賞賛します。

同書は、日本がバブル崩壊後の低迷に苦しんでいる時期に書かれたものですが、「日本の繁栄は終わった」という論調にNOを突き付け、日本型資本主義システムの強さと健在ぶりをアピールする筆致は日本人が読むとこそばゆくなるほどです。

結論として、日本には新しい技術があり、十分な資本もある、世界市場へのアクセスも広範に用意されているから、今後も持続的成長を遂げ、2000年にはアメリカを抜き、世界一の経済大国になるだろう、と述べるのですが、現実はその通りにはなりませんでした。その後の日本は「失われた10年」どころか、「失われた20年」にあえぎました。

日本の「見えないシステム」を描き出すのには成功したものの、なぜフィングルトンの予言は外れたのか。日本の強さを分析する視点でアメリカの弱さを見過ぎたからではないでしょうか。「アメリカ経済最後の砦《とりで》」として彼が挙げるのが航空宇宙産業なのですが、原著が刊行された1995年といえば、ウィンドウズ95が発売され、日本でも大きなフィーバーが起こった年。インターネット元年ともいえます。パソコンの開発とインターネットこそ、アメリカが20世紀後半に成し遂げた最強のイノベーションでしょう。

そう、製造業だけ見ればアメリカの衰退は明白でしたが、情報、金融分野では違いました。アメリカは虎視眈々《たんたん》と世界一を狙い、そのための布石を打っていました。その情報・金融分野におけるアメリカの分析がこの本には見当たりません。岡目八目の程よい距離を保たず、日本に入り込み過ぎたことが敗因ではないでしょうか。

◉日本的経営は永遠である

日本的経営の発見者、アベグレンが逝去したのは2007年のことです。彼の日本への遺書ともいうべき『新・日本の経営』（日本経済新聞社、2004年）を紹介します。

同書は過去50年の歩みを振り返りつつ、今後の日本企業が進むべき道を提示し、半世紀前の自著『日本の経営』で述べたことは正しかった、と主張します。「失われた10年」という言葉は正確ではなく、日本にとって、システムの再設計のために不可欠な10年だったのだ、と。

最も再設計が進んだのは企業でいうと財務の分野です。経済がインフレ基調にあった以前は、資本コストの低い銀行借り入れによる設備投資を行い、市場シェアを拡大させることが経営の焦点でしたが、資産価値が暴落、さらに低成長に移行し、おまけにデフレの色彩が色濃くなった今、経営の焦点はキャッシュフローに変わった、それが劇的に進行したのが「失われた10年」だった、というのです。

逆に、最も変化が少なかったのが人事の分野でした。終身雇用は終わっていないどころか平均勤続年数は諸外国と比べてむしろ伸びている、年功序列は重要性が急速に薄れているものの、年齢と勤続年数は賃金や昇進の決定に当たって相変わらず重要な指標である、企業内組合も消えたわけではないが、組織率が20％を切っており、企業における組合の役割は低下している、と書き、こうまとめます。

変化は起こっており、これはいつの時代にも不可欠なものだ、技術の変化によって専門技術をもつ人材が正社員としてではなく、必要に応じて派遣社員として雇用されるようになった。労働力の平均年齢が上昇したため、賃金と昇進で年功序列制が薄れてきた。産業構造が変化したため、労働組合の役割が低下した。これらの変化は、欧米型モデルなるものを想定してそれに近づこうとする動きではない。日本的経営を特徴づけ、日本的経営の強さを支える源泉になってきた基本的な価値観と慣行を維持しながら、状況の変化に対応する動きである。

日本的経営よ、永遠なれ、といったメッセージをこの本から読み取ることができます。

米カリフォルニア大学准教授のスティーブン・K・ヴォーゲルによる『新・日本の時代　結実した穏やかな経済革命』（日本経済新聞出版社）も紹介しておきます。発刊は2006年で、まず原著がアメリカで、同年には日本で翻訳版が出ています。

企業と社員、企業と銀行、企業同士が長期的な関係を取り結ぶ「日本型モデル」が、バブル崩壊後の長期停滞の中で、いかに変質していったか、広範な関係者への取材を織り交ぜながら、政府の施策と企業の改革の両面から解き明かした本です。その対極にあるものとして著者が念頭に置くのが、短期的関係が主となる自由市場型のアメリカ型に他なりません。

結論はどうだったか。副題の「結実した穏やかな経済革命」が示しているように、部分的な変質は認められるとしても、アメリカ型への完全移行はありませんでした。

ヴォーゲルはその微細な変化を三つのキーワードで説明します。すなわち、日本企業は総体的に、「社員、銀行、取引先について『より選別的』になり、「各企業の行動や振る舞いが『より差別化』」され、「外国人の資本家、経営者、ビジネスパートナーに対して『より対外開放』」されたと。

気付いた人もいるかもしれませんが、著者ヴォーゲルは先に紹介した『ジャパン・アズ・ナンバーワン』の著者エズラ・F・ヴォーゲルの息子なのです。少年時代を日本で過ごし、一時、ジャパン・タイムズの記者として働いていました。この本はお父さんの本よりはずっと中身が濃く、内容も正鵠《せいこく》を射ているものの、タイトルのインパクトが弱く、結論も歯切れがいまひとつだったからか、残念ながらあまり評判になりませんでした。

◉雇用の歴史150年を振り返った労作

最後に取り上げるのが2012年に出版された『日本労使関係史1853―2010』(岩波書店)です。江戸時代末期からの雇用制度の変遷を、アメリカの歴史学者、アンドルー・ゴードンが振り返った労作です。

雇用制度は経営主導で生み出され、労働者は唯々諾々と従っただけ、と見なされがちですが、「労働者、経営者、組合、そして官僚も生成に関わった、正反合の弁証法的発展の所産である」と著者は言います。

例えば日本的雇用システムの中核、終身雇用。明治期の労働者は簡単に会社を辞めました。石川島造船所と芝浦製作所の勤続年数統計によると、1902(明治35)年時点で、労働者の80%が勤続5年未満。なぜこんなに短かったかというと、何社を渡り歩いたか、というのが、一人前（の労働者）と認められるメルクマールだったからです。

この傾向がピークに達したのが、空前の好況に沸いた第1次世界大戦時で、ほとんどの産業で年間移動率は75％にも達していました。

ところが１９２０年代になると不況が続き、移動率は下がっていく。辞めても、次があるとは限らないからです。こうした環境と、勤続年数で加算される賃金、退職金、年金、福利厚生制度、教育プログラムなど、経営側による「長く働かせる仕組み」があいまって、労働者の勤続年数が長くなっていったのです。

労働組合も大きな働きをしました。不況になったら解雇が当時の企業の通例でしたが、組合は争議やストライキを打って対抗しました。結果、面倒な争議を避けるため、企業が解雇しなくなったのです。

時代は下り、第２次大戦期。今度は官僚が登場します。総力戦を遂行するため、労働力の移動と配分を管理しようと、政府が１９４１（昭和16）年に公布したのが労務調整令です。雇用および解雇の全てに関して全国５００カ所ある職業紹介所の許可が必要、という内容でした。この時期の日本は一種の社会主義国だったのです。

戦後になると、「終身雇用」を促進させる新しい仕組みが広まりました。強い人事権が可能にした配置転換です。ある部署で仕事がなくなっても、働く人たちを解雇せず、他の部署で引き取る。このメリット、デメリットは本書のあちこちで述べている通りです。

日本型雇用システムの完成までには約１００年の歳月が必要でした。今後、それがどう変質していくのでしょうか。著者ゴードンはまだ60代です。われわれの足元で、地響き立てながら進行中の変化を織り込んだ増補改訂版を切望するものです。

ここまで、外国人が日本的経営や日本の雇用の仕組みを分析した代表的な書物を見てきました。どんな分野の書物にも言えることですが、全般的な傾向としては玉石混淆《こんこう》といったところでしょう。その中でも、日本をよく知らない外国人による単独著作はやはり眉に唾を付けながら読み進めることを余儀なくされるようです。

さて残念なのは、管見によれば、『日本労使関係史1853―2010』はともかくも、2010年以降、外国人による本格的な日本企業論、日本的経営論がほとんど発表されていないことです。日本企業研究、日本経済研究が再び脚光を浴びる日は来るのでしょうか。

（荻野）

第4章

【動揺期】ほころびと弥縫策

●「失われた20年」を振り返る

昭和末期から平成初期のバブル景気は1991年2月に終わりました。その後、バブル崩壊後の不況（第一次平成不況）は93年10月まで2年8カ月も続きます。絶頂からの急下降だけに、生活者としては、とてつもなく不景気感が漂いもしましたが、当時の企業はまだずいぶん余裕がありました。企業が蓄えた株や土地などの資産は、まだ値下がりが始まったばかりであり、当時の会計基準では簿価計上が可能であったために、損失を計上する必要もなく、「そのうち景気が回復すれば」程度に多くの企業が鷹揚《おうよう》な態度を取っていたのです。行政もしきりと「経済のファンダメンタルズ（基礎的数字）は引き続き好調だ」という経済観測を流し、その通り、1994年からはカンフル景気が始まります。翌95年の実質経済成長率は3.5％、96年は2.7％。数字的にはアメリカのそれを上回り、日経平均株価は底打ち反転して2万2000円を超えました。

そう、世間は1990年代中盤まで、「バブルよいま一度」的な考えに浸っていたのです。そのため、企業は不良債権処理を遅らせ、同時に雇用システムの問題にも手を付けず、爆弾はどんどん大きくなっていきます。

1990年代後半は、90年代前半とは打って変わって、日本社会・日本企業が「変わらねばならない」といよいよ本気でもがき苦しむ時期となります。

いろいろな要素が一気に重なって旧来の日本型雇用が、大きく揺らいだからです。

まずは世相から振り返ってみましょう。

銀行をはじめとした金融機関は、バブル期の不良債権を公にせず、その処理を先送りにし続けた結果、97年末から始まる金融不況で、ニッチもサッチもいかない状況に陥ります。97年11月に東証1部上場の証券会社である三洋証券が倒産したのを皮切りに、同月に北海道拓殖銀行が都銀として初めて倒産、さらにはかつて日本最大の証券会社だった山一證券が廃業。年が明けると国策銀行である日本長期信用銀行（長銀）と日本債権信用銀行（日債銀）が国の保護下に入り、その他大手信託銀行には軒並み経営不安説が流れるといった、とめどない状態。

この時期は、金融機関と同様に、日本の企業全体が問題を先送りし続けた結果、いよいよ今までの人事管理が持続不可能な状態に陥っていきます。

前章までを振り返っておきましょう。

日本では既述のとおり１９７０年代に、経済全体が安定成長期に入り、企業も成長スピードを落としたため、それ以降、管理職ポストはそれほど増えなくなりました。その結果、幹部候補はかつてより増えますが、そのままでは管理職になれない社員が増えてしまうため、そうならないように、「部下がいなくても管理職になれる」という専門職課長制度を浸透させていきます。皮肉なことに、同時期には大学進学率も高くなっていたために、高卒ホワイトカラー（補助的立場）の採用をやめ、そこからホワイトカラーは大卒採用（幹部候補）に一本化しました。結果、どうなったか？

●「不安のタネ」が続々芽を出す

膨大な幹部候補が、ある年齢になると、一斉に管理職となる。それも、ポストがあろうがなかろうが、職能資格制度が生み出す「部下ナシ課長」という魔法の役職で、誰もが全員、課長となれる。つまり、余剰管理職により経営が立ち行かない時期が来る――その「ある年齢になる時期」とは、１９７０年代の入社者たちが課長→部長適齢期となる90年代後半だったのです。

金融不安で資金繰りに苦慮し、メインバンク制も崩れて安定株主を失った多くの日本企業は、一方で内部には「余剰管理職」を抱え、まさに内憂外患。90年代前半のバブル崩壊とその直後のカンフル景気期は、ともすれば、「またバブル再来だ」などと安穏と構えていられたのとは対照的です。経済成長もゼロで止まらずマイナスにまで落ち込み、いわゆる「失われた20年」の本番が始まりました。

この時代は、２０００年以降に起きる「社会問題のタネ」が続々とまかれた時期でもあります。

まず、90年代中盤に女性一般職社員（事務アシスタント）が均衡待遇を求めた訴訟が多発したため、企業はこの職制を廃止し、派遣や契約社員などの非正規に切り替えました。

次に恒常的な円高に悩む企業は、製造拠点の海外移転を進め、その結果、日本社会では製造業の新規正社員採用が激減していきます。

さらに、ベビーブーマー世代が過ぎ去った後、大学は急激な学齢人口減に直面し、なんとか経営を成り立たせるために、推薦入試・一芸入試・ＡＯ入試（論文や面接のみ）などという形で、誰もが大学に入る時代に驀進《ばくしん》し始める……。

この三つが合わさり、高卒（→製造業での雇用減）、短大卒（一般職での雇用減）の就職難＝大学進学率アップ、そして大幅に増えた大学生が卒業する時期に就職氷河期となって問題が発現することになります。

例えて言うなら、90年代前半に秋風が日に日に寒さを増していった状況で、90年代後半には一気に真冬が訪れた。

企業や働く人は、秋のうちに冬支度をしていなかったから、とにかく冬を越すためにそこら辺にある着られそうなものは何でもかき集めろ、とそんな状況に陥ったと言えるでしょう。

もはや、日本型にこだわる余裕はありません。94年にパイオニアが大手企業でリストラの先陣を切ったときに、マスコミはこぞってそのことを批判したのがウソのように、90年代後半には大手企業がなべてリストラを実施します。こんな風潮に水を差すように、当時のトヨタ自動車社長だった奥田碩《ひろし》さんが、「わが社はリストラをしない」と言明すると、欧米の格付け会社が一斉にトヨタの社債を格下げするという事態にもなりました。このときに奥田さんが、「格下げするならご自由にどうぞ。それでもトヨタは雇用を守ります」と応えて、少しだけホッとしたのを思い出します。

●働かない管理職をどうするか

企業内の人事制度も急造策でしっちゃかめっちゃかの状態となります。職能資格制度という「誰もが管理職になれる幸せな制度」を捨て、コンピテンシー評価、成果給、役割給と、舶来モノの人事概念を次から次に、矢継ぎ早に導入していきました。消化不良でも何でもいいから、とにかく現状を打破しなければ、という焦りがにじみ出ているような時代です。

役職と給与だけは高いが、パフォーマンスは低い管理職をどうすべきか。再教育をするのか、それとも、降給降格に処すべきか、さもなくば退職勧奨か。

この時期に、日本企業は新しい人事制度を試行し続けます。

多くの企業がたどった道は、

・職能資格の見直し
↓コンピテンシー型能力評価の導入
・部下なし管理職の見直し
↓職務主義（課長というポストがなければ課長にしない）の導入
・定期昇給（給料は上がりっぱなし）の見直し
↓基準給＋成果給（給料は上がったり下がったりするものに）

というものでした。

結局、右肩上がりの経済成長をあてにした人事が破綻したため、上がりっぱなしの給与体系（＝下方硬直）では経営が立ち行かなくなった。つまり、熟年層の能力と処遇をどうするかが喫緊の課題となったわけです。

ただ、資格の審査を厳しくし、新規の課長の数は絞りましたが、それでも係長までは普通に昇進でき、しかもそこで滞留すれば定期昇給も残業手当も残りました。結果、年収は上がり、それに応じて、難易度の高い職務を負わされる。そう、「誰でも階段」は薄まりながら、残ったということになります。

この時代を短くまとめるならば、ホワイトカラーという日本型雇用の本丸を何とか守り切り、非ホワイトカラーである製造・事務・販売・建設を切り捨てたといえるでしょう。その結果が、２０００年代になり「非正規問題」として噴出する。それについては次の第５章で触れます。気付いてほしいのは、非正規問題とはその多くが非ホワイトカラー問題であったという点です。

この章では、日本型雇用を何とか守り切ったホワイトカラー領域で、「誰でも階段」を温存するために、どのような工夫・技巧が必要かを示した、道先案内役の本を紹介していきます。

終身雇用、年功賃金という日本型が変わらざるを得ない要因と対応策を記した島田晴雄さんの『日本の雇用』、「ビジネスモデルに合致した自社オリジナルの人事の仕組みを作れ」と説く高橋俊介さんの『人材マネジメント論』、一世を風靡《ふうび》したコンピテンシー解説本のベストセラー、太田隆次さんの『コンピテンシー人事』、とめどない高齢化が進むなか、生涯現役社会の構築を説いた清家篤さんの『定年破壊』の４冊です。

（海老原）

08

日本の雇用——21世紀への再設計

島田晴雄著

1994年　238頁　ちくま新書

（初出：『HRmics』4号 2009年8月発行）

ダイジェスト

この本は終身雇用や年功賃金に象徴される日本的雇用慣行がなぜ変わらざるを得ないのかを明快に解き明かし、返す刀で、新たな雇用慣行、つまり人材活用の方法を提示します。

なぜ変容を余儀なくされるのか。著者は以下、四つの環境変化（メガトレンド）を提示します。

(1)日本経済の長期的な成熟化傾向

(2)円の価値の変化（円高の進行により、日本経済が世界で最もコストの高い経済になったと同時に、冷戦体制の崩壊によって世界が一つになり、大規模な価格破壊が進行した結果、輸出志向が強い日本企業の存立基盤が急速に揺らいでいる）

(3)人口と労働力の急速な高齢化

(4)技術パラダイムの変化による情報革命の進展

これらが賃金、雇用、人材活用に、それぞれ大きな影響を及ぼすことになります。賃金に関しては、定期昇給を軸とした年功型の賃

●目次

金システムが立ち行かなくなり、個人の能力や成果を大きく反映したものにならざるを得なくなる。雇用については、増大する労働力需要に対応してきた新卒一括採用の意味が薄れ、仕事のニーズに応じて最も適切な人材を丁寧に審査して採用するという「ふつうの採用」が基本になる。人材活用に関しては、男性の新規大卒者を雇い手塩にかけて育成していくといったストック型だけではなく、即戦力になり得る人材を、さまざまな雇用形態で活用するフロー型も視野に入れながら、女性、高齢者、外国人の活用も真剣に考えざるを得なくなる、と著者は言います。

こうした問題意識から、「21世紀へ向けての人材活用」と題し、以下八つの提言を記しています。

①高賃金の自覚を（=人材活用の観点から注意すべきは、日本の勤労者が本当に世界一の高賃金をもらうにふさわしい働きをしているのか、ということである）

②働き方の再設計（=働く人々の時間価値が世界で一番高いという事実を自覚して、それにふさわしい働き方を再設計すべきである）

③強制と管理から提案と支援へ（=若い人たちの行動や考えが分からないと不満を言う前に、彼らに大きな仕事と責任を与えること。それを支援していけば大きな成果につながる可能性が高い）

④家庭と両立する企業を（=女性をもっと活用せよ。そのために大切なことは、女性を平均値で扱わないこと、産休、育休の整備など、子供ができても会社を辞めなくて済むような環境を整えよ）

⑤中高年の戦略的重要性（=50代後半〜60代の人々の活力をいかに高め活用するかが大切になる）

⑥得点法の人事評価（=中高年労働者の活性化を図るには、目標や責任を明確にし、得点法の評価を心掛けるべきである）

⑦独創性を育む人材戦略（=前例主義を排した意思決定方式の確立、グループ表彰よりも個人表彰の重視、社内ベンチャー制度の創設などで、独創性ある人材がうまく育ち、活躍できる風土をつくる必要がある）

⑧世界の人的資源の活用（＝世界の優秀な人材に日本企業でもっと働いてもらおう。そのためには、目標の共有、意思決定プロセスの透明化と情報開示、ルールの明確化が必要だ）

最後に著者が述べるのが以下のような労働政策の必要性です。

イ．ホワイトカラー化時代に即応した職業紹介体制の整備

ロ．民間の有料職業紹介事業の自由化

ハ．人々が長い職業生活の中で自らの能力を高め、それを効果的に活用できることを支援する自己啓発優遇税制の整備

ニ．女性や高齢者が働きやすい税制や年金制度の改革

ホ．雇用のノーマライゼーション支援政策（＝企業における雇用の構成が社会における労働力の構成と乖離《かいり》しないように正常化する施策のこと。具体的には、子育て中の女性の就業継続や子育て後の復帰を支援すること、高齢者雇用の促進など）

ヘ．外国人を差別なく受け入れるための諸施策

「誰もが階段を上る」構造へ、本格的にメスを入れたのがこの書です。階段を上るのにふさわしい人は誰なのか。そして、実質的には階段を上ってもいないのに、既得権を惰性のように享受しているのは不公平ではないか。階段を「上る」という構造ゆえに、環境的に上ることが難しい高齢者や女性が追い出されてしまう問題。為替レートの変更の中で、労働と生産のバランスが崩れ階段を維持できなくなる製造部門……。こうしたこの後に起きる「誰もが階段を上る」社会の構造破綻をとらえ、警鐘を鳴らした書と言えるでしょう。

この示唆に対して、より具体的な道筋を示したのが、後出の『新時代の「日本的経営」』です。

往信

拝啓　島田晴雄様

●終身雇用という幻想

２００９年、雑誌の取材で、中国・上海を1年ぶりに訪問しました。万国博覧会の開催を翌年に控え、相変わらず新しいビルやマンションの建設が陸続と進んでいるようでした。滞在が実質２日の〝弾丸〟出張だったため、街をつぶさに歩き回ることはできませんでしたが、特に印象に残っているのが、前日に雨が降ったわけでもないのに、なぜか泥水につかっている道路、そして、人がいるのにもお構いなし、時には信号無視で突っ込んでくる運転マナーの悪さです。

中国（人）はこれだから駄目だなあ、という言葉が口をついて出ようとした瞬間、三十数年前、私が子供だったころを思い出しました。道路はでこぼこで大きな水たまりだらけだったし、当時の大人たちの運転マナーだって決して褒められたものではなかった、と。

当時の日本と現在の中国の共通項は何でしょうか。そう、高度成長です。１９５２年から72年までの20年間における日本の実質ＧＮＰの平均成長率は９・４％。当時の先進工業国の平均の５％、さらには戦前の日本の平均である４％と比べても極めて高い数字でした。片や中国の実質ＧＤＰ成長率は２００４年以降、毎年10％を超える伸びを見せ、金融危機の影響があった09年でも９％ありました。

さて、われわれがしばしば犯す過ちが、こうした経済の基礎的条件を無視し、文化や歴史、あるいは国民性といった面からのみ光を当て、それぞれの国の事情を説明してしまうことですが、それとは全く逆のアプローチを取るのがこの本です。終身雇用や年功序列に代表される日本的雇用は、高度成長という特殊な条件の下でたまたま成立したものだ。その条件が変わりつつあるのだから、雇用の在り方も変わらざるを得ない、と、実に明快に変化の理由を解き明かすのです。

刊行されたのは今から24年前の１９９４年、バブル崩壊後の「失われた10年」の真っただ中でした。92年度の経済成長率はほぼゼロ、その後の96年度までの５年間で70兆円を超える景気対策が実行されましたが、日本経済という〝病人〟の回復はなかなか進みません。バブル期に各社とも採用に躍起になったため、雇用の過剰感は頂点に達し、中高年ホワイトカラーの数の多さ、処遇の高さが問題視され、新卒の就職難も起こり始めていた時期でした。

当時、盛んに議論された「終身雇用は終わるのか」という問いに対して、著者は二段構えで答えます。まずは「終身雇用」という概念そのものが幻想である、というのです。すなわち、不況になるたびに日本企業は大量解雇や雇用調整を行ってきたこと、大企業はともかく中小企業では離職・転職が多いこと、男性に比べ女性の勤続年数は短く「終身」とはとても言えないことなどを指摘し、言葉の不正確さを突くのです。

しかし、「日本の雇用は終身」という考えが日本社会に行き渡ったのはなぜでしょうか。その要因は20年間も続いた高度成長にあります。何せ10％近い成長率が十年以上も続いたのです。給料もどんどん伸び、面白い仕事も次々に生まれたはずですから、「一度入ったら会社に骨をうずめよう」と社員が考えるのは当然です。その期待感が社会通念となり、ついには働く人の既得権のようになってしまったというのです。

雇用は生産の派生需要であり、終身雇用概念は、長く続いた経済成長の結果だ、と言われれば納得せざるを得ません。この論理は現在の中国にも当てはまるようです。少し前までは「中国は個人主義だから、２、３年ですぐに会社を辞める」とよく言われましたが、最近は長期勤続の傾向が強まっているのです。雇用が短期だったのは、経済が不安定で、潰《つぶ》れる会社が多かったから、という理由の方が大きかったようです。

さて同書に戻ります。終身雇用を支えたもう一つの条件として、著者は「人的資本」という考えが日本に暗黙裡《り》に普及していたことを挙げます。日本企業は現場の労働者の教育や訓練に熱心ですが、それは従業員を単なる労働力ではなく、人的資本と考えている証拠であるというのです。せっかく投資して価値を高めた資本なわけですから、元を取るまでは簡単に手放そうとは思いません。多少の景気変動があっても、長期安定雇用を維持する傾向が強くなるのです。

●四つのメガトレンド

日本型雇用のもう一つの柱、年功賃金の定着に関しても、高度成長は大きく寄与しました。その起源は、敗戦直後の苦しい家計を支えるため、家族持ちの年配者に配慮した、いわゆる電産型賃金体系にあり、その後に慣行となった定期昇給制度によって高度成長期に確立した、と著者は述べます。

定期昇給の普及に大きな役割を果たしたのが1955年に始まった春闘（春季賃上げ闘争）でした。欧米のように、職種別あるいは産業別の強力な組合が存在せず、ほとんどが企業別という組合の弱点を補うべく、賃上げに向けてお互い手を結び、一斉に行動しようという意図で始められたものです。この春闘の影響で、高度成長期は特に賃上げ率と賃上げ額が高まる一方で、産業間・企業間の差が小さくなり日本全体の賃上げが平準化していたことを本書は指摘します。毎年春になると春闘によって賃上げの世間相場が形成され、それに沿って多くの企業が値上げしていく。言ってみれば、日本社会全体の定期昇給を、この春闘が実現させていたのです。

こうして成立した年功賃金は企業にとっても合理的なものでした。その要因となったのが人口構造の若さです。先の戦争以前から日本の出生率は比較的高く、高度成長のとば口に立った日本には若年労働者が豊富に存在していました。彼らの賃金は年功賃金体系下で安く抑えられていますから、大量に雇い入れたところで、賃金の総額はそれほど増えない。むしろ、企業が急成長する場合は労働分配率が低下するので、その分の資金を設備投資に回すことができました。それが技術革新と生産効率の上昇に結び付き、企業の成長がさらに促進される好循環が生まれた、というのです。

さて、こうした経済成長という前提条件が覆され、代わりに、四つのメガトレンドが日本を襲っていると著者は述べます。

第一は成熟経済への移行です。高成長から低成長時代へ、と言い換えてもいいでしょう。高度成長期のように全員に安定的な雇用を長期で保障する根本的な条件が失われたのです。

第二は円高です。それによって国際比較した際の国内生産のコストが増大、国際競争力を維持するために、自動車や電子といったグローバル競争の波をもろにかぶる産業が海外に出る動きが加速すると述べます。

第三が高齢化です。１９５０年代から60年代を通じて、出生率が急速に低下し、平均寿命が大きく延びたことで、70年代から高齢者が人口に占める割合が目立って高くなりました。

第四は情報化です。情報通信技術の発展と普及が進み、日本のお家芸＝製造業で培ってきた集団的・暗黙的な技術や知識より、個人単位の創造的能力が大切になる、というのです。

逆に言えば、高度成長期は、円が安いから輸出が絶好調となり、さらに安価な労働力に事欠かなかったため、日本は「世界の工場」となって、高い経済成長を長期にわたって実現させることができた。しかも長期雇用が可能にしたチームワークや助け合い・学び合いが得意といった組織能力を製造業においてうまく強みに転換できた。こうした基盤の上に、終身雇用・年功序列という「日本型雇用」が確立したということなのでしょう。

●ストック型からフロー型へ

こうした条件を消し去ったのが四つのメガトレンドというわけです（組織率が急減して労働組合の社会的な存在価値が下がり、春闘という一斉賃上げの仕組みが形骸化したことも付け加えておくべきでしょう）。何《いず》れも十数年後の今読んでも、全く古びていない指摘ですが、著者はここから、各論として、幾つかの予言と提言を行います。三つほど紹介しましょう。

一つ目は年功賃金の崩壊です。高齢化が進展する中で、定期昇給制度を維持することは企業にとって固定費の負担が増えるばかり。それに代わって、年功カーブがよりフラットな、個人の能力や成果を反映した賃金になる、というのです。これはその後の成果主義ブームを見事に言い当てた予言だったと思います。

その一方で、過剰となったホワイトカラーの管理職層をリストラせよ、という当時の風潮には異議を唱えます。理由はこうです。働き盛りの前半期は実際の貢献度よりも低い賃金を支払い、後半期に貢献度より高い賃金を支払うのが年功賃金の本質である、と述べた上で、若いころの報酬不足を取り戻す時期である中高年の段階で解雇することは、事実上の契約違反になる、というのです。そして企業にとっても、彼らは貴重な人的資本であり、その喪失は中長期的に損失になるという考えを示し、貴重な人的資本でもある彼らの能力の活用や再開発に力を注ぐべきだと述べます。これに関しては、企業は年功カーブの修正、つまり40代以降の定期昇給の廃止という措置で対応したように思います。

二つ目は、ストック型からフロー型への移行ということです。新卒の若年労働力を採用し、綿密な教育訓練を施して自社にふさわしい人材に育て上げ、定年までの雇用を保障するという、企業が意のままに使えるストック型雇用がこれまでのやり方だったとすれば、今後は専門家の短期雇用、業務委託、派遣やパートの活用といった、仕事のニーズに合致した人材を使い分けるフロー型の雇用が、企業にとっても働く側にとっても有益となると述べます。必要な能力を自前で全て賄うのではなく、ニーズに応じて市場から買い入れるやり方です。

この考えを地で行くような提言書が、同書刊行のわずか8カ月後に出されています。日経連による『新時代の「日本的経営」』（231ページ参照）がそれで、長期蓄積能力活用型（正社員）、高度専門能力活用型（有期雇用）、雇用柔軟型（有期雇用）という三つのタイプに人材を分ける「雇用ポートフォリオ」の考え方が提示されていました。ワーキングプアや格差論議の中、「雇用柔軟型」を問題視する人からは諸悪の根源のように言われた考え方ですが、問題は雇用柔軟型の人たちに対する社会のセーフティネットが十分ではなかったという点であって、基本的な流れは今も変わっていないと見るべきでしょう。

三つ目は、「雇用のノーマライゼーション」という言葉で、女性や高齢者、外国人といった、これまであまり顧みられなかった人たちを活用せよ、と説く一方、新卒採用というやり方に疑問を投げ掛けます。若年労働力が豊富で経済が急速に成長していた時代には合理的に機能していたシステムだったが、前提条件が変わって若年者が相対的に減ると、逆に矛盾が目立つようになった、というのです。こう書かれています。

（新卒一括採用は）企業にとっては採用のコストが嵩《かさ》むわりには歩止りが悪く、また若年労働者にとっても世の中の見方が甘くなり長い職業生活にとってはかえってマイナスになる。（略）これからの採用は仕事のニーズに応じて最も適切な人材をていねいに審査して採用するという「ふつうの採用」を基本にすべきである。そこでは新卒、中途、第二新卒などという区別はなく、あくまで、自立した求職者の個人の意欲と能力をていねいに審査し、判断して採用するということである。

未来予測と今後に向けた提言という意味では非の打ち所がなく、廉価で読みやすい新書という形態も手伝って、多くの人事マンが座右の書として目を通したに違いないこの本ですが、新卒採用の廃止というこの点だけはその通りにならなかったように思います。新卒には新卒の、中途には中途の意義と目的が明確に存在し、企業も個人もそれをうまく使い分けているのではないでしょうか。世界的に見ても、人を大切にするエクセレントな企業ほど、新卒採用にこだわりを持っています。お会いしたとき、ぜひこの点についてご意見を伺いたいと思っております。

（荻野）

返信

島田晴雄氏からの返信

かなり以前に上梓《じょうし》した本の内容を、こうした形で綿密に〝検証〟されるのは著者として光栄でもあり、また恐ろしいことでもありますが、日本の雇用が変わるきっかけとなると書いた「四つのメガトレンド」に関しては、その趨勢《すうせい》がますます強まっており、予測は間違っていなかったと胸を撫《な》で下ろしているところです。

ただ変化した点として、日本企業のお家芸であった人的資本への投資、つまり従業員への教育訓練が以前ほどには熱心でなくなりつつあることを指摘したいと思います。株主がより短期の収益を求めるようになり、企業の中長期的視点が弱まっているからだ、と簡単に片付けることもできますが、自前の人材だけに頼らず、外部労働市場を使いこなすことに企業が長《た》けてきた証左でもあると思います。

人を大事にして一から育て上げるのが日本企業の特質である、とよく言われま

島田晴雄（しまだ・はるお）

首都大学東京理事長。1943年生まれ。慶應義塾大学、同大学院、米国コーネル大学を経てウィスコンシン大学で博士号取得。慶應義塾大学経済学部教授、千葉商科大学学長などを経て2017年より現職。その間、各種の政府委員を歴任。『労働経済学』『日本経済の論点』『雇用改革―「雇用の質」を改善せよ』（共著）『日本経済　瀕死の病はこう治せ！』など著書多数。

すが、私に言わせれば、これは美点でも特質でもありません。そうでもしなければ、当時の後進国・日本は、欧米先進国に経済面でキャッチアップできなかったのです。きっかけは第1次世界大戦と第2次世界大戦の戦間期にあります。それまでは労働者が待遇のよい会社を転々と渡り歩くのが一般的でしたが、工業化が進んで関連技術や技能が高度化する中、しかるべき能力を身に付けた熟練工を社内で養成していく体制が整備されました。賃金制度や福利厚生を含め、人材を企業内で育て上げ、配置する内部労働市場が成立したのです。

この内部労働市場が十全に機能していたのもまさに高度成長期までと言えるでしょう。本書でストック型雇用からフロー型雇用へ、と書いたように、派遣や業務請負という外部を使う動きがここ10年、顕著に高まりました。そうした仕事に従事する人材への手当が不十分なことが今日議論される貧困問題などを招いているとも言えますが、企業の外に労働市場が形成されることは経済合理性にかなっており、今後も加速していくはずです。

この本で唯一、私の予測が「外れた」と評者から指摘された新卒採用の問題ですが、私はそうは思いません。オープン・ドア・ポリシーが浸透し、採用は4月だけでなく年中行われるようになりました。第二新卒という新しい転職市場も出来上がりました。銘柄大学の体育会系なら就職も絶対安泰という風潮もなくなりました。大学生の数が増えたこともあり、選抜傾向はますます強まっています。一方の若者側にも変化が表れ、グローバルな舞台で活躍できる外資系を最初から選択する若者たちが増えました。島田ゼミの優等生が日銀を蹴って、外資系金融会社に就職する時代です。何《いず》れも十数年前には考えられなかったことです。

そういう意味で、かつてのような新卒採用の形は完全に姿を変えました。そう考えると、この本は十数年後の未来を十分、先取りしていたと言えるのではないでしょうか。

内部労働市場が徐々に縮小していく中で、これからの企業でますます必要になるのが、一人ひとりの能力をきちんと見抜く力です。一緒に働く相手は同じ釜の飯を食べながら親交を温めてきた仲間ばかりではありません。国籍も違うかもしれない。明快な評価が下されれば、1社で駄目でも再チャレンジが可能となる。ある意味ハードですが、やり甲斐《がい》のある時代が来たのではないかと思います。

09

人材マネジメント論

―経営の視点による人材マネジメント論

高橋俊介著

１９９８年　２３０頁　東洋経済新報社

（初出：『ＨＲｍｉｃｓ』３号　２００９年４月発行）

ダイジェスト

「人材マネジメントには、唯一絶対の普遍的に通用する手法があるわけではない。まず、現在そして将来に向けての経営環境を見据えて、自社の求める儲《もう》かる仕組み＝利益のメカニズムを戦略的に構築し、それに最も適した組織行動や人材像を、単なる精神論ではなく、具体的な職種ごとに考えていくのが人材マネジメントの第一歩となる」。この言葉に著者が言いたいことが尽くされています。

儲かる仕組みは時代によって変化します。同じ業種や職種であっても、経営環境（競争環境、市場環境、技術環境など）が大きく変化すると、新しい仕組みを構築しなければなりません。それに応じて、ふさわしい人材像や組織行動が変わり、求められる人材マネジメントも異なってくるのです。

人材マネジメントは、組織運営、人材フローマネジメント、報酬マネジメントという三つの分野から成り立っています。この本ではそれぞれ1章が当てられ、その詳細が述べられています。

●目次

新版（2006）230頁

組織運営とは、企業のビジョンや戦略、目標を達成するために必要な行動を、各組織の長や社員一人一人に伝達し理解させることで組織を動かしていくということです。その方法として、コアバリューやミッションといった抽象度の高い概念に基づき、あるべき組織行動を取るように仕向けていく方法や、数値目標のノルマで管理する方法、社員の一挙手一投足を事細かくマニュアルで定め、その遵《じゅん》守を要求する方法など、さまざまなやり方が紹介されます。

人材フローマネジメントとは、採用・配置・発掘・育成・選抜・異動・代謝といった一連の人材フローに合わせて、必要な制度、システム、各種プログラムなどを設計することです。

紹介されるのは、「現業分離型」（現業部門の人材フローを本社から切り離すやり方で、販売現場に高度なプロ人材をおく必要がないアパレル業界などに多い）、それとは逆の「自然淘汰《とうた》型」（現場で高業績を上げた人材が一定数、本社の管理職に登用されていくやり方で、現場にプロ人材を必要とする化粧品や女性用下着業界に多い）、そして、本社・現場が一体になった「一貫キャリアパス型」（販売現場において高度なプロは必要なく、本社では業務の標準化が徹底的に行われる、ハンバーガー・チェーンに代表されるチェーンストア業界で活用されている）という三つです。

報酬マネジメントとは、組織行動＝「社員を期待される組織行動に向かわせる」、人材フローマネジメント＝「期待される人材を採用して定着させ、そうでない人材は代謝を促す」を、報酬の与え方の工夫によって、うまく実現していくことです。この場合の報酬には、金銭的報酬はもちろん、上司や同僚による称賛や顧客からの感謝など、非金銭的なものも含まれます。

ここで興味深いのは、著者が日本とアメリカ、そしてヨーロッパの現状と歴史をよく調べ、「アメリカは昔から実力主義」といった言葉が俗説にすぎないことを喝破している点です。1980年代以前においては、賃金は成果ではなく現在のポジションに対して支払われる傾向が強かった。つまり、アメリカは実力主義というのはここ数十年のこと、それ以前は職務評価による序列主義の国だったのです。

これを打破するためにアメリカ企業が取り入れたのが、それまでは20から40もあった職務等級を廃止し、4～6段階の幅の広い等級（バンド）を新たに設定するブロードバンディングという制度であり、コンピテンシー（競争力の源泉となる実力）という考え方でした。

最終章は「人材マネジメントにおける最新の動向」というタイトルで、以下、四つの内容がコンパクトにまとめられています。

(1)制度重視から仕組み重視へ
(2)モラールとコスト管理から競争力強化へ
(3)人事機能の本社一極集中から分割化へ
(4)経営幹部やコア人材に対する成功報酬制度の導入

この本は、直前に発表された日経連の『新時代の「日本的経営」』を、現場実務にどう落とし込むか、を考える上で人事スタッフの関心を集めたと言えるでしょう。

それは今後の企業にとって必要な人材を、①長期蓄積能力活用型、②高度専門能力活用型、③雇用柔軟型という三つに分けていました。それは単純な分類ではなく、「下積み→育成」といった通過儀礼的な意味もありました。また、どの企業でも3グループが全て必要なわけではなく、業界によっては長期蓄積能力型が主、もしくは雇用柔軟型が主という派生形をも示唆しています。スタティックな一般論を『新時代の「日本的経営」』が説き、ダイナミックな個別論を本書が示したという形です。

もう一つ、高橋俊介氏が日本型雇用に及ぼした大きな影響を加えておきます。それが、「人材含み損」という概念。能力仮説（能力は何歳になっても伸び続ける）に基づいた楠田丘氏の職能資格給制度。そして、それを理論的に裏付けた小池和男氏のスマート・マチュア（知的熟練）。こうした形で、年齢とともに職務難易度は上がり、それに伴いパフォーマンスも向上し、結果、給与アップに結び付くのが、「正論」となっていた80年代。

ただ、それは給与分配余資が十分にあった安定成長期に作られた神話であり、本当は、能力もパフォーマンスも向上していないのに、給与だけが惰性で上がっているのではないか。皆がうすうす感じていたその疑問を、「人材含み損」という明快な言葉で言い当てたのが高橋氏の功績と言えるでしょう。

結果、「誰でも階段を上る」は建前だけで、実のところは幻想だ、と人事管理は急転します。バブル崩壊でゼロ成長に陥った企業は、給与が上がり続ける仕組みと縁切りをしたくなった、というのが本音と言えるでしょう。

この「人材含み損」概念の浸透に歩調を合わせて、成果給やコンピテンシー評価が普及していきます。

こうして日本型の「誰もが階段を上る」仕組みは風当たりが強くなって行きました。ただし、一つだけ気付いてほしいことがあるのです。高橋氏の指摘した「人材含み損」は熟年期以降のベテラン社員に向けられた言葉であり、成果給やコンピテンシー任用・評価などもそのほとんどは、管理職向けに制度構築されていきました。要は、若年期および中堅期までの「階段」は、この時期でもほぼ無傷で守りきったと言えるのです。

「それは、日本型賃金が若年期を低く抑えているために、含み損が出ないからだろう」と解説する声も聞こえそうです。ただ、序章で記した通り、日本の大手・中堅企業では20代後半ですでに欧州の標準的ホワイトカラーである中間職務者を抜きさり、30代前半ではエリート層（カードル）並みの給与ゾーンに達しています。決して世界的に若年期の給与が「低い」とは言えないのです。では、30代中盤まではなぜ「人材含み損」と言われなかったのか。それは、日本型の誰でも階段を上る仕組みが、若年↓中堅期までは合理的なシステムだから、と言えるでしょう。

ただし、能力形成面では合理的でも、この同調圧力の高い上意下達型の「修練期」が、ブラック労働などの別の問題を生み出してしまう短所があることは否めません。

往信

拝啓 高橋俊介様

●〝人事屋〟から〝経営人事コンサルタント〟へ

日本経済のバブルが崩壊したのが1991年。それから17年後の2008年、世界的な金融危機が起こりました。

この間の経済の激変は企業経営にも深甚な影響をもたらしました。この間、人事の分野で、さまざまなキーワードや新しい概念が飛び交いました。成果主義、コンピテンシー、401k（確定拠出年金）、ウォー・フォー・タレント、キャリア自律、プロフェッショナル人材、次世代リーダー育成（選抜）、eラーニング、学習する組織、ナレッジ・マネジメント、人材ポートフォリオ、カンパニー制、ストックオプション等々、枚挙に暇《いとま》がありません。あるものは現場に導入され、あるものは概念だけで終わり、導入済みのものの中にもいつの間にか廃れてしまったものもあります。

私のよく知る人事マンが、「ここ十数年、人事の役割は大きく様変わりした。社内の利害をうまく調整し、社員のモラールを保つ役割に代わって、経営の効率を高める役割に比重が移った。〝人事屋〟から〝経営人事コンサルタント〟への変身ってとこだね」と言っていたのを思い出しました。勝手知ったる内海で養殖をやっていた漁師が、いきなり荒波逆巻く外海で大魚を相手にする方策を考えろと命令されたようなもの、といったら言い過ぎでしょうか。

さて、そんなさなかの1998年に刊行されたのが、今回取り上げる『人材マネジメント論』（東洋経済新報社）です。「経営の視点による人材マネジメント論」という副題が表す通り、人事屋から経営人事コンサルタントへ、人事の仕事の中身が様変わりした風潮をうまくとらえて売れ行きを伸ばしました。いや、その流れ自体をこの本が加速させたと言ってもいいかと思います。発刊以来、順調に版を重ね、2006

年には、同じ出版社から『新版 人材マネジメント論』が出ています。

●「儲かる仕組み」に合わせる

同書は冒頭、人材マネジメントを〈人材の経営貢献度を上げていく上で投資対効果を高めていくための手法〉と明解に定義します。当時「人材マネジメント」という言葉の新鮮味もさることながら（それまでは「人事労務管理」と呼ばれていた）、そこに「投資対効果」という言葉を使うのか、と刮目《かつもく》した読者が多数いたことは想像に難くありません。現在は世に浸透し、半ば常識となっている見方ですが、マッキンゼーの元敏腕コンサルタントであり、同書出版の前年、社長まで務めた人事コンサル会社のワイアット（現：ウイリス・タワーズワトソン）を辞めて独立を果たした高橋さんでなければ書けない言葉ではなかったか、と思います。

この本のユニークなところは、そこから「儲かる仕組み＝ビジネスモデル」の解説に進む点です。「あれ、人事の本なのに、おかしいなあ」と思った人もいるでしょう。高橋さんの問題意識はこうでした。経営環境の違いや業種・業界の壁を超えた普遍的な人事制度があるわけではなく、それぞれの企業の儲かる仕組みに合わせたオリジナルのものがあるべきだ、と。おそらく何百社にも上るコンサルティング経験から、「あるべき人材や人事制度はビジネスモデルから考えるべきだ」と痛感されていたのだと思います。

中身を少し見ていきましょう。高橋さんの言う「儲かる仕組み」は、①固定的な利幅が確保されている、②チェーンストア理論に即して店舗展開する、③製造設備への投資で勝負する、④顧客が抱える問題を発見し解決する、⑤ターゲット顧客の満足度を最大化していく、という五つに分けられます。

①の典型が、かつての証券会社における株式の法人営業マンです。本社のアナリストが推奨銘柄を決め、各支店の営業にノルマとなる株数を割り当てていき、割り当てられた側は粛々とそれを遂行します。「上

から与えられた目標を黙々と達成していくこと」がこの場合の求められる組織行動です。つまり、単純化された仕事で営業成績を上げていく人材を育成する人材マネジメントが必要となるのです。

これが④になると、同じ営業でも違います。例えばOA機器の販売です。前述した証券会社の営業マンと同じように、以前は特定商品の性能を顧客にアピールし、購入してもらえれば、固定的な利幅が得られたわけですが、今の顧客が求めるのは、単体のOA機器というより、パソコンやサーバー、ネットワーク機器、アプリケーション・ソフトなど、さまざまなものを組み合わせたOAシステムだったりします。そうなると、個別の商品知識だけではなく、顧客がどんな問題を抱えているかを発見し、適切な解決策を提示できる営業マンこそが必要な人材となり、そういう人材を採用・育成する人材マネジメントが求められるのです。

さらに高度な経験とスキルが要求される営業が⑤です。競争環境が激しく、顧客が他社に乗り換える可能性が非常に高いので、マニュアルが用意されていたとしても、それだけでは最低限のサービスしか実現できず、それ以上の「感銘」を与える部分については営業マン一人ひとりが顧客の立場で考え、自分なりの工夫によって満足度を高めていかなければならない、と高橋さんは書きます。それこそが自社の「儲かる仕組み」であると認識した上で、それに適した組織行動やあるべき人材像を、具体的な職種ごとに考えていくのが人材マネジメントの第一歩なのだ、というわけです。

規制緩和や競争環境の変化により、従来のような固定の利幅を得ることが難しくなった結果、①ではなく、難易度の高い④や⑤が営業の主流になっていることは言うまでもありません。

●経営幹部を育成する方法

以上、「儲かる仕組みを切り口にして人事を考える」点を入り口に、同書は人材マネジメントの全体像を論じるわけですが、その際、仕組みや制度にせよ、考え方にせよ、ただ一つの正解を押し付けることなく、複数の可能性やタイプを必ず示し、それぞれの長短を述べた上で、読者に考えさせる内容になっています。顧客に複数の案を示し選ばせるという、高橋さんのコンサルタント時代の仕事のやり方が表れているような気がしました。

経営幹部を育成するやり方として、①将来の幹部候補を別扱いで採用し特別のキャリアを積ませる「女王蜂型」、②採用段階では差をつけないが、一定の年齢以上になると選別が行われていく「段階選抜型」、③アメリカの会計事務所や弁護士事務所で採用されている「敗者は去る」形式の「アップ・オア・アウト型」、④日本の大企業の関連会社や外資系企業でよく見られる「外部導入型」、⑤変革型リーダーを社内で意図的に発掘し、試練を与えながらトップに育てる「発掘試練型」の五つが挙げられ、それぞれの詳しい説明と、過去どんな企業で採用されてきたシステムなのか、メリットとデメリットは何か、が詳細に綴《つづ》られます。

日本企業の場合、キャリア組とノンキャリア組の区分が明確な官庁や、民営化される前のＮＴＴやＪＲなどでは「女王蜂型」だったそうですが、ほとんどの企業が「段階選抜型」を採っていました。ところが、部長から役員になるのが50代後半、社長になるのが60歳前後になるため、今のような変革の時代、年齢の高さが足かせになって、うまく状況に対応できない可能性が出てきます。そのため、30代前半という早い段階から将来のトップ候補の発掘を始め、50代前半で社長に就くことができる「発掘試練型」のほうに高橋さんは軍配を上げ、日本企業もそれに移行しつつある、と書いています。この流れは現に今も強まっています。

仕組みや制度の説明も、現状だけに終始せず、歴史的な変遷を分かりやすく論じている点も同書の特徴です。私がなるほどと思ったのが、人を管理する方法の変遷でした。最も原始的なのが「個別指示による管理」です。これはベンチャー企業の立ち上げ段階には有効ですが、社員は自分の仕事は自分で仕切るという感覚が欠如し、受け身の人間にならざるを得ませんし、リーダーが全て指示しないと物事が進まないのは非効率です。そこで（主にアメリカで）出てきたのが、「職務記述書あるいはマニュアルによる管理」です。これによって、仕事の標準化と同時に人材の標準化も進んだため、人材マネジメント上の複雑な問題が解決された、と高橋さんは書きます。

しかし、この手法にも当然のことながらデメリットがありました。職務記述書に書かれていることしか誰もやらなくなり、一種の官僚的な組織が出来上がってしまうことです。つまり、オペレーショナルな仕事を単純に回すだけの人は確保・育成できても、創造的価値を生み出すような人材をうまく育て処遇することが困難になるのです。

一方、単純化という面では職務記述書による管理と通底するものがあるのですが、仕事の結果に着目するのが数値目標の「ノルマによる管理」です。これは早いもの勝ちの陣取り合戦のような分野では非常に大きな効果が得られますが、各人が個人プレイに走ってしまうため、個人のノウハウが組織のノウハウとして共有されないというデメリットが生じます。

そこで登場したのが、個人ごとに、その期に重視する具体的な仕事を決める「目標による管理」です。しかし、これも達成度合いが報酬に結び付くのであれば、あらかじめ目標のレベルを低く設定した方が有利になります。また環境の変化が激しい場合に対応しにくいという問題点も生まれました。そこで「方針による管理」という考え方が現れました。ここでいう「方針」とは抽象度が高い目標のことです。

こうやって、人を管理する方法の変遷をたどりつつ、行き着くのが「ビジョンや行動規範による管理」です。抽象度の高いビジョンやコアバリュー、行動規範によって社員一人ひとりの行動に方向付けをしていく考え方です。最近では、日本企業でも〇〇ウェイや〇〇バリューを制定する会社が増えてきました。

こうした流れで整理されると、現状の仕組みも固定的なものではない、状況の変化に合わせて変えていいんだ、変えるべきなのだ、という思考が培われるはずです。

当時見られたアメリカ企業礼賛、つまりアメリカの人材マネジメントの仕組みを、背景や社会の仕組みの違いを無視して、上辺だけ真似て導入するやり方を厳に戒める姿勢が随所に見られる点も印象に残ります。「人材マネジメントの最新の動向を見ると、確かに、欧米、とりわけアメリカの企業は一歩先行しているが、それはアメリカの方が日本よりも一歩先んじて環境変化の波にさらされたからにすぎない」。この点に関して、特に職制序列による賃金決定（日本は職能資格制度、アメリカは職務等級制度）と年金・福利厚生に関しては、それぞれ歴史的変遷を踏まえた秀逸な日米比較論が展開されています。

●最初に人材ありき

人事・労働分野の仕事を始めて間もないころ、上司に連れられ、一度だけ高橋さんにお目にかかったことがあります。四方山《よもやま》話に花が咲いたせいか、内容はあらかた忘れてしまったのですが、高橋さんが口にした言葉をたった一つだけ、覚えています。「ダース・ベイダー」です。映画『スター・ウォーズ』で、元来持っていた強い力を、憎しみや怒りといったネガティブな感情とともに使うようになり、生き方を狂わせてしまった〝彼〟のことです。高橋さんは、上に立った途端、暴君と化してしまう人間をそう呼び、本人はもちろん、そういうトップを戴くことは組織にとっても非常に不幸なことだ、と力説していました。

この本によって、「最初に企業ありき。人材はそれを動かす駒に過ぎない」という通念を、「最初に人材ありき。企業の成否はその人材をいかに活用するかにかかっている」に変えた、まさに人事革命を行ったのが高橋さんです。最近は慶應義塾大学大学院の教授としてキャリア研究にも力を入れておられますが、その背景には、「自分のキャリアなんて意識したこともなくて、ダース・ベイダーとなってしまう不幸な人を作りたくない」という動機もあったのでしょうか。積み重ねたキャリア研究をもとに、三度《みたび》の「人材マネジメント論」執筆のご予定はないのか、お会いしたらぜひ伺ってみたいと思います。

（荻野）

返信

高橋俊介氏からの返信

私がマッキンゼーを辞め、ワイアットに入社したのが１９８９年。これからは人が最大の経営資源になる、と直観したからです。当時、経営コンサルから人事コンサルに転身する人は非常に珍しく、全世界のマッキンゼーの卒業者名簿を見ても皆無でした。しかもワイアットの人事コンサルも、給与計算や社会保険の仕組みといった「インフラ人事」が主な分野で、経営人事コンサルを目指した私のような人間は稀少《きしょう》な存在でした。

ワイアットでの約10年にわたる現場での経験を基に書き下ろしたのがこの本です。その4年前、『人材マネジメント革命』（プレジデント社）を上梓《じょうし》していましたが、「人材マネジメント」という言葉を最初に使ったのが私だと思います。ＨＲＭ（ヒューマン・リソース・マネジメント）の直訳ですが、「人事」という手垢《あか》のついた言葉は使いたくありませんでした。

経営人事、戦略人事という言葉を使うと、「社員はどうする。人事の役割は経営と社員の双方に目を向けることではないか」と嫌な顔をする人がいま

高橋俊介（たかはし・しゅんすけ）

慶應義塾大学大学院政策・メディア研究科特任教授。1954年生まれ。東京大学工学部卒、日本国有鉄道入社。プリンストン大学大学院工学部修士課程を修了し、マッキンゼー・アンド・カンパニーを経て、ザ・ワイアット・カンパニー（現：ウイリス・タワーズワトソン）に入り、93年同社日本法人社長。97年独立し個人事務所を構え、2000年より慶應義塾大学大学院政策・メディア研究科教授、2011年より現職。主著『キャリアショック』『スローキャリア』。

す。でも違うのです。商品でも、技術でも、まして企業の規模でもない、人が最大の差別化要因になることが前提ですから、社員を無視できるはずがないのです。

経営とは、株主、顧客、社員のバランスを取り、企業の中長期的成長を促進することです。株式の持ち合いが解消され、これまでのような安定株主がいなくなりました。市場の競争環境が変わり、移り気になった顧客を繋《つな》ぎ留めるには多大な努力が必要になりました。そんな中、人事施策も変わらずにはいられません。そこで、社員のことだけではなく、株主（＝利益）や顧客（＝商品やサービスの質）も視野に入れた経営人事という考えが必要になるのです。

一方、戦略とは「経営資源の意図的な傾斜配分」のこと。戦略人事とは、他社とは違う独自の人材マネジメントをやりましょう、という意味なのです。当時、商品の差別化にはすごく熱心な企業でも、人事の差別化には非常に消極的で、こちらが提案しても、いつも返ってくる答えが「それは他社でもやられていますか?」。最近はだいぶ変わってきましたので、本を書いた甲斐がありました。

といっても、全てを差別化する必要はありません。「儲《もう》かる仕組み」に直結する、採用、育成、キャリア、マネジメント・スタイルあたりに重点を置き、その他は給与制度を含め、他社に見劣りしない程度でいいのではないでしょうか。

２０００年から慶應の大学院の教授になり、念願だったキャリアの研究を始めましたが、経営から人事の世界に移った時に抱いたのと同じような違和感を抱きました。キャリア研究に携わる心理学系の人は人の内面にばかり関心が向かいがちで、経済や社会の激変といった外側への関心が薄いのです。私はもちろん後者を重視して研究を進めています。その成果として、「スローキャリア」という概念を提唱し、出世や金銭を過度に求めず、自分なりの仕事観で充実したキャリアを築く人を応援しています。今の関心はマネジメントよりキャリアですね。ダース・ベイダーには決してならないスローキャリアの人をうまくマネジメントできる会社がこれからは強いのではないでしょうか。

10

日本企業の復活 コンピテンシー人事―活用の仕方

太田隆次著

2000年 201頁 経営書院

（初出：『HRmics』5号 2009年12月発行）

ダイジェスト

コンピテンシーほど、日本の人事スタッフを悩ませ続けた言葉はないでしょう。

1971年にハーバード大学のマクレランド教授が、外交官の業績を差別化する要因を調査していく中で、それは語学力でも文化的な知識でもなく、「対人感受性」であることに気付き、同教授がそれを「コンピテンシー」と名付けたところからこの難解な言葉は使われ始めます。

初期の企業人事では、社内の高業績者を集め、その人たちにどのような違いがあるかを調べ、職務ごとに、優秀な人物はどのような特性があるか、を明らかにする、というような試みがなされました。こうしたことから、コンピテンシーとは、「業績を差別化する要因」「高業績者の行動特性」などと理解されるようになっていきます。

こうしたリストをそろえて、職務等級別に並べていくと、「経理3級にはどんなコンピテンシーが必要か」という形で一覧表

●目次

になります。さて、これを見ていくとどうなるでしょうか？　細かな言葉自体にはさまざまな相違があるのですが、全般的に、職能要件と似てきてしまいます。それも当然で、もともと職能要件も、各職務に必要な能力を抽出し、それを並べたものだから。とすると、ここでどうしたらいいか、人事は悩むことになります。このままコンピテンシーを精緻に明示化したとしても、それは、単に職能資格要件の精緻化・リニューアルにすぎない、ということになります。それでは本当の違いが分からない……。

職能資格との本当の違いは、語義的なものではありませんでした。職能資格においては能力とは一度培った限り、永久に保持し続けられ、つまりそれは積み上げられていく、という考え方を取っていた。一方コンピテンシーは、それが業務に常に使われて発現されていなければ（さらに言えば、その結果、業績差が出なければ）意味がない。つまり、持っているだけではダメ。そこが違う、ということで、コンピテンシーとは「発現能力」という邦訳に行き着きます。

結果、コンピテンシーは人事制度として定めれば終わりなのではなく、毎回ごとの査定で、その本人に対して、能力が「発揮されているかどうか」きっちりとベンチマークし続けるもの、という運用が規定されることになります。こうして、職能資格のときには、一度昇格してしまえば、降格はないし、減給もないという状態から、コンピテンシー型人事制度では、上位役職に上がったとしても、能力を発揮しなければ、減給も降格もある、という運用形態に人事は進化しました。これにより、年齢とともに給与は上がり続ける、という人件費の下方硬直性から、経営は少しだけ解放されることとなっていきます。

よく内容を理解すれば、コンピテンシーと職能資格は類似点が多く、一方で、上記のような決定的な違いがあることが分かります。この類似点と相違点を整理して、うまく運用すべきという現実的な実務が整理されているのがこの本といえるでしょう。本書２０９ページで紹介している職能資格とコンピテンシーの融合表などが、それまでになかった太田隆次氏の慧眼《けいがん》の賜物《たまもの》と思われます。

コンピテンシーとは、その通りに行動すれば全員がハイパフォーマーとなれるというような魔法の杖《つえ》ではなく、単に、人の能力をベンチマークするための基準に他ならないということを、ようやく世間に分からせた一冊と言えます。

このコンピテンシーは、先の高橋俊介氏が打ち出した「人材含み損」対策への良薬となりました。それまでの職能等級制度では、「昇級審査」時点で規定を満たす能力を有していれば、昇格が可能です。身に付けた能力が立派であれば、たとえそれを実際に使っていなくても、高い役職が約束されたわけです。それは、ドイツ語ができる人に、中国に赴任させても、「ドイツ語手当」を払っているようなものでしょう。それを発揮能力に概念変更すれば、「中国赴任時にはドイツ語手当は支払いません」となります。

気付きましたか。これが高くなりすぎたミドルの人件費の圧縮につながるというわけです。前で述べた「人材含み損」に対する格好の対策になるでしょう。

コンピテンシー導入により、日本型の職能資格制度はより厳しさを増し、一方、アメリカ型の職務主義は、職務内容だけでなく、それに必要な「能力」を明示することで属人給的要素を備えました。日米の人事が距離を縮めることになる1エポックととらえることができるでしょう。

が、しかし能力主義と職務主義というベースが全く異なる日米では、やはりコンピテンシーの扱いも大きく違いが出ています。

アメリカの場合、「仕事」ごとにその対価が決まっています。ただ、そう書くと、なんとなく茫洋《ぼうよう》と感じてしまうのですが、実際は仕事とは「ポスト」です。ポストは物理的なもので、簡単には増減できません。例えば、A地区で売り上げが3割増したため、管理職を1名増やし、サブ管理職（リーダー）も一人増やす。こういう形で、ポストは経営計画に紐《ひも》づき、物理的に決まるのです。

ということは、いくら熟練して能力を保持していても、「ポスト」に就かない限り、昇進はできないのです

有していて任用され得る人材がいたとしても、ポストが空かない限り、昇進はできません。（昇格という概念がない）。ポストごとにそこに任用されるためのコンピテンシーが示されていますが、それを

日本の場合はどうでしょう。ポストは確かに自動的に数が決まる（アメリカほど厳格ではなく、融通は効く）でしょうが、職能等級には人数の制約はありません。ポスト数で言えば、課長は課のトップですから、それは課に一人しかいません。ところが、職能等級上、「課長並み」の人は、相応の能力があれば、何人でも作ることが可能です。

こうして日本では、部下なし管理職（専任職課長）が多々生まれてしまいました。そう、ポストがなくとも能力があれば、いくらでも昇進昇格が可能なのです。このような職能資格制度を残したまま、その「能力審査」にコンピテンシーを入れただけなのです。理論上はまだ、いくらでも昇進昇格者は創出可能です。だったら、過去と何が変わったのか。そこを深く考える必要があるでしょう。

答えは、「コンピテンシーが明示されたから」能力審査がより厳しくなりました。それだけのこと。それはすなわち、職能資格制度の発案時点で楠田氏が明確に示していた、「しっかりと能力審査をすべし」ということがようやく実現されたということに他なりません。

日本型の「誰でも上れる階段」はあくまでも「誰にでも階段を上る権利がある」という話だったのに、いつの間にか「誰もが階段を上る」ように制度が誤用されていた。不況になり、そこに一本筋を通しただけ、というのが、私の見るところです。

昨今では、こうした職能資格に近い「職能型コンピテンシー」とは一線を引いた、もう一つのコンピテンシー論が台頭しています。できる人というのは、どのような仕事・ポジションにあっても、うまく「職能型コンピテンシー」を身に付けていくことができます。どうしてそういうことができるのか？ それを研究して、（職能型）コンピテンシーを作るコンピテンシー、というものを明らかにしようという考え方です。この立場

に立って、例えばボストン大学のダグラス・ホール氏は「メタ・コンピテンシー」という言葉を、リクルートワークス研究所の大久保幸夫氏は「マザー・コンピテンシー」という言葉を、タワーズワトソンの川上真史氏は「パーソナル・コア・コンピタンス」という言葉を、それぞれ使用しています。

往信

拝啓　太田隆次様

●コンピテンシーとの出会い

太田さん、お元気ですか?

私は、まだ自分が雑誌『Ｗｏｒｋｓ』の副編集長に赴任したばかりのころ、太田さんと親交のある女性編集員に連れられて、一度だけお話をさせていただいたことがあります。２００１年のことで、当時、人事の神様と崇《あが》められていた太田さんは、多忙を極めていらっしゃいました。たぶん、私のことなど覚えていらっしゃらないのではないでしょうか。

多少、卑屈な書き始めになってしまいましたが、私にとって太田さんはそれくらい雲の上の方だったのです。最初にお会いしたとき、たぶんもう60代後半でいらっしゃったでしょうか? 今でもとてもお若い印象ですが、当時は50代そこそこに見えました。「私もあと10年くらいで、あそこまで行けるかなあ」と見上げておりました。

先生が一連のコンピテンシー本を出す直前、１９９０年代後半の日本企業の混迷ぶりは大変なものでしたね。昨今また１００年に1度といわれる大不況で、多くの日本企業は業績不振にあえぎましたが、それでも、経営や人事にはまだまだ余裕がありました。90年代に鍛えられ、日本型経営からの脱却のためにも

がいた経験が、血となり肉となっているのでしょう。

コンピテンシーという言葉を初めて耳にしたのは、90年代中盤のころだと思います。大手医薬品メーカーを訪問した折に、外資系人事コンサルタントからその言葉を聞きました。コンピテンシーの始祖、マクレランドが経営陣に名を連ねるその会社のコンサルタントは、マクレランドの偉業をさも自分の手柄話のように、プレゼンテーションしていました。

「70年代初頭、アメリカで外交官のハイパフォーマー研究が行われ、高業績者の業績差別化要因として見つかったのが、コンピテンシーというものです。外交官の場合、これは学歴や知識や語学力ではなく、なんと、〝対人感受性〟だったのですね」

そんな資質要素が業績を決めることなんて、あるのだろうか？　60年代のハイパフォーマー研究「グレートマンズ・ロジックの破綻」と真っ向から対立するその内容に、胡散臭《うさんくさ》さを感じずにはいられなかったのが、コンピテンシーとの出会いです。

●履歴書も書けない管理職たち

ちょうどそのころ、リクルートでは中高年の再就職支援事業が始まり、私も事業の育成に携わっていました。そして、日本企業の混迷ぶりをいやおうなく目の当たりにしたのです。

90年代前半のバブル崩壊後の不況（第一次平成不況）時は、企業内人員のボリュームゾーンだった第一次ベビーブーム世代が、まだ課長になるかならないか、のころ。彼らの給料はそれほど負担ではなく、新卒採用抑制をメインに総人件費を抑えて危機をしのいでいました。しかし、それから4年のカンフル景気をはさんで、97年末に訪れた金融不況では、本当に多くの大手企業が苦しみました。ベビーブーマーが今度は部長となる年代で、まさに人件費はピークとなり、過剰雇用DI（「人が余っている」という企業数から「人が足りない」という企業数を引いて指数化）が歴史的に不連続な高さを示したそのころ。再就職支援事業で訪れた先の企業では、文字通り〝働かない管理職〟の姿を見せつけられました。

コピーも取れない、チケットの手配もできない、伝票の記入もできません。ドラマや小説の世界で揶揄されていた働かない管理職は本当にいたのだ、ということに30歳そこそこだった私はいたく驚いたのです。再就職支援事業の競合他社では、そうした〝リストラ対象管理職〟の方たちの相談に乗るとき、「彼らは履歴書も書けない（書かない）、だから、自発的にそれを書くようになってもらうことがまず第一の仕事」、そして、「ようやく書き終えた履歴書を目の前で破り去る。あなたの過去は捨てなさい、という意味で」とずいぶん手荒なショック療法を行っている、と話していたのを思い出します。

当時は、能力主義という理念的に素晴らしい人事制度が日本には根付いていました。しかし、運用はおざなりになり、結果、年功主義に陥り、そして、働かずとも高給をもらえる管理職を大量に生み出してしまいました。この状況への特効薬はないのでしょうか？

その処方箋が「コンピテンシー」なのだとは、各社の動きからうっすらと感じていました。大手家電メーカーや都銀某行などがそれを取り入れて人事制度を作ったと、マスコミ報道で聞いていたからです。

私も慌ててライル・M・スペンサーやリチャード・ボヤティスの原書を取り寄せ、頼りない英語力でそれを読み解いていったのですが、疑問点は山積するばかりでした。

①コンピテンシーを集めたコンピテンシー・ディクショナリーに生っぽさを感じない。こんな言葉の中から、自社に必要なコンピテンシーをそろえられるだろうか。

②コンピテンシー・モデルを作り上げても、アメリカのような職種別採用なら運用も可能だが、日本のように職種間異動がある企業はどうしたらよいのか。
③本人のコンピテンシー・レベルを知るために行う面接（構造化面接）は、あまりにも難易度が高くないか？　コンピテンシーごとにインジケーターを設定して、面接の最中に、そのインジケーターと発言を照らし合わせながらコンピテンシー・レベルを察知する、などという神業ができるのだろうか？

疑問点は多々あった中で、一番大きかったのは、②の部分です。職務間異動が起きたとき、異なる専門コンピテンシーだと、降格するしかないという問題。日本型能力資格とはここで接地がうまくできないのではないか、と悩んでいたのです。

たぶん、多くの日本企業の人事担当者が、私と同じような悩みを抱えていたのではないでしょうか。その一番の肝に対して、コンサルティング・ファームはそれこそ〝飯のタネをそう易々《やすやす》と明かしてなるか〟といったあんばいでした。そんな時期に、先生のコンピテンシー・シリーズが上梓《じょうし》されたのです。まさに、われわれにとっては福音そのものでした。

●自社に合ったコンピテンシーとは

なかでも、『コンピテンシー人事―活用の仕方』は圧巻でした。
・心技体すべての成果物としてコンピテンシーは培われるものである＝氷山（同心円）モデル
・そのコンピテンシーは、行動となって外に発揮される＝行動特性

・それなら逆説的に、ハイパフォーマーの行動を分析して、それのカーボンコピーを作り上げれば、コンピテンシーの高い社員がそろえられるはずだ＝コンピテンシー・モデル
・ただし、そのコンピテンシー・モデルも、あくまでも精査・分析に走らず、経営者の考え、戦略、風土などを加味して、ある程度自由に作り上げてもいい

こうした「疑問の原点」が整理・解説されているため、どれだけ人事担当は胸を撫《な》で下ろしたことか。そして、コンピテンシーはその国の風土や企業の制度・歴史に合った形で、ローカライズして定着させればいい、という至言。その例として、ヨーロッパとアメリカの違いを引き合いに出しています。

この延長にある図表4.1が前述の②も解決してくれました。この四つの導入パターンから、自社に合ったコンピテンシーを導入すればいい、それが分かったからです。

結局、多くの企業は、図表4.1の右下にある「バンド型職能＋コンピテンシー」に走った、というのが歴史の事実でしょう。それまで多重にあった職能資格の階段の段数を減らし、一段の高さを高くする。これにより、課長補佐→課長→次長→副部長→部長とむやみに役職アップするのではなく、課長→部長と進み、その任用・評価をコンピテンシーに置き換えるわけですね。例えば、営業次長から経理次長に異動する場合だと、営業と経理で次長に求められる能力がかなり異なっているのに、経理次長というポストにピッタリ当てはめて異動させることに、明らかに無理がありました。そこで、「資格」というパスポートを用意して能力等価と認める。これが、職能資格制度です。確かに、理論の上では納得がいきますね。

ブロードバンド化はこの逆で、課長→課長、部長→部長という大くくりなバンドなら、緩やかに等しければよく、たとえ足りない部分があっても、それは成果評価でマイナス給となるからその分減給となって、

合点がいく、というわけです。

当時、年功主義に陥ったために役職階層が多層化し、企業内の風通しは悪くなっていました。役員は事業部長に、事業部長は部長に、部長は次長に……末端に指令が行き届くまで、何人の役職者がリレーをしていたか。その逆で、現場の情報は経営に全く届かない……。

そう、企業もフラットな組織を要望していました。企業社会が「能力等級の階段を減らす」ことを模索していた当時、職能資格に代わる新たな案として、「ブロードバンド＋成果給＋コンピテンシー」はうってつけだったのです。

そこで、２０００年前後の各社の人事制度変更で、こ

図表 4.1　職能資格制度を原点としたコンピテンシー導入の人事制度マトリックス

縦軸：職能資格制度的要素（上：低　下：高）
横軸：コンピテンシー要素（左：低　右：高）

1　行動基準型人事制度で実質コンピテンシー 職能資格制度を廃止 厳密なコンピテンシーにこだわらず新「行動基準」を人事制度化（企業バリューをおろす） 例　A社 特長：企業バリュー原点型 メリット： 人事制度改革の達成感大、コンピテンシーの職務別、個人別メンテナンスフリー	3　職務等級型主体にコンピテンシー 職能資格制度を廃止、職務等級制度とコンピテンシー 例　B社（殆どの外資系企業） 特長：コンピテンシー原点型（米国） メリット： グローバルに通用する
2　職能資格制度型主体にコンピテンシー 職能資格制度（職能要件、格付け基準）を幹にコンピテンシーの要素を一部取り込み能力部分と行動部分の併記 例　C社 特長：職能資格制度がメイン（日本） メリット： 職能資格制度のメリットを生かせる	4　バンド型能力制度・コンピテンシー両立 職務等級制度あるいは職能資格制度からの、バンド型の能力制度によるコンピテンシーの導入 例　D社 特長：能力型と行動型の複合型（英国） メリット： 能力制度のメリットとコンピテンシーの双方のメリット

出典：太田隆次『コンピテンシー人事』（経営書院）　128頁

の仕組みは大流行していきました。

その結果、課長→次長→副部長と一歩ずつ階段を上り、一度昇進したら給与は下がらない、という下方硬直の壁にも、風穴を開けることができました。大くくりの役職の中で、成果により給与を増減する。これなら、下方硬直もかなり緩和されていく。

こうした、業績変動を吸収できる仕組みがビルトインされた。だからこそ、今日の不況でも企業が動揺しないでいられるのだと感じています。

最後に一つだけ、先生の罪作りな部分を指摘させてください。

『コンピテンシー人事―活用の仕方』は親切・丁寧を絵に描いた本でした。それまでの人事屋が頭に叩《たた》き込んでいた職能資格制度をアナロジーに使い、手取り足取り、制度設計実務を解説してあります。それで、実務を容易にし、経営層や社内のベテランへの説明もうまく進んだ。ただそのために、職能資格に近い複雑多岐なコンピテンシー・モデルを作り上げた企業が時折見受けられました。ここからコンピテンシーを絞り込み、きれいな運用ができるようになるまで、また5年くらいかかったでしょうか。先生の解説が「親切すぎた」。

そう、優しすぎるのは、男女関係と同じで罪作りなのだと、敬愛の意をこめながら、ご注進いたします。

（海老原）

返信

太田隆次氏からの返信

まことに真情あふれるご講評を拙著にいただき、感謝いたします。

能力本位の制度である職能資格制度が１９７０年代に日本企業に普及しましたが、運用が年功的になり、90年代半ばには制度疲労が指摘され、代役が求められていました。そこで現れたのがコンピテンシーです。私自身、89年にアメリカ企業（グレースジャパン）に転職した際、「あなたに求められるコンピテンシーは六つある」と言われ、その洗礼をのっけから受けた人間です。一社でも多くの日本企業がその概念を取り入れて、真の能力人事を導入し、企業競争力を高めていただきたい、と念じて書いたのがこの本です。

コンピテンシーを取り入れる場合、

①既存の職能資格制度と併存させる
②職能資格制度を改編した上で併存させる
③職務等級制度を導入する
④第三の等級制度を作る

という四つの選択肢が考えられます。

どれか一つに割り切るのは楽ですが、これらの長所短所をマトリックス

太田隆次（おおた・りゅうじ）

国際人事研究所所長。1959年京都大学法学部卒業。67〜70年フルブライト留学生として、ヴァージニア大学ビジネススクールおよびウィスコンシン大学ロースクール留学、アメリカ法、国際取引法、人事管理、労働法を専攻、ウィスコンシン大学修士課程修了。59年日本ペイント入社、人事部長、国際事業部長を経て、89年グレースジャパン入社、取締役人間室長。94年12月同社取締役辞任。95年国際人事研究所を設立、現在に至る。専門は国際人事全般。

で説明し、判断は読者にお任せしたのが209ページの図です。罪作りとのご指摘はごもっともです。

もともと、アメリカにおけるコンピテンシーとは個人間の競争をあおるものではなく、高業績者の得意技をベストプラクティスとして最大多数の社員に移植しようという仕組みなのですが、日本に輸入される過程で、「コンピテンシー＝職務等級」という転換が行われました。能力開発にお金を投じさせるのは難しいが、賃金改革と謳えば違うだろう、と考えたコンサルティング会社の戦略です。

「個人が強くなって組織が強くなる。そのためのツールがコンピテンシー」と私は思っていました。賃金改革という意味になってしまうと、日本人の価値観にフィットし、企業のパワーアップに必ず役立つ本来のコンピテンシーが、限られた企業にしか導入されない結果になるのでは、という危機感が生じ、それも執筆の原動力となりました。

この本には、ロンドンで行われた国際コンピテンシー大会に出席して見聞した内容や、アメリカ企業、アメリカ人材開発協会、人事管理協会、イギリスの職業能力認定本部、フィンランドのノキアなどを訪問し、聞き取り調査した結果をふんだんに盛り込みました。「お前は商売が下手だなあ。セミナーやって材料を小出しにすればもっと儲《もう》かるのに」と忠告する知人もいましたが、私は耳を貸しませんでした。コンピテンシーは魔法の杖のようなもの、知識や情報を独り占めして儲けるよりも、みんなに公開し、それぞれが課題や状況に合わせて改編し、レベルアップを図っていけばいい、と思ったのです。

おかげで、企業だけでなく某自治体でも導入されているくらいで、こう言ったら失礼ですが、ピンからキリまで、こんなに多方面でコンピテンシーが使われている国は日本くらいではないでしょうか。ただ、コンサルティング会社に唯々諾々と従い、賃金を合理化するツールとして導入した企業は軒並み失敗に終わりました。

経理や法務といったスタッフ部門にはそれなりの学問的知識が必要ですが、人事は違います。人を採用し、評価して賃金を支払うという、ある意味シンプルな仕事だからです。しかし、だからこそ、新しい概念やツールをそのまま移植するのではなく、自社に合うように調整する必要があるのです。一時期、「コンピテンシーの伝道師」だった私が最も伝えたかったのは、そのことだったのかもしれません。

11

定年破壊

清家 篤著

2000年 254頁 講談社
（初出：『HRmics』7号 2010年8月発行）

ダイジェスト

この本は、日本型雇用慣行というものが、古くからあったものではなく、世間に広まってから30年（刊行が2000年のため）余りしか経っていないと、まず説いています。その程度の歴史なら、これから大胆に変えることも可能だろうと。

なぜ、定年は必要なのか？ それは年功給体系に問題があります。年とともに給与が上がるこの仕組みでは、働く人が若年の時は、会社は本人のアウトプット分ほど給与を払わない、トクな状態にある。それが年とともに給与が上がり、そのうち給与を本人の能力以上に払い過ぎる状態となり、若いときのマイナス分と相殺《そうさい》されて、五分五分となる時期が来ます。ここから先は、会社は純損となってしまいます。だから、そこで「定年」とする、ということ。

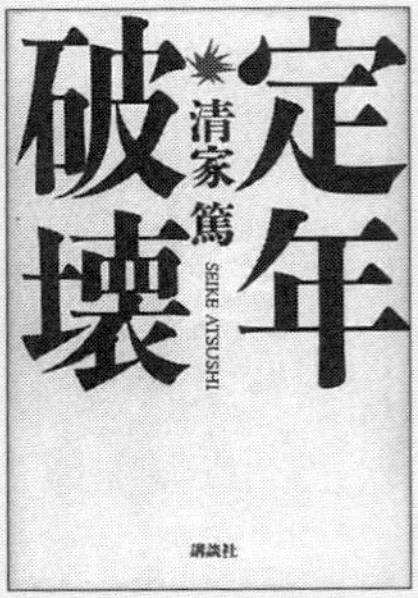

●目次

基本的には、アメリカの労働経済学の権威、エドワード・ラジアーの考えがそこにあります。

定年を廃止する方法は簡単。本人の能力やアウトプット相応の給与体系にすればいい。そうすれば会社は損などしないから、いつまでも働かせられます。そのためには年功昇給をやめることと、本人の能力やアウトプットを上げること、その両方のアプローチが必要となります。その解決策として、総合職の廃止、部下ナシ管理職の廃止を唱えます。本当の経営スペシャリスト（重役）になる人以外は、管理職として甘い汁を吸うのではなく、いつでも錆《さ》びないスペシャリストとして腕を磨き、パフォーマンスを上げる。そうすれば、払い過ぎにはならず、定年も必要なくなるというわけです。

この本の上梓《じょうし》後、現在までの間に多くの大手企業で部下ナシ課長を削減する動きと年功カーブの緩和が広まり、賃金構造基本統計調査によると、50代の給与を20代前半のそれとの比較係数で見たとき、1995年に288であったものが、2008年には237と17・7％も減少する、というまさにこの本が予想したとおりの社会に近づいています。

他にも、人口動態や家計状況の変化をとらえて、「1人で4人を食わせる世帯（亭主が働き、専業主婦の核家族）」から「2人で5人を食わせる世帯（共働きに老親を含めた3世代家族）」へと社会構造の転換を説いてもいます。

現在までの間に、疑問も幾つか提起されています。定年がなくなれば、企業側の人員調整弁がなくなるため、結果、いつでも首切り可能となる解雇規制の緩和につながるのではないか、という声。ハイパーエンジニアや事務スペシャリストも基本は組織構造の要素なのだから、こうした上席に立ってプロジェクトリーディングする人は、やはり管理職となり、実務からは離れていかざるを得ない、といったところが主なものです。

この本は、日本型雇用の出口の再設計を促したものと言えるでしょう。誰でも階段を上る社会だからこそ、日本には定年制度が必要となる。アメリカには定年がないのも、欧州諸国では定年年齢が総じて高い（かっては定年がなかった国が多い）のも、能力相応で給与が「上がらない」からなのです。

雇用問題を論じるとき、目立つケースをつい考えがちです。アメリカなら30歳そこそこで部長職となるスーパーエリートを持ち出し、「彼らのように」という話となる。ただ、それは人口の1％程度の一部上位層のことなのです。雇用制度の違いとしてしっかり見るべきは、中位層のボリュームゾーンでしょう。すでに示した通り、職業が資格化されている欧州の場合、同一労働同一賃金則にのっとり、中位層の年功昇給は極めて小さい。アメリカでは週給レポートが毎年発表されていますが、これを使い、中位層正社員男性の給与変化を調べると、30歳と40歳では40％程度の昇給、40歳から50歳ではわずかながら減給という数字となります。

いずれにしても、日本ほど「上がらない」から辞めなくてすむ。

清家氏が示したのは、こうした「世界の常識」なのでしょう。ただ、とはいえ清家氏は日本型の「誰もが階段を上る」社会を否定して、欧米のように「上がらない社会を作れ」とは主張していません。「上げ方を変えろ」と指摘しているのです。誰でも課長にするのではなく、専門職としてスペシャリティを高め、アウトプットを増して賃金を上げろ、という主張です。つまり、惰性の昇格・昇給ではなく本物の日本型階段を作れ！ということでしょう。

昨今よくいわれるミドル改革の話は、この清家氏の考え方が基本となっています。

一方で、「期待しても無駄だから」、もしくは「中小企業は業績がそれほど上がっていないのだから」、ある時点で能力アップは期待しないようにし、そこで給与もストップすべし、という議論もあります。

いずれにしてもやはり、熟年期以降の日本型階段の制度に対し、現状への疑問が呈示され続けて今日に至っています。

往信

拝啓　清家　篤様

ソーシャル・シナリオ・プランニング（ＳＳＰ）という言葉をご存じでしょうか？

10～50年くらいの長いスパンで今後の社会の変化をとらえ、その流れの上で、どのような布石をしていくべきか、を解く書物を指すのだと、私は理解しております。

インチキ臭いご託宣が並ぶ中で、例えば、アルビン・トフラーの『第三の波』や堺屋太一の『団塊の世代』などは出色のＳＳＰだったと言えるでしょう。40年も昔に、その時代から今に至る社会の変化を的確にとらえ、ほぼ的中する予言が随所にちりばめられているこの２著。ともに大ベストセラーだから知る人も多いはずですが、上梓後三十余年を経た現在、改めて読み返すに値する名著ではあります。

こうした大当たり本が、実は人事・労務の分野にもある。それが、ここで紹介する清家さんの『定年破壊』です。

この書が世に出てはや11年。さて、世の中はどう変わってきたのか。

●定年制という慣習を変える

刊行された２０００年は、実にタイミングの良い時期でした。この年に、第２次ベビーブーマー世代の先頭（１９７１年生まれ）が、29歳となります。つまり、大きな人口の波がまるまる20代にすっぽり入る最後の年。ここから10年間、猛烈に「20代＝若者」が減少を始める。その減少数なんと４００万人。

一方で、彼らの親世代に当たる第１次ベビーブーム世代（１９４７～51年生まれ）にも大きな変化が訪れます。こちらは、07年から次々に定年を迎え、大幅な熟練労働の減少を引き起こします。

結果、２０００年から10年の間に、退職世代と現役世代のバランスが崩れ、一方では若年採用の競争が激しくなり、他方では熟練労働者が不足する。だから、今の時期から少しずつ社会を変えていかないと。それがこの本の出発点となっています。

さて、では清家さんはどのように社会を変えるべきと主張しているのか。

ここで彼らしい視点が加わります。

そもそも、日本人が当たり前と考えている雇用慣習というもの、これは、普遍的な原理原則では全くない、ということ。そして、それらはみな、定着して日が浅いということ。さらに、こうした慣習は人が作った制度に過ぎないことなのだから、また人が変えられる、ということ。こんな単純かつ強力なオピニオンを発するのです。

片や人口動態や社会構造という変えられないもの、片や雇用慣習という歴史が浅くて可変的なもの。ならば、変えるのは慣習の方、という前さばきの後に、「変えられる慣習」の最たるものとして定年制を俎上《そじょう》に載せます。

世界的にも稀有《けう》なこの制度は、なぜ日本で広く浸透しているのか?

それは、給与・処遇が成果や能力相応ではなく、年功的になっているため。上がりっぱなしの給与制度のまま、年齢を重ねれば、企業の費用負担は著しく増加する。そこで、払い過ぎ防止のために定年が必要となる。つまり、処遇を業績や能力相応にすれば、払い過ぎは防げる。このことで定年の存在価値はなくなる、という、こちらも単純明快で強力な論理を展開します。

定年制のもう一つの効用として、人員調整弁としての機能も挙げられます。日本企業では、定年制と新卒一括採用がセットになっており、不況で雇用維持が難しい時は、新卒採用を行わなければ、定年退職により、自然と人員が減らせる。この機能がとりわけ中途解雇の難しい日本企業においては、重要視されてきました。しかし、清家さんはここにも疑問をぶつけるのです。

・熟練労働力不足の状況で、本当に熟練者を解雇して、未習熟者を受け入れるという今の雇用慣行は成り立つのか。
・熟練者の給与を、成果や能力に相応な額にすれば、未習熟な若手に教育投資するよりも、よほど経済合理性が高いのではないか。
・そもそも、不況で雇用調整というのも、給与が固定的なことがその原因であり、業績に伴い給与も相応に変動するならば、雇用調整自体も軽微ですむ。

つまり、定年制の存在意義となっている「払い過ぎ防止機能」も「雇用調整機能」も、給与が能力相応の変動的なものならば解決されるという、こちらも至極まっとうな結論となっています。

そして、このシンプルな提言は、その他の問題に対しての解決策ともなり得るのです。

・熟練者が年齢に関係なく働ける社会になれば、長期雇用により生涯労働時間は増加する。その分、単年度の労働時間は減少する。
・年金問題の最大の解決策は、「働く高齢者」が増加すること。もらう側から払う側に移動することにより、財源問題は多分に改善する。
・年功制に基づく「管理職」という上がりポストをなくし、アウトプット相応のスペシャリスト集団にすれば、その専門能力を武器に、企業を移動することも可能となる。

つまり、一企業における終身雇用は不要になり、多企業による雇用保障が実現。衰退産業から新興産業への人材移動も進む、と。

ここまで話が広がると、幾つかの疑問も生まれます。

例えば、年齢給が廃止され、能力相応の給与となった場合、独身貴族にはうれしい限りですが、熟年の子育て世帯には厳しい、という実情がある。清家さんはこうした意見に対して、後著やインタビューなどで丁寧に補足説明を施します。

「かつては、1人（家父長）が4人（標準世帯）を養うという世界観だった。これからは、2人（夫婦）で5人（標準世帯＋老親）を養う、という世界観に脱皮すべき」と。つまり、旦那の年功給が減った分、主婦も家計を支える。彼女たちにも、アウトプット相応の給与が支払われるため、それが実現できる。そのためには、主婦をむやみに家庭に縛る制度である「扶養控除」を廃止するなど、諸制度を変更していくべきだ、とも。

こうした丁寧な自論補強とともに、「1人で4人から、2人で5人へ」や、「引き算から足し算の職業人生へ」「1社での終身雇用から複数社での雇用保障へ」など、絶妙のフレーズ作りもまた清家さんの得意とするところでしょう。

●世間の意識を変えた一冊

さて、この本の登場後、社会はどう変わったか。

当たり前のことながら、人口動態は予想通りに推移し、企業も継続雇用を受け入れ、一方で、成果給や役割給などの可変的要素を加えて、給与はややフラット化していきます。

ただし、言うほどに年功的給与は壊れず、また、新卒一括採用という慣行も壊れていない、という相違点もあります。この面では、雇用慣習は変わらずとも、世間の意識の方がだいぶ変化してきたようです。

現在の雇用に関する論客の話す内容。年功制・年齢給を批判の的とし、同様に新卒一括採用を悪《あ》しき慣行とする言説が幅を利かせています。城繁幸さん、勝間和代さん、湯浅誠さん、茂木健一郎さん……。当代きっての論客たちは皆、古き時代の遺物としてこの二つの制度を痛烈に批判しています。その中身をよく見ると、清家さんのこの『定年破壊』か、先に取り上げた島田晴雄さんの『日本の雇用』がタネ本となっているように思えて仕方がないのです。つまり、社会が変わるまでには至らなかったのですが、世間の意識はこの書で相当変わった、それくらい影響のある本だった、と私は感じています。

こうした有名論客の方たちや、清家さんが委員を歴任されている各種労働関連の審議会のメンバー、その周辺の官僚、政治家、そして企業経営者団体、ゼンセン同盟（現・ＵＩゼンセン同盟）などの労働組合……。

もともと、企業対労働者という対立軸で語られることが多かった労働分野において、新旧、労使、行政／実業など、存立基盤やイデオロギーにとらわれず、多くの人たちに影響を与えている、清家ウィングの幅広さ。その秘密は一体何なのか？

それは以下の三つの単純なことに帰結するでしょう。

①常識や定説で目を曇らせず、「裸の王様」に出てくる少年のように、目の前にある「おかしなもの」をおかしいと素直に指摘できること。

④専門用語や高等数式を使わず、誰にでも分かる平易な言葉で、コンパクトに説明する力。

③あるべき姿、という仮説を作り、その仮説がほころびそうなポイントを丁寧に補強することで、一

貫性のある力強い主張を展開していること。

この三つがそろうと、とてつもない説得力が生まれます。常識で目の曇った研究者には太刀打《たちう》ちができないでしょう。同時に、労働・雇用・社会保障など全くの門外漢であっても、清家さんの本は、心に響く。旧来的な対立軸の中に生きている玄人にも、よそから新規参入した素人論客にも、清家本が影響を及ぼす所以《ゆえん》は、このあたりにあると、私は思っております。

ただ私は、清家さんのそんな素直で真新しかった論調が、新規参入した雇用論客たちにより、すっかり手垢《てあか》が付いたものになってしまったことに、本家ファンの一人として寂しさを感じてもいます。件《くだん》の「年齢給」と「新卒一括採用」というセットの日本型批判が、最近はあまりにチープになってきていて……。『定年破壊』の中では、「一律給ではなく、15年で1割、30年で3割くらいの差がうまれ、昇進・昇格にも差がつく」と書かれている日本の実情を全く無視し、単に年齢一本で給料も役職も決まっているかのような論調が、あふれているのです。

清家本の真髄である、「常識や定説にとらわれない」という基本姿勢は全く学ばず、字面だけを弄《もてあそ》ぶ典型的悪癖が、最近の論客に蔓延《まんえん》していることに憤りを感じざるを得ない状況です。

他者批判はこれくらいにして、価値中立な意見を清家さんに一つ、ぶつけさせてもらいたいと思います。

●企業は働く人をローカライズする

私は、スペシャリスト型人材育成に対しては賛成です。

また、給与のフラット化もある程度は進むべき、という点でも全く同意見です。

ただし、これらの施策により、労働流動性が著しく上がる、とは考えていない立場です。

なぜか？

清家さんも『定年破壊』の中で、「企業内特殊熟練」について触れていらっしゃいますが、私は、先生よりこれを重要視しています。そこがポイントです。

例えば、スペシャリストの典型である、経理を考えてみましょう。

この仕事、税務・監査・財務などの専門的で高度な仕事が多々あります。しかし、そうしたモビリティの高い業務は、結局、税理士・会計士・監査法人などの士業にアウトソーシングされていきます。同じ経理でも会社に残るのは、管理会計的業務として、営業と一緒になって経営の下半身（出費）をスリムにする仕事や、経営と一緒になって上半身（経営計画）を鍛錬する仕事になっていく。

その結果、「営業の事情や業界特性」をよく知ることや、「経営風土、意思決定スタイルに合わせる」能力が、ことのほか重要になっていく。つまり、他社では使えない、企業内特殊熟練が積み重なる。そうでなければ、全ての業務を士業に外注しているはずです。だから、専門職だってやはり一企業に長居した人間は特殊熟練の塊《かたまり》となり、転職可能性が減る。セニョーリティ（先任権）のある欧米でも日本でも、40代が転職できないのはそのへんに事情があるのだと思っております。

米国ＩＢＭの教育担当だったナンシーさんは、私の『Ｗｏｒｋｓ』誌での取材時に、こんな話をされています。

「なぜ、ＩＢＭはエンジニアに研修を施すか分かる？　普通なら、腕を上げればそれだけ転職確率が高くなるじゃない、なのになぜ？　答えは簡単。研修で覚えた知識は実践しなきゃ身に付かないでしょ。ではその実践の場はどこ？　それは、ＩＢＭ。ＩＢＭの採用レベルにかなった仲間と協働し、ＩＢＭの洗練された環境で、ＩＢＭの先端インフラを使って仕事を覚える。そうして覚えた技術は、ＩＢＭ流だから、他ではなかなか使いづらいの。そう、企業内特殊熟練よ！」

結局、企業は働く人をローカライズしてしまう。だから、企業は長く彼らの幸せを考える義務がある。転職ビジネスに20年来身を置く私は、自戒の念も込めて、そう考えています。

（海老原）

返信

清家 篤氏からの返信

高齢化が世界に類を見ない水準と速度で進む日本で、何より必要なのが「生涯現役社会」の構築である。そのためには、一定の年齢に達した、というだけで退職を迫られる定年制の廃止を進めなければならず、さらにそのためには、若者の数が多く、年齢ピラミッドがきれいな三角形だった時代の産物である賃金・雇用制度の抜本的見直しも必要である。そうやって、定年制の廃止が実現すれば、年金の持続可能性も高まり、ワーク・ライフ・バランスが実現されるとともに、経済の持続的成長という果実も日本人は手にできる……。こうしたこの本の論旨をよくご理解いただいた上で、目標に向け猪突《ちょとつ》猛進するのではなく、「定年破壊」による弊害を解消する施策を提案している点も評価していただき、大変うれしく思いました。

刊行から11年が経《た》ち、これを機に改めて読み直しましたが、論理構成や筋道に書き直すべき箇所はありませんでした。ただ、タイトルだけは気負い過ぎで、「定年

清家 篤（せいけ・あつし）

日本私立学校振興・共済事業団理事長。1954年生まれ。慶應義塾大学経済学部卒業、同大学博士（商学）。慶應義塾大学商学部教授、商学部長、慶應義塾長などを経て、2018年4月より現職。政府の社会保障制度改革推進会議議長などを兼務。著書は『生涯現役社会の条件』『エイジフリー社会を生きる』『雇用再生』など多数。

制を見直そう」くらいがちょうどよかったとも思います。

労働経済学者として、私は「高齢者の就労」を主テーマにしていました。定年制に興味を持ったのは、健康の問題、年金取得資格の発生、といった要因に優《まさ》るとも劣らず、定年の存在が高齢者の就労意欲を阻害していることが、研究を通じて明らかになったことでした。１社での雇用が終わるだけなのに、多くの人が「定年＝引退せよ」というメッセージを受け取っているわけです。

日本人の就労意欲は世界でもトップクラスに高いのですが、人類が経験したことのない超高齢社会のトップランナーとなる今後は、ますます多くの高齢者に働いてもらわなければ国が立ち行かなくなる。そのための阻害要因である定年制というものを根本から見直さなければならない。このテーマに、私は学者としての使命を感じたのでした。

書簡の終盤で、海老原さんは「改革が進んでも、流動性は高まらないのではないか」と書かれていますが、新古典派経済学の牙城、シカゴ学派の重鎮でありながら、流動性を抑える側面もある「人的資本」という概念を唱えた、ゲイリー・ベッカーという労働経済学者のことを思い出しました。企業は手塩にかけて育てた人材を容易には手放さないし、働く側もそうやって育ててくれた企業に忠誠を誓い、粉骨砕身するという、極めて当たり前のことで、基本的に私も同じ考えです。そして、そういう人材こそがそれぞれの企業に特殊な熟練を身に付け、そして、その特殊な熟練こそが各企業の競争力の源泉となっていくのです。

ただ、企業や雇用者が長期的な関係維持を望んでも、関係が流動化せざるを得ない事情が強まってくるのも確かです。一つは個人の職業人生が長くなったこと、もう一つがグローバル化、ＩＴ化といった影響で、企業経営に不確実性が高まったことです。好むと好まざるとにかかわらず、一人の人間の雇用が１社で完結しないケースが増えていきます。

労働や雇用に関する分野では、若者の就職難の問題で持ち切りですが、それは景気の循環による〝状況変化〟と見るべきです。それに対して、生涯現役社会の実現、そのための定年廃止といったことは、長期の〝構造変化〟に対応するための、避けて通れない道なのです。循環的な問題への緊急対応はもちろん必要です。しかし景気も回復基調に入った今、人々が再び構造変化への対応を再確認し、定年延長、そして廃止への取り組みが粛々と行われていくことを期待します。

第5章

【転換期】純化＝切り捨てと、そのしっぺ返し

●非ホワイトカラーを日本型の外に出すという荒技

どうも、今でも非正規問題を勘違いしている人が多いので、この問題の本質を書いておきます。

それは乱暴に言うと、「非ホワイトカラー問題」なのです。

「90年代に企業は経営が苦しくなったため、従業員の非正規化を進めた」とよく言われます。この話は統計上間違いのないところなのですが、結果、「営業や経理や人事や総務などでも総合職が非正規に置き代わった」と誤解する人が多くいます。

今でも、そこから「一時期、就職難が騒がれたのも、もともと大卒者を正社員で採用していたところが、その多くが非正規に変わったからだ」という憶測が生まれる。これらはいささか間違いがあるところです。

営業や経理や人事や総務などのホワイトカラー領域では、非正規社員はそれほど多くはないのです。かつて大卒者が総合職正社員として採用されていた職務は、今でも正社員として残っています。こうしたホワイトカラー領域でも近年統計上は非正規社員が増えつつありますが、その多くは定年した人が再雇用されるときに有期雇用になるためです。25歳から55歳で見ると、非正規割合は営業8・7%、管理部門8・5%、専門技術8・9%と一割にも満たない程度です。

一方、非ホワイトカラー領域でのそれは、製造32・7%、販売66・7%、サービス52・8%、建設（採掘含む）15・5%、事務（厳密にはホワイトカラーですが）22・5%（女性に限ると43・8%！）と、とても高いのが分かるでしょう。

※非正規率は厚生労働省「労働力調査」2017年

そう、つまり非正規問題とは、すなわち非ホワイトカラー領域で正社員を減らした、という話なのです。

なぜ、このような変化が起きたのか。背景には当然、経済成長の鈍化＝企業の経営環境の悪化がありますが、その起点となったのが、本章でも取り上げている、1995年5月に日経連が発行した、『新時代の「日本的経営」』という報告書だといわれています。2章で紙幅を割いた『能力主義管理』も日経連が発表したもので、それが日本型雇用の理論支柱となったのは、すでに述べた通りです。30年後にその続編として登場したのが、『新時代の「日本的経営」』ですが、これほど毀誉褒貶《きよほうへん》の激しい人事管理理論を、私は見たことがありません。

時代の先行きを示す名報告書という評価もある一方、非正規問題・人材切り捨てのための理論書、もしくは、過去の成功体験にしがみつきながら既得権益を守るための政財界による議定書、などともいわれました。

短くその内容をまとめれば、長期雇用一辺倒だった日本型雇用を、これからは職務に応じて3グループに分ける、というものです。その3グループを私見を交えて解説すれば、「長期熟練の必要な能力蓄積層」「高いスペシャリティを元にした企業横断層」「単純業務を中心とした雇用柔軟層(切り捨て対応人材)」になります。こんな3分類などできるのか、という疑問の声も上がるのですが、後知恵でそれを解説すれば、とても簡単です。

長期熟練階層は「ホワイトカラー(とりわけ総合職)」、雇用柔軟層は「非ホワイトカラー」、そしてスペシャリスト層は日本にはなじまなかった。このように説明できるでしょう。そして、その後の日本企業では、ホワイトカラー領域では「誰でも階段」を残すために弥縫策を重ね、非ホワイトカラー領域では行き過ぎとも言えるほどの「非正規化」が進展していきます。

実際、1995年は20・9%だった非正規労働者の割合が2003年には30・4%と、3割の大台に達しました。

軌を一にして、労働者派遣は1997年と2003年に対象範囲を拡大し、販売・製造領域にも浸透しました。

ていきます（とはいえ、非正規拡大の元凶とやり玉にあがる派遣労働は、２００７年の最多期でも就労者数が１５０万人程度であり、非正規全体の1割でしかありませんが）。

２００４年には労働基準法の改正により、１回の有期雇用契約が3年までに延長され、より長期に契約を結ぶことが可能にもなります。

こうして社会では、非ホワイトカラー領域は非正規社員に、という流れが本流になっていきました。

そしてリーマンショックでアメリカのバブルが崩壊する２００８年秋、景況悪化で大幅な雇い止めが発生し、年越し派遣村に代表される社会問題となっていくのです。こうして、非ホワイトカラー領域では、完全に「誰でも階段を上れる」社会は崩壊しました。

その一方ホワイトカラー領域では、90年代後半の弥縫策が奏功し、「誰でも階段」が何とか命脈を保てました。ただ、こちらも２０１０年代になると内部から火が付くことになります。その様子は次章で詳しく述べることにしましょう。ここでは、非ホワイトカラー領域の切り離しと、その揺り戻しで起きた社会問題という世相を象徴する三冊を取り上げることにします。

一冊目は、『新時代の「日本的経営」』を当時の担当者に直接ヒアリングする形で振り返った『『新時代の「日本的経営」』オーラルヒストリー』で、共同編者の一人である八代充史氏に書簡をしたためました。

続いて、正社員中心の雇用システムの転換を唱える八代尚宏さんの『雇用改革の時代』、そして、複雑化した今日の労働問題に胸のすくような現実的解決策を提示する濱口桂一郎さんの『新しい労働社会』です。

（海老原）

12

『新時代の「日本的経営」』オーラルヒストリー—雇用多様化論の起源

八代充史・牛島利明・南雲智映・梅崎修・島西智輝編

２０１５年　３６９頁　慶應義塾大学出版会

（本書　初出）

ダイジェスト

本来ならば、ここには1995年5月に発表された日経連の報告書『新時代の「日本的経営」』が来るべきですが、われわれはあえてそうせず、本書を取り上げます。

理由は二つあります。

一つには、報告書は報告書であって、書籍とは異なり、著者の意図や思い、呻吟《しんぎん》、あるいは思考プロセスといったものがきれいに取り除かれ、滅菌処理されてしまっていることです。だから、『新時代の「日本的経営」』は、語られている言葉は明解なのですが、読んでいて臨場感がない。やはり著者の息吹まで伝わるような「面白い読み物」を本書では取り上げたいと思っています。

また、件《くだん》の報告書は非売品でもありました（65ページで取り上げている同じ日経連の報告書『能力主義管理』は書籍として市販されました）。書籍なら絶版になっても、ネット古書店がこれだけ発

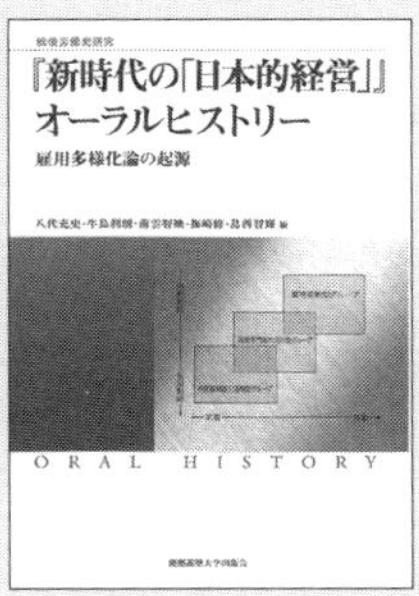

●目次

達していればたやすく手に入れることができますし、図書館で借りることもできますが、非売品の報告書になるとそうはいきません。つまり、ここで取り上げても、読者の皆様がなかなか手にすることができないでしょう。そこで、著者の息吹が伝わり、入手可能でかつ、この報告書の趣旨を明快に説明した書籍として、『新時代の「日本的経営」オーラルヒストリー』を取り上げました。報告書が出たちょうど20年後、2015年の刊行となります。

オーラルヒストリーとは「話された歴史」のこと。歴史上、重要な体験に遭遇した人たちにインタビューし、後から手を加えず、できるだけ生のままで素材を記録したものです。本書の場合、その対象はこの報告書の作成に直接携わった、当時の日経連のキーパーソン5人です（それに加え、労組関係者という部外者1人にも取材しています）。

日経連におけるそれぞれのキャリアや役割を含め、彼らが当時、何を狙い、何に悩んでこの報告書を作成したのかがきちんと描かれており、貴重な時代証言となっていること、報告書の中身も分かりやすく説明されていること、取材者（編者）がこの道のプロであること（筆頭編者の八代充史さんは慶應義塾大学商学部教授）、これらが本書を選んだ理由です。

副題に「雇用多様化論の起源」とあるように、聞き取りの主眼は、職務に応じて、社員を三つのパターンに分割することを提言した「雇用ポートフォリオ」です。雇用期間の定めがない正社員の数を絞るという意味で、「誰でも階段」を弱体化させる施策といえます。

構成について説明しておきましょう。

第一章は、ポートフォリオと命名し、報告書作成プロジェクトの参謀役を務めた日経連常務理事（肩書は当時。以下同）の成瀬健生氏が日経連設立からプロジェクト立ち上げまでの歴史的背景を話しています。

各部との折衝など、現場の責任者を務めた賃金部長の小柳勝二郎氏が執筆のプロセスや報告書刊行後の反響について説明するのが第二章、プロジェクトの総括者、専務理事の福岡道生氏がプロジェクト推進の実際や提言内容について語っているのが第三章です。

第四章では労務管理部長の荒川春氏が雇用ポートフォリオを記述する上での苦労を語り、第五章では報告書作成の実務と、刊行後に行われたフォローアップ調査の詳細を賃金部課長代理の樋渡智子氏が、第六章では成瀬氏が再登場し、雇用ポートフォリオの意味について語っています。

最後の第七章では報告書および雇用ポートフォリオへの違和感を連合総合生活開発研究所研究員の鈴木不二一氏が開陳しています。

さて、本書には関係者の発言が微妙に食い違い、整合性が取れない箇所があります。オーラルヒストリーならではの現象といえるでしょう。それはどこでしょうか。答えは後ほど。

往信

拝啓　八代充史様

●本丸は雇用ポートフォリオと脱年功給

おっと急がば回れ、本書の紹介に移る前に、肝心なことを忘れました。「新時代の『日本的経営』」（以下、報告書）の内容について、ざっと解説しておかなければなりません。

1992年8月、日経連は「これからの経営と労働を考える」特別委員会報告を行いました。そこでは、日本的経営のうち、「変えてはいけないもの」を、①長期的視野に立った経営、②人間中心の経営の二つに置きました。ここでいう日本的経営とは、「職務無限定」「誰でも階段」という二つの要素で構成される日本型雇用と同義と考えていただいて結構です。

1992年といえば、バブル崩壊後の不況（第一次平成不況）が始まったばかりで、政府は景気対策として過去最大規模の財政措置を講じましたが、大手銀行の不良債権問題もあって、景気は浮揚する兆しがまったくありませんでした。円高の進行もとめどもなく、産業の空洞化が懸念され、さらに経営のグローバル化も同時進行し、経営者にとって視界不良の辛い時代が続いたのです。

そうした中、日経連は上記二つの理念が引き続き継承されるとしたら、雇用システム、人事・賃金制度、能力開発がどうあるべきか、を考えるプロジェクトを発足させました。1993年12月のことです。そこから約1年半、加盟企業の人事からなるワーキンググループや複数の労働経済学者の意見なども参考にして、先のメンバーらが執筆して出来上がったのがこの報告書というわけです。

報告書は第Ⅰ部が総論（日本的経営システムの今後の在り方）、第Ⅱ部が各論（雇用・処遇制度の主要課題と具体的対応策）、第Ⅲ部が事例篇（14社の先進的事例）という構成になっています。

このうち、本丸が二つあります。雇用ポートフォリオについて述べた総論の第2章（および各論の第1章）と、賃金決定システムの見直しを主張した総論の第3章（および各論の第3章）です。

●雇用を三つに区分する

まずは雇用ポートフォリオについて。

報告書はこれからの新しい雇用慣行を「長期継続雇用の重視を含んだ柔軟かつ多様な雇用管理制度を枠組みとし、企業と従業員双方の意思の確認の上に立って運営されていくもの」とした上で、これからの雇用を次の3タイプに分類します。

その1：従来の長期雇用という考え方に立って、企業としても働いてほしい、本人も働きたいという

「長期蓄積能力活用型グループ」。期間の定めのない契約を結ぶ、従来の正社員。
その２：企業の課題を自らのスペシャリティをもって解決する、長期雇用を前提としない「高度専門能力活用型グループ」。正社員ではなく有期雇用。
その３：比較的単純な仕事から専門的な仕事まで、本人の希望する期間や待遇に応じて働く「雇用柔軟型グループ」。こちらも有期雇用。

自社の職種のうち、何をこの三つに振り分けるかは、業種、企業規模によって大きく変わってきます。どのタイプの社員がどのくらい必要か、といった自社型雇用ポートフォリオの考案を勧めるのです。

さて、もうひとつの本丸が賃金システムの見直しです。ずばり、総額人件費管理の徹底です。具体的には年功的な定期昇給制度を見直す必要があり、定期昇給と毎年のベースアップを行うのは無理だと主張します。今後は定期昇給という言葉は使わず、単に「昇給」と言うべし、期待した成果を上げられない人に対する降格、降級への「懸命な対応」を行え、とも言います。今考えると当たり前ですが、当時はかなり思い切った内容でした。

そして、先の雇用ポートフォリオに従って、長期蓄積能力活用型グループに対しては、職能給と年齢給の二本立てで、それ以上の役職になると、洗い替え方式（複数の賃率表）による職能給あるいは年俸制の導入を促しています。高度専門能力活用型グループには年俸制、雇用柔軟型グループに対しては職務給を推奨しています。従来型正社員である長期蓄積能力活用型を除き、終身雇用のみならず、年功序列という恩恵も外せ、というわけです。

●労務が財務に巻き込まれるという懸念

この雇用ポートフォリオという考え方はどのように生まれたのでしょうか。成瀬氏がこう説明します。1985年9月のプラザ合意に端を発した円高のせいでコストが上がってしまい、人件費を下げないとどうしようもなくなった、そのためには職掌を分ける必要があり、単純業務をする人の賃金が定年まで上がっていく事態を改めなければならないと。バブル崩壊後の失われた10年を「企業がどうやってサバイバルするかというのが、発想の原点」にあったというのです。

しかも、この雇用ポートフォリオという言葉を成瀬氏は日経連発行の別の出版物で1987年に早くも使っていました。

ポートフォリオは金融用語で、リスク回避のための分散投資を意識した、投資銘柄の組み合わせを指します。日本の労働市場は一旦正社員になると、解雇権濫用法理が働き、解雇をするのが非常に難しい。そこで、それに縛られないパートタイマー、契約社員、派遣など、さまざまな人材を組み合わせることでリスクが低減する、というわけです。成瀬氏は日経連に入る前は東京都民銀行に勤務していましたから、金融用語が自然に出てきたのではないでしょうか。

興味深いのは、このポートフォリオという言葉にプロジェクトの統括者、福岡氏が違和感を示していたことです。その結果、報告書では〈雇用ポートフォリオともいうべきもの〉と、「というべき」という言葉が入ることになりました。福岡氏は八幡製鉄（後に新日本製鐵、現・新日鐵住金）の労働部出身、62ページで紹介した「青空の見える労務管理」を整備した人物です。大事な人間を金融資産と同じように扱うなんて、という躊躇《ちゅうちょ》があったのでしょう。

第七章に登場する労組関係者の鈴木不二一氏も同様の感想でした。最初に目にした時、「労使関係が財務の論理に巻き込まれていくな」と感じたそうです。

八代氏も指摘していることですが、思えば、ポートフォリオというのは絶妙のネーミングでした。これが雇用区分や人材活用パターンといった用語だと、これほど評判になったか、大いに疑問です。雇用ポートフォリオにせよ、三種の神器にせよ、社会に大きなインパクトを与えるには優秀なコピーライターの能力が重要になるということでしょう。

当初、ポートフォリオの3区分には名前が付いておらず、「第一グループ」「第二グループ」「第三グループ」というニュートラルな名称であったことも本書では明かされています。最初の原稿を作ったのが、労務管理部長の荒川氏で、三つに名称を付けたのが賃金部長の小柳氏でした。

さて、雇用ポートフォリオの名称とともに、後に評判になったのが、3グループを縦軸に短期勤続か長期勤続か、横軸に定着か移動かという軸に従って分類した図表5.1です。ご覧のように、三つが同じ面積で重なり合い、その部分が点線で示されています。

これは誰が作ったのか。小柳氏と荒川氏が異口同音に同じことを言います。「私が福岡専務と相談して作った」と。その際、最も苦労したのが「区分を固定させず、それぞれの移動を自由にすること（そのために重なる部分を点線にした）と、三つに優劣をつけず並列させることだった」と。後で大きな話題になるなど、成功したプロジェクトほど、「俺がやった」と言い張る人物が多くなると、よく言われます。雇用ポートフォリオに関しても、それが起こったのでしょう。当の福岡氏がどう言っているかというと、「これは、まさに私と荒川さんの合作です」。

●反響の大きさも取り上げられ方も予想外

最初に刷った部数が5000部。作成した当事者はもちろん、広報を担当する日経連弘報部もそんなに捌《さば》けないと思っていたらしく、書籍化する案もありませんでしたが、刊行されると思わぬ反響で、何度も

図表5.1　企業・従業員の雇用・勤続に対する関係

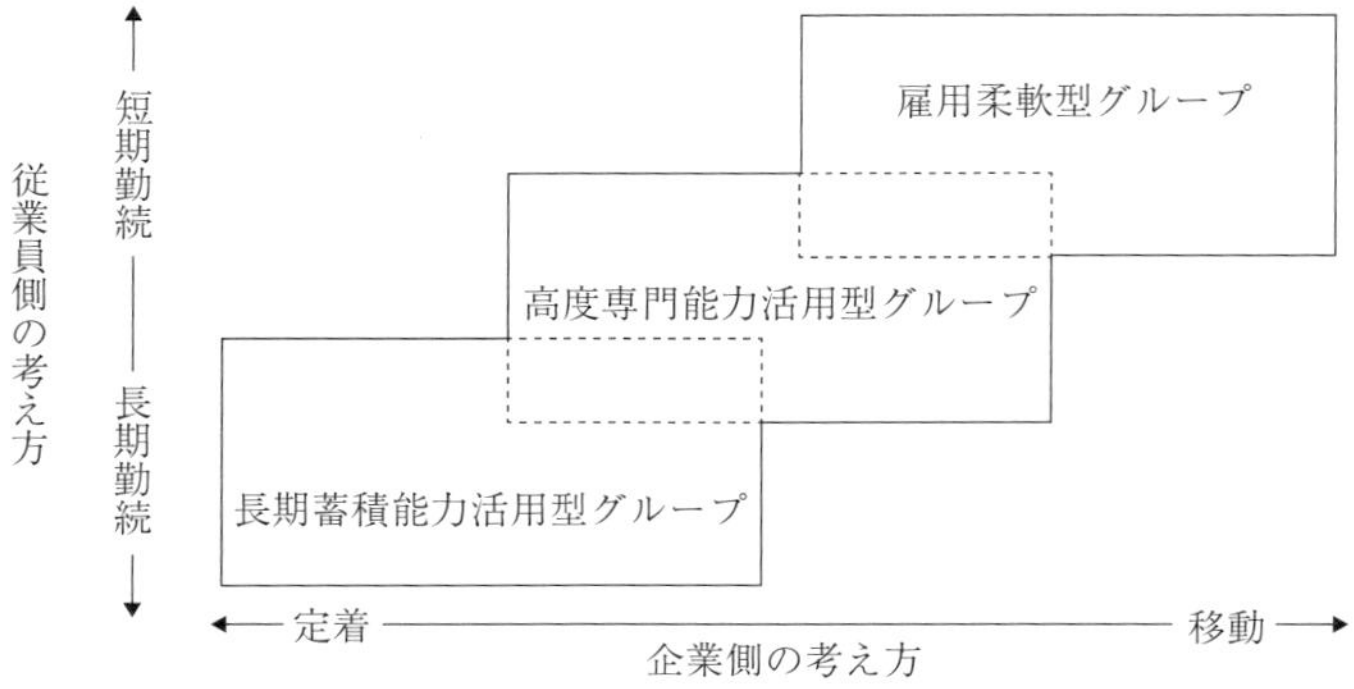

注：1. 雇用形態の典型的な分類
2. 各グループ間の移動は可
出典：日本経営者団体連盟(1995)。『新時代の「日本的経営」』32 頁

図表5.2　グループ別にみた処遇の主な内容

	雇用形態	対象	賃金	賞与	退職金・年金	昇進・昇格	福祉施策
長期蓄積能力活用型グループ	期間の定のない雇用契約	管理職・総合職・技能部門の基幹職	月給制か年俸制 職能給 昇給制度	定率＋業績スライド	ポイント制	役職昇進 職務資格昇格	生涯総合施策
高度専門能力活用型グループ	有期雇用契約	専門部門(企画、営業、研究開発等)	年俸制 業績給 昇給なし	成果配分	なし	業績評価	生活援護施策
雇用柔軟型グループ	有期雇用契約	一般職 技能部門 販売部門	時間給制 職務給 昇給なし	定率	なし	上位職務への転換	生活援護施策

出典：日本経営者団体連盟 (1995)。『新時代の「日本的経営」』32 頁

増し刷りして対応し、最終的に、報告書としては異例の２万３０００部まで行きました。

反響の大きさも意外なら、注目を集めた点も意外なものでした。雇用ポートフォリオです。成瀬氏はこう振り返ります。「（ポートフォリオは）私どもはそんなに重要とは思わずに、小柳さんが書いた賃金制度の洗い替えとか降格とか、そういう厳しいところが取り上げられるんじゃないかなと思っていたんです」。

まずマスコミや労組からは、「雇用の流動化を進めようとしている」「正社員が派遣に置き換えられてしまう」「企業に対する忠誠心が薄まってしまう」「査定が強まる」といった批判が多かったそうです。

特にその後、派遣法の規制緩和が進むにつれ、その理論的支柱となったのがこの報告書だとする批判が続出しました。例えばこのように。

「日経連が昨年5月に発表した「新時代の日本的経営」という方針は、人件費抑制の立場から、正社員（ストック型）を少数にしぼり、あとは派遣労働者やパート（フロー型）にすることなど、雇用の流動化と労働条件の多様化を掲げている。企業が、必要なときに必要な労働力を、より安く調達し、思い通りに働かせ、自由に解雇できるシステムを目指している。そのためには、障壁となる法的規制の除去が必要なのだ」（朝日新聞朝刊１９９６年1月15日付）

こうした批判は10年が経《た》っても止《や》むことはなく、新卒の就職難が悪化した根本原因だという見方も出ました。２００５年に発行された『働きすぎの時代』（森岡孝二著、岩波新書）にこうあります。

「日本経団連（旧日経連）は１９９５年に発表した『新時代の「日本的経営」』で、労働力を、Ａ「長期蓄積能力活用型グループ」（長期雇用の正社員）、Ｂ「高度専門能力活用型グループ」（有期雇用の低年俸契約社員）、Ｃ「雇用柔軟型グループ」（パート・アルバイト・派遣）の三類型に分け、Ａグループを極端に絞り込み、ＢグループとＣグループを大幅に増やして、雇用の流動化と人件費の引き下げを推し進める方針を打ち出した。近年における新卒の就職環境の悪化は、こうした財界の雇用戦略が、実際に浸透し、実行されてきた結果であるといってもよい」

それぞれの比率も含め、Ａグループの極端な絞り込みとＣグループの大幅増加、などという方針を日経連は示したわけではありませんが、世間のとらえ方はこのように変質していったのです。

一方、企業の多くは賛同の声を上げました。特に上層部から「本当にいいタイミングで、いい指針を出してくれた」という声が寄せられました。研究者については賛同派、批判派の二つに分かれました。

こうした予想外の反響について、雇用ポートフォリオの部分の下原稿を作成した荒川氏の言葉が同書ではこう紹介されています。

「特に批判部分についてはどう言われてもいいし、当たっていないことが多い。レポートが出たからいわゆる非正規従業員が増大したわけでもないし、むしろ経済環境がグローバル化して、これだけ円高が進行する中で、企業が選好する雇用ポートフォリオは、好むと好まざるとにかかわらず動かざるを得なかったということもある。そのくらいにしか僕は受け止めません。むしろ企業の人のほうがもっと冷めているのではないですか。「よくぞ書いてくれた」という反応はあった。特に大企業は、自分たちがやっていることに対して表に出してくれたからでしょうね。（中略）企業に対するメッセージとして、甘いことや将来展望なんかを言えるときでもなかった。だから、なるべく客観的に、そしてかつモデル化したものを出すとなると、こういうふうになるのではないかなと決め込んでいました」

●世の中の誘導ではなく実態の追認

企業ほど冷めていた、という話を裏付ける数字があります。この報告書が出た1年後の１９９６年に、企業の現実の姿を探るべく、日経連が会員企業に対し、報告書の内容に即したフォローアップ調査を行っています。

それによると、長期蓄積能力活用グループの比率は現在81・3％で、将来はそれを70・8％まで落としたいと回答しています（高度専門能力活用グループは現在7・1％で将来は11・2％、雇用柔軟型グループは現在11・6％で将来は18・0％）。報告書の内容に背中を押されたところがなかったとは言いませんが、長期蓄積能力活用グループの絞り込みは企業自身の望むところではなかったでしょうか。八代氏も「日経連が世の中をその方向に誘導したというより、実態を追認しているということですよね」とまとめています。

しかし、高度専門能力活用グループはともかく、雇用柔軟型グループのその後の伸びは作成メンバーの予想を超えるものでした。

雇用柔軟型が増え過ぎたとはっきり述べているのが成瀬氏です。本書刊行時の2015年、非正規率は35％に達していました。「非正規が20％で止まっていてくれれば、社会の劣化は最小限に防げたかなと。20％を1％超えるごとに、その分だけ社会が劣化していったという感じがしています」。

フォローアップ調査を担当した樋渡氏も、雇用柔軟型が増えると深刻な格差問題が起こり兼ねないという話を日経連の職場で交わした、と振り返っています。「非正規の人たちが家庭を築けるのか、非正規の人同士が結婚をしたとしても、非常に不安定な家庭で、そこで生まれた子どもがちゃんとした教育が受けられるのだろうかと」

●高度専門能力活用型は虚妄の存在か

リーダーの福岡氏はそれぞれの割合について、長期蓄積能力活用型が60％、高度専門能力活用型が15～20％、雇用柔軟型が20～25％という中期予測をしていたと明かしていますが、現状では見事に外れています。高度専門能力活用型、いわゆるスペシャリスト人材はせいぜい一桁台に過ぎず、その分を他の二つが吸収しているのが現状でしょう。

どうしても、この「高度専門能力活用型」が虚妄に思えて仕方ないのです。想定する職種は企画や営業、研究開発です。企業の競争力の源泉となる頭脳部分に他なりません。そうした人材を企業が有期雇用化するでしょうか。第七章で、鈴木氏も同じ見解を示しています。

「『恰好《かっこう》つけるなよ。そんなものが現実にあるかよ』ということと、『本気で作ろうとしているのか』と。(中略)そうすると、反論は、『いや、トヨタでデザイナーを雇っています』とかですね。『そんなのは雇用労働力の中の何パーセントだと思うの？　例外でしょう。そんなのはいつの世の中だっているので、雇用システム全体の設計図の中に本当に組み入れられているのか』というのが僕らの反論だったのですね」。

こうした鈴木氏の発言に同調し、八代さんがこう述べているのが印象的でした。「お話をうかがっていると、『雇用柔軟型』を覆い隠すための工夫だったかもしれないですね」

●日本的経営を括弧に入れた意味

執筆者たちが何を考え、どんな思いでこの報告書を執筆したのか、刊行後の反響がどのようなもので、彼らはそれに対しどう考えたか、本書を読むと、実によく理解することができます。

一つ、ぜひ彼らに投げ掛けてもらいたかった「問い」があります。それはタイトルに関わることで、『新時代の「日本的経営」』と、日本的経営になぜ括弧を付けたのか、ということ。報告書自体にもこのタイトル決めに関する記載はありません。

括弧を付けることに関し、すぐ頭に浮かぶのは、二つの理由です。

一つは強調のためであり、もう一つは世間に流通している意味ではなく、特別なそれを持たせる場合です。

少なくとも強調ではないでしょう。では特別な意味を持たせたかったか、といえば、それもピンと来ない。とすると……こう考えたらどうでしょう。文字通り、日本的経営を括弧に入れてしまえ、それにとらわれずまず生き延びよ、という裏メッセージがそこにあったのではないか、と。だって、「長期的視野に立った、人間中心の経営」の具体策が雇用ポートフォリオと脱年功給とはとても思えないからです。

私の推理の当否について、八代先生にぜひ伺ってみたいと思います。

●非ホワイトカラー層の切り捨てで日本型雇用を守った

この報告書で示された3グループについて、それぞれにどのような人材をそこに当てはめるか、かまびすしく議論が交わされました。それは、能力別になるのか、職務別になるのか、もしくは同じ職務でも技能レベル別になるのか、など、企業の人事担当者の間でも議論が百出したのを覚えています。

ただ、事後的に振り返れば、この分類がどうなったかは、はっきりと見えます。

それは、雇用柔軟型は、製造・流通・サービス・販売・事務・建設という部門で大きくその数を増やし、そうした部門のスタッフの多くが非正規化した、ということです。それ以外の営業や人事、総務、経理、技術部門では（事務を除くと）非正規割合はあまり上がらず、彼らは基本、長期蓄積能力活用型としてそれまでと同じ正社員としての待遇を享受し続けました。そして、中間に位置する高度専門能力活用型の雇用は浸透しませんでした。

これを簡単に振り返れば、「非ホワイトカラー層を切り捨て、ホワイトカラーの本流部門で日本型雇用を守った」とまとめることができるのではないでしょうか。

ここをいまだに誤解している人たちが多く、いわゆるホワイトカラー部門で非正規化が進行している、という意見がまま見られます。実際のところは、ここに挙げたホワイトカラー層での非正規雇用数は、その多くが定年再雇用者である60歳以上となり、55歳までの男性を見れば、非正規割合は11・３％（厚生労働省「労働力調査」2017年）でしかありません。

さて、非ホワイトカラー（＝製造・流通・サービス・販売・事務・建設）の非正規化という雇用ポートフォリオの推進は社会にどんな影響を与えたでしょう。

このセクターで主に働いていたのは、高卒者・短大卒者です。彼らを卒業後に迎える受け皿が小さくなったために、大学進学率の上昇が引き起こされます。結果、大学が膨れ上がり、彼らが卒業する時点で、今度はホワイトカラーの椅子が足りなくなる……。それが就職氷河期や長期フリーターという問題を生み出しました。結局、こうした問題は、非ホワイトカラー領域の非正規化を進めたために玉突きで起きた現象だったのですが、そうではなく、「ホワイトカラー領域の正社員を絞ったからこんな問題が起きた」と誤解され、問題がさらに複雑化してしまったのではないでしょうか。

ともあれ、現在の日本では、「大学出なくちゃ仕事はないよ」が基本となり、その上、大卒で用意されるのは、基本はホワイトカラー。正社員雇用の口を見つけようと思った場合、知的習熟と対人折衝が必須となり、それ以外の人はスポイルされる社会となってしまいました。

かつて、製造や建設、第1次産業などが多くの新規人材を受け入れていた時代は、口下手でも、勉強が苦手でも、就労のチャンスはありましたが、そうではなくなっているのです。

昨今、多様な人材が活躍できる社会に日本が変わったとよく言われますが、歴史を俯瞰《ふかん》して考えると、その言葉がむなしく響きます。そのトリガーとなったのが図らずも『新時代の「日本的経営」』だったのではないでしょうか。

（荻野・海老原）

返信

八代充史氏からの返信

われわれの本の要点と読みどころがうまくまとめられており、感謝いたします。特に小柳氏と荒川氏がそれぞれポートフォリオの図を福岡氏と相談して作ったという記述に矛盾がある、というご指摘はわれわれも気付きませんでした。何人もの当事者に話を聞いていくと、話の食い違いはよくあることです。事実は神のみぞ知る、わけですが、こうした発言の矛盾が生じることはオーラルヒストリーの醍醐味《だいごみ》といっていい。ご指摘のように、お二人がそれぞれだけ主体的にこのプロジェクトに取り組んでおられたということでしょう。

報告書のタイトルの一部となった日本的経営になぜ括弧を付けて記載したのか、ということですが、私が思うに、日本的経営という言葉は識者によって定義が異なるので、「われわれ日経連が言うところの」という意味で、括弧を付けたのではないでしょうか。

日経連は「人間尊重」と「長期的経営」の二つが日本的経営を規定すると考えていました。私なりに解釈すると、それは「正社員の雇用保障」ということです。『新時代の「日本的経営」』も、そこには手を付けないが、その代わり、若いうちは職能給、年齢が高まったら職務給という形を提案したり、職能資格制度における降格の実施を働き掛けたりして、正社員の賃金体系に手を付けるとともに、正社員一辺倒ではなく、非正規社員や派遣社員、請負など、さまざまな雇用形態の人たちもうまく組み合わせ活用していくべしというのがその中心となるメッセージでした。

*

八代充史（やしろ・あつし）
慶應義塾大学商学部教授・同大学産業研究所兼担所員
1982年慶應義塾大学経済学部卒業、84年慶應義塾大学大学院商学研究科修士課程修了、87年同博士課程単位取得退学、同年雇用促進事業団雇用職業総合研究所（現労働政策研究・研修機構）研究員、96年慶應義塾大学商学部助教授、2003年より現職。

ところが賃金改革より雇用改革に強いスポットライトが当てられ、雇用ポートフォリオが人口に膾炙《かいしゃ》してしまったわけです。ポートフォリオという絶妙のネーミング、長期蓄積能力活用型・高度専門能力活用型・雇用柔軟型という三つの区分けと名称、その三つを表した図、これらが三拍子のようにそろったからこそ、あれだけの影響力を社会に与えたのでしょう。

この本を制作する時は気付かなかったことですが、件《くだん》の図の軸の取り方は、縦軸が短期勤続か長期勤続か、横軸が異動か定着か、となっています。しかしよく考えると、どちらも同じ意味ではないでしょうか。本来、一つは長期勤続（定着）か短期勤続（移動）という軸で、もう一つは企業特殊能力が高いか低いかという軸がふさわしい。日経連としては、三つのグループの間に上下関係が入り込むのをぜひとも避けたかった。ほぼ同じ意味の二つの軸を設定することで、能力の高低をぼかしたかったのではないか、と思えてしまうのです。

お手紙では「『高度専門能力活用型』が虚妄に思えて仕方ない」とありますが、大変重要な指摘だと思います。長期蓄積能力活用型と雇用柔軟型だけだと、一方が減れば一方が増え、一方が増えれば一方が減る、というゼロサムゲームになってしまいます。前者を減らし後者を増やしたい、という、〝衣の下の鎧《よろい》〟が透けてしまう。日経連はそれを回避したかったから、両者の中間的存在として、高度専門能力活用型グループを設定したのではないでしょうか。

報告書の執筆メンバーも、必ずしもこの点を明確にイメージしていた訳ではありません。インタビューしたお一人にどんな人材を想定しているのでしょうか、と聞いたところ、「労務のプロ」という答えが返ってきました。労使関係をうまく調整し、組合の力が野放図に拡大するのを防止する経営側の人材です。でも労働争議が頻発した１９６０年代ならともかく、労組の組織率も低下する一方の昨今、今ひとつ実感が湧きませんでした。本書で私が発言しているように、やはり「雇用柔軟型を覆い隠すための工夫」だったかもしれません。

この報告書が出てから20年以上の年月が流れ、当時は20％台だった非正規雇用率も昨今は40％に達する勢いです。非正規激増の方向を正しく指し示したという意味で、歴史の羅針盤的役割を果たしたのは確かでしょう。ただ、それに関連し、その後、日本で問題となった多くの労働問題の原因を作り出した悪の報告書だ、という論調はどうかと思います。ある労働関係の弁護士が日本で同一労働同一賃金が実現していない責任はこの報告書にあると主張していました。いくら何でもそこまで求めるのは酷でしょう。

では、非正規ではない正社員の世界はどうなっているのか。

２０１７年に私は『日本的雇用制度はどこへ向かうのか』（中央経済社）という単行本を上梓《じょうし》しました。

表題の通り、「日本的雇用制度＝正社員の長期（定年）雇用」が変質しつつあるのか、いないのかを、投資銀行と自動車産業を例に、ロンドン、東京という同一市場において、日本企業と非日系のアングロ・アメリカン企業の「雇用制度間競争」に焦点を当てて、調査ならびに研究を行ったものです。

なぜその二つの業界なのかといえば、日本にとって、投資銀行は不得意産業であり、自動車産業は得意産業です。私の仮説は得意産業たる自動車産業では雇用制度が変化しており、不得意産業である投資銀行では制度の変化が見られない、というものでした。得意産業が変化しているなら、その変化が不得意産業にも及び、日本的雇用制度全体に変化を促す可能性がありますし、不得意産業においてすら変化が確認できなければ、今度も日本的雇用制度は変わらない、という結論が導けるはずだと考えたのです。

結果はどちらにも変化が見られませんでした。国内の正社員に限って言うと、日本的雇用は大きな変化にさらされていないと言えるでしょう。

13

雇用改革の時代
—働き方はどう変わるか

八代尚宏著

1999年　223頁　中公新書

（初出：『HRmics』11号　2011年12月発行）

ダイジェスト

労働市場や社会保障のマクロ経済展望を主たるフィールドにしてきた経済学者が、労働法を含めた、現行の労働行政・政策のあり方を批判的に検討し、労働市場改革のグランドデザインを描いたのがこの本です。当時の流行《はや》り言葉でいえば「金融ビッグバン」ならぬ、「労働ビッグバン」の推進を企図した内容といえるでしょう。「労働市場の抜本的な改革を進めることで、経済活動の大動脈となる効率的な労働市場をつくりあげることが、21世紀の日本経済にとっての大きな課題である」と著者は述べます。

著者は雇用に関する公的規制を批判し、規制と保護貿易を同一視して論じます。例えば、常用雇用（正社員）との代替を防ぐための派遣労働に対する規制は、発展途上国からの輸入を制限することで自国の産業と雇用を守る保護主義に等しいこと、そうした保護貿易と派遣規制の違いは、保護貿易の場合は規制によって犠牲になるのが発展途上国の労働者であるのに対して、

●目次

派遣規制の場合の犠牲者は派遣という形態で働ける期間が制限されてしまう同じ日本の非正規労働者である、という点だと主張します。経済学者ならではのユニークな発想と言うべきでしょう。

日本の労働市場はなぜ変わらなければならないのか。労働市場を取り巻く経済や社会環境が激変しているからです。著者は四つの要因を指摘します。

一つは国際的な経済活動が活発化し、国と国との相互依存関係が高まっていることです。国際間の労働移動が規制されていても、製品の輸入という行為そのものが国内の賃金を下げさせる圧力になるというのです。

二つには労働者の高年齢化です。年齢や勤続年数を決め手にした昇進や昇給が難しくなります。

三つには情報化の進展です。これまでは個々の企業の中で形成されてきた「企業特殊的技能」の割合がそれによって減じ、逆に「企業一般的技能」が、特にホワイトカラーの分野で急速に普及しています。

最後は既存の社会制度が対象としてきた「長期勤続・年功賃金・労働組合員」という伝統的な働き方の労働者が労働市場では少数派になっていることです。労働組合の組織率も年々低下し2割を切ってしまいました。

こうした環境変化の中で、従来の雇用政策の転換が最も必要なのが高齢者と女性です。年齢や性別にかかわらず、個人としての仕事能力と意欲を評価する雇用システムの構築が喫緊の課題となるのはこういう理由からです。

筆者は労働規制の〝本丸〟、労働基準法に対しても改正の必要性を訴えます。とりわけ、力を入れて論じるのが、労働基準法自体には雇用契約自由の原則が示されているものの、解雇権の濫用を規制する判例法が結果的に厳しい解雇制限を企業に課している現状です。これが中途採用などの雇用機会を狭め、多様な人材の活用を妨げる大きな要因になっていると主張します。

長期雇用を旨とした従来の労働者に代わるのが短期雇用の非正規労働者です。この問題にも著者は切り込みます。具体的な対象はパートタイム労働者と派遣労働者ですが、前者に関しては非正規社員が正社員になる道が非常に狭いこと、後者に関しては法律（労働者派遣法）が、派遣事業を規制する内容にとどまり、派遣労働者の利益を真に守るものになっていない点を厳しく批判します。

こうした労働市場ビッグバンにおいて大きな役割を果たすのが民間の職業紹介事業です。現在、そうした人材ビジネスは公的規制の対象になっていますが、企業と個人の橋渡しをする新たなサービスにはそれに見合った価格が必要であるとして、職業紹介で利益を得ることが中間搾取のように見なされる風潮はおかしい、と断じるのです。

労働市場の規制緩和は単なる自由放任を意味するわけではありません。社会的安全弁としての失業給付制度の非正規労働者への拡充、企業内はもちろん、行政、司法においても個別労働紛争にきめ細かく対応する必要性が説かれます。

この本は、日本型雇用そのものへの影響よりも、日本型雇用をめぐる論争への影響が大きかったと、振り返ることができるでしょう。経済合理性、アカウンタビリティ、グローバル化。こうした観点から雇用のあり方を語れば、どのような仕組みが最適か、それを外連味《けれんみ》なく語るところに、逆説的な意義があったと言えそうです。なぜなら、雇用の本質とはそうした合理性と相いれない部分が多く、「なぜ理想形に行きつかないか」を考えるきっかけを作ってくれたからです。

現実的に、解雇を規制する法律はほとんどありません。にもかかわらず、判例により法理が確立しているのはなぜか？　それは、日本企業が特殊な雇用慣習を持っているからです。それが企業人事に有利な部分があるから、その代償として解雇が難しくなる。その慣習こそ「無限定雇用」であり、しかもそこから発する「企業の人事権」に他なりません。とすると、解雇規制緩和をするなら、すなわち雇用は限定型となり、企業は人事権を放棄せねばなりません。それは労働者にとって良い面もありますが、職務・役職固定で、入職が難しく、昇進可能性も減る＝階級社会に行きつくことにもなります。

使用者側は、「人事権を放棄するのが嫌」であり、労働者側は「未経験でも採用されて、その上、ちょっとずつ仕事が難しくなるシームレスな階段を好む」ために、限定型雇用がなかなか受け入れられない。こうした「誰もが階段を上る」背景があるから、改革は難しいということを、改めて認識するきっかけとなったことが、本書最大の功績と言えるでしょう。

往信

拝啓　八代尚宏様

●パラダイム転換の必要性を訴えた書

あらゆる学問には暗黙の前提というものがあります。「そもそも」ということで言えば、文字や文章に対する尊崇の念がなければ文学は成立しませんし、経済学というものも、多くの情報をくまなく吟味し合理的な判断を下せる人間をモデルに組み立てられていました。原子力工学も、「原子力は人間が制御できるもの」という前提で構築されているはずでしょう。

ところが、原発に対する津波ではありませんが、この前提そのものがひっくり返されることがあります。古くはガリレオが唱えた、天動説に代わる地動説、３次元しか扱えないニュートン力学に対してアインシュタインが打ち立てた相対性理論、最近で言うと、既存の経済学に叛旗《はんき》を翻し、人間の行動はそもそも非合理であることを解明した行動経済学。いわゆるパラダイム転換というものです。

１９９９年に発刊されたこの本も、そういう意味では、既存の学問や政策の前提を疑い、パラダイム転換の必要性を訴えた内容として本章に取り上げました。

テーマは、労働法と、そこから導き出される労働政策（規制）であり、著者が批判の矢を放つのは、「労働者と使用者（企業）との関係は対等ではない。弱者としての労働者を強者の企業から守らなければならない」という労働法の大前提です。私は法学士の端くれですが、「労働法、特に労働基準法は民法の特別法であり、か弱き労働者を企業の専横から守る刑法のごとき役割を持つ」と習った身としては、「そこまで書いていいのか」と、著者の剛胆にいささか驚きました。

著者、八代尚宏さんは、経済企画庁、ＯＥＣＤ（経済協力開発機構）経済統計局エコノミスト、日本経済研究センター主任研究員などを歴任した経済学者です。労働法の専門外で、法律に対しては何のしがらみもないだけに、常識という大前提を変えることが書けたのでしょう。

●透明で公正な、働き方のルール作り

そうした労働法の前提はなぜ崩れたのか。労働市場が大きく変わったからです。三つの点が指摘されます。

一つには、経済発展に伴い労働需要が高まったことや、労働者が高学歴化する一方、手にする所得や資産が増えたこと。企業と対等な立場で交渉でき、「希望がかなえられない」と見れば、転職という手段で、別の局面を自ら切り拓《ひら》くことができる「強い」労働者が出てきたからです。

二つには労使関係の成熟化です。１９６０年代のようにストライキが多発することがなくなり、春闘に代表される「労使自治による紛争解決能力」が高まってきました。そうなると、たとえ労使が合意に至っても、その内容を認めない強行規定が中心の労働基準法の仕組みだけでは問題が多くなる、というのです（例えば、有期労働契約の期間は1年を超えてはならないという規定が労働基準法14条にあります。これは労働者が、不当に、長期間、企業に拘束されることを防止する規定、とされますが、余計なお節介という感じもします。契約期間が長い方が労働者の雇用も安定するわけですから。そういう議論があって、２００３年の改正により、その期間が1年から3年に延長されました）。

最後には既婚女性や高齢者の働く人が増えたことです。彼らは、夫の所得や公的年金といった、企業からもらう給料以外の生計手段を持っている。そういう労働者は、職種、労働時間、勤務地など、賃金や雇用維持以外の労働条件に大きな関心を持っており、長期雇用を企業から保障される代わりに、どのような職種、どんな勤務地でも辞令一本で移ります、という忠誠心あふれる男性正社員とは異なります。

つまり、労働者の同質性（＝中卒あるいは高卒の男性ブルーカラー世帯主で、その会社で雇ってもらわなければ家計を維持できない）や、共通利害（＝何はともあれ、雇用と賃金の安定が第一）が薄れるなか、企業の横暴から労働者を守り（＝労働基準法）、いざという場合に企業と戦う方法を伝授する（＝労働組合法）以外にも、労働者の利益を守るための条件整備がますます重要になる、ということなのです。労働組合の組織率が２割を割る時代、当然といえるでしょう。

労働は商品でもある。過去の高度成長期まではうまく機能した、ひとたび企業に雇用された男性正社員の雇用を維持し守るための規制は、労働力の効率的活用が必要な低成長期には、逆に足かせとなる。女性や高齢者を含め、さまざまな働き手が自分の能力を発揮できる、透明で公正な、働き方のルール作りが今こそ必要だ、というのが著者のスタンスです。うなずける主張ではないでしょうか。

●「解雇規制法」の必要性

そうした問題意識の下、本書は２００ページ強の新書という体裁を取りながら、解雇規制、有期雇用契約、福利厚生、パートタイム労働、職業紹介、雇用保険まで、労働法と政策のほぼすべてを網羅しています。それぞれの記述はコンパクトですが、いずれも本質を突いた議論が展開されています。一つだけ、紹介してみましょう。

解雇規制の問題です。日本には解雇に関する法律の規定は少なく、民法において、「期間の定めのない雇用契約」の場合、14日前以前に予告すれば企業は従業員を自由に解雇でき、従業員も自由に退職できるようになっています。ただ、これだけでは労働者に不利なため、労働基準法で、予告期間を30日間に延長し、仮に予告がない場合は30日分の平均賃金を支払うことを義務付けているだけです。つまり、どんな場合なら解雇が許されるか、に関する法律上の規定はないのです。

それを補完していたのが判例で、社会的合理性を欠く解雇は権利の濫用と見なされる「解雇権濫用法理」が成立しています。具体的には、余剰人員の整理解雇には、①人員削減の必要性、②解雇回避努力の実施、③被解雇者選定の合理性、④解雇手続きの妥当性―という4要件を満たさなければならない、というものです。また、普通解雇の場合も、仕事ができないなど、能力不足は解雇事由として認められず、被解雇者を含め、従業員を納得させるに足る「客観的な理由」が必要とされます。この部分は現在では法律に明文化されました。すなわち、２００８年施行の労働契約法の条文に、「解雇は、客観的に合理的な理由を欠き、社会通念上相当であると認められない場合は、その権利を濫用したものとして、無効とする」（第16条）という規定が入ったのです。

こうした「解雇のしにくさ」が戦後の企業依存型の雇用の安定をもたらした結果、次のような社会的コストを生み出した、と八代さんは主張します。

まずは定年制です。仕事能力の不足が解雇理由にならないから、「年齢」という客観基準による「解雇」が雇用調整の手段として必要とされ合法化された、というのです。

第二は、これも雇用調整手段としての、配転・出向・転籍の活発化です。容易に解雇ができないからこそ、柔軟な人員配置が不可避となり、配転・出向・転籍による、生産の変動に応じた人員調整が可能になってきたのです。職種や勤務地といった、個人の重要な関心事が会社の恣意《しい》的な判断に依存することは個人の安定した生活を脅かすコストになっている。70万人に達するという男性の単身赴任者は厳しい解雇規制の代償としてそういう事態を甘んじて受け入れているのだ。

そう言って、八代さんは慨嘆するのです。ただし、配転・出向・転籍というのは、働く側にとって一概に悪いものではなく、広い地域で顧客層の異なる相手に対して商売を行うノウハウを獲得する機会でもあり、ある人にとっては、失敗を挽回できるやり直しのチャンスになり得ます。経営側にとっても、雇用保障という意味の他に、コネや癒着を断ち切り、不正が起こらない組織をつくるための方策でもあり、一概に切って捨てるべきものでもないようにも思えます。

第三は非正規社員との格差が発生することです。整理解雇を行う場合、解雇者選定の合理性を確保するために、新卒採用の抑制や非正規社員の削減を先行すべき、という判例があるのですが、高給を保障されている正社員の職を守るため、低賃金のパートの解雇を先行せよ、と司法が言うことは社会的に見ておかしい、というのです。

この三つの問題に対する解決策として、八代さんは整理解雇の４要件を緩め、解雇に関する条件と手続きを明確に定めた「解雇規制法」の確立を提案します。定年という年齢差別がなくなり、職種や勤務地を選べないという不幸が緩和される、非正規社員が正社員のしわ寄せを被る不公平がなくなる、というわけです。

以上、導き出された結論の是非は別にしても、現状の全体像とその問題点を指摘し、諸外国の例も引き合いに出しながら、あるべき一般論を示した上で、現状に代わる解決策を提示する。決して言いっぱなしではなく、建設的な解決策の提示を忘れないことが、本書の内容をより説得力あるものにしています。

ました。

●次々に現実化する予言

「人事を変えたこの一冊」ということでは、この本で論じられた内容が法律や制度の改正に結び付いた〝実績〟の多さも指摘しておくべきでしょう。

例えば、先の解雇規制に関しては、解雇規制法はまだですが、先述したように、判例法が明文法になりました。

八代さんは、集団として一斉に働き、一斉に休息を取る工場労働者の働き方を前提としている現行の労働時間規制も、「時代遅れだ」と批判します。個人単位の働き方が基本で、机に座っている時間が仕事の成果に直接には結び付かないホワイトカラーの仕事のやり方と齟齬《そご》が生じている、というのです。

そのための解決策として提案されているのがアメリカなどで行われている、ホワイトカラーを労働時間管理の対象外と見なす、いわゆるホワイトカラー・エグゼンプションです。

この名前、どこかで聞いた記憶があるでしょう。そう、2005年の小泉内閣時に経団連が提言、翌年、政府によって、そのための法案要綱が国会に提出されました。

「年収400万円以上」という基準が低すぎたのか、「残業代ゼロ法案」と揶揄《やゆ》され、法案成立には至りませんでしたが、その原型となる記述が本書にあったのです。八代さんは政府の規制改革小委員会の委員も務めていましたから、法案作成に何らかの形で関わられたのでしょう。

「名ばかり管理職」の問題に象徴されるように、不当な業務量を押し付けて残業代を支払わない企業が日本にはたくさんあります。残業（時間外労働）の上限時間についても、厚生労働省が基準を定めてはいるものの、周知徹底されているとはとても言えない状況です。働いた時間ではなく、成果で管理する、その志は称えるべきですが、「働かせ過ぎ防止策」を徹底させることと同時並行でこうした施策を進めるのが肝要とも思えました。

労働組合も変わりました。これまでの労働組合のあり方には厳しい目を向ける八代さんですが、労働組合そのものの存在意義を否定する論を展開するわけではなく、長期勤続を前提とした世帯主労働者の利益だけに関心を置いたこれまでのあり方を批判し、単身者や非正規社員の利益にも目を向けるべきだ、と述べます。この主張も現実のものとなっており、リーマンショック後の２００８年10月に、連合が非正規労働者の賃金や労働条件の改善、ネットワークづくりに取り組む「非正規労働センター」を組織内に設置しました。

「企業と労働者の紛争」という問題についても、八代さんの予言は冴《さ》えを見せます。

企業の雇用契約違反や賃金の不払いなどに関しては、裁判所の手続きは煩雑で処理に時間がかかるため、通常の民事裁判と分離した簡易労働裁判の機能を確立すること、不当労働行為認定による解雇無効や地位確認を求める選択肢だけでなく、復職を前提としない金銭補償措置を含めることが必要だ、と述べるわけですが、前者に関しては、２００６年から労働審判法が施行され、迅速かつ安価な紛争解決手段としての労働審判制度が確立し、通常の訴訟件数を大いにしのぐ形で活用されています。

後者の解雇の金銭解決に関しては、労働契約法における条文化が真剣に検討されましたが、労働側の強い反対により実現には至りませんでした。

派遣法に関しても、その後の改正（対象の拡大と派遣労働者の保護の強化）の方向性を示唆するような記述がこの本には多く見られます。ご存知の通り、リーマンショック後の「派遣切り」をきっかけに、派遣法は規制強化の方向へ大きく舵《かじ》を切りましたが、国会に提出された法案も、棚ざらしになったままです。

法案によれば、法律の名称も「労働者派遣法」から「派遣労働者保護法」に変わることになっていますが、「雇用を保障された正規社員ではなく、あくまでも派遣労働者の利益を主体とした労働者派遣法が必要とされている」という八代さんの提案と、実態は正反対のようです。

です。

快刀乱麻《かいとうらんま》を断つが如《ごと》く、20世紀末の日本の労働法と政策をなで切りにし、規制緩和の徹底で、新しいパラダイムを打ち立てようとする同書。読み進めていくと、「そういう考え方もあるのか」と思わず膝を叩《たた》きたくなるのですが、一方で、そこまで規制を悪玉にしていいのか、と思ってしまう箇所があるのも事実です。

●正社員の権利を薄く、非正規社員の権利を厚く

すべての規制が悪ではありません。エコという規制がかけられたことで、グリーン・イノベーションが起きるように。雇用の安定が実現すれば、心安らぐ家庭が生まれ、明日も元気に働こうという活力に結び付くように。

八代さんの主張をまとめると、「正社員の権利を薄く、非正規社員の権利を厚く」ということだと思います。正社員が1の権利、非正規社員が0・5の権利を持つとしたら、それぞれ0・8、0・7にするイメージでしょうか。その程度ならいいのですが、私が危惧するのは、どちらも0・6や0・55になってしまうこと、ヒトという企業にとっての経営資源が、モノやカネと同じように扱われ、労働力が商品そのものになってしまうことです。

労働力調査を精査すると、そもそも、日本の非正規労働者は1700万人いますが、その約8割に当たる1300万人は主婦、学生、高齢者だと分かります。「非正規がもう当たり前」といわれますが、現実は、過去と同様、夫、親、年金に頼って生きている縁辺労働者が主流です。こうした旧態依然の構造だと、八代さんのせっかくの提案も、あまり生きてこない可能性がある、というもったいなさも感じています。

（荻野）

返信

八代尚宏氏からの返信

「労働の商品化」とは、労働市場に否定的な法律家がよく使う言葉ですが、例えば経済の需給バランスで時間給が変動するのは当たり前のことで、政府が全ての賃金を決めることはできません。個々の仕事について、賃金が高いから働く、低いから働かないという「労働サービス」提供の選択肢が否定されたら労働者は困ります。

とはいうものの、労働が「特殊な商品」であることは確かです。奴隷労働のような雇用契約上の拘束や差別は禁止されており、職場での安全衛生の確保や、最低賃金・労働時間も労働基準法によって規制されています。そうした規制は、労働者保護のために不可欠ですが、他方で、規制が行き過ぎれば雇用機会が減少し、職を新たに求める労働者が犠牲になりますので、適切なバランスが必要です。

例えば派遣法です。この法律は、仮に不安定であっても雇用機会を増やすことが大切だ、という趣旨のＩＬＯ（国際労働機関）条約を批准したことに基づいて制定されました。しかし、日本の派遣法には、「正社員が派遣労働者に代替されることを防ぐ」という趣旨が盛り込まれ、派遣労働者の利益は二の次となっています。経済の長期停滞により正社員の雇用機会が減る中で派遣の就業機会を狭めることは、派遣を経て正社員になる可能性も閉ざしてしまうという視点も全くありません。

八代尚宏（やしろ・なおひろ）

昭和女子大学グローバルビジネス学部長・特命教授。1946年生まれ。国際基督教大学教養学部、東京大学経済学部卒業。経済学博士（メリーランド大学）。経済企画庁、OECD 経済統計局、上智大学教授、日本経済研究センター理事長、国際基督教大学教授を経て2015年より現職。『日本的雇用慣行の経済学』『新自由主義の復権』『シルバー民主主義』『脱ポピュリズム国家』などの著書がある。

現在、国会に棚晒《ざら》しになっている改正案（注：収録当時）もその弊を免れていません。例えば、有期雇用期間内の契約解除に際しては、休業手当として賃金の6割補償がありますが、これを派遣先の都合で契約を打ち切られる派遣労働者に援用すべきです。名称が「派遣労働者保護法」に代わっただけで、こうした保護強化が盛り込まれていないのが実態です。

派遣は有期雇用の一種ですが、政府は、有期雇用が活用できる業務を臨時的なものに限るとする、さらに包括的な規制強化を検討中です。スーパーやコンビニ、ファストフードの店員、こうした人たちがすべて正社員でなければならないとしたら、雇用機会が減少しますから、雇用する企業だけでなく、そこで働く人も大きな被害を受けます。

戦後に成立した日本的雇用は合理的な慣行ですが、それを無形文化財のように保護するための規制がはびこっています。その最たるものが判例で形成された解雇規制です。これは裁判に訴えなければ効果がないため、組合に守られた大企業正社員はさておき、中小企業の社員にはほとんどメリットがありません。これを、解雇の際には、しかるべき金銭補償を義務づける明確な解雇規制に置き換える必要があります。また、大企業社員も、雇用保障の代償として、長時間労働や度重なる転勤という犠牲を甘受してきました。ご指摘の通り、転勤には能力伸長に役立つ面はあるとしても、それを画一的に強制するのではなく、共働き家族などには、別の選択肢を与えるべきでしょう。

日本的雇用慣行は日本の文化だから変えられないという人がいますが、これは戦争遂行のためにできた「1940年体制」の一部です。たかだか80年弱の歴史しかなく、戦前の日本の労働市場はもっと流動的な欧米型でした。国際化や少子・高齢化が急速に進む中で、既婚女性や高年齢者にとっても働きやすいように、選択肢を広げるべきです。日本的雇用慣行を法律で保護するのではなく、多様な働き方との対等な競争にさらすことが必要です。

14

新しい労働社会―雇用システムの再構築へ

濱口桂一郎著

２００９年 ２１２頁 岩波新書

（初出：『ＨＲｍｉｃｓ』12号 ２０１２年４月発行）

ダイジェスト

現在騒がれている雇用問題を解説し、それに対して、著者が考察しながら、最後には実現可能な提言をしていく、という構成で、四つの問題に対して光を当てています。

① ワーク・ライフ・バランスとは何か。この問題の根底には、日本型給与の支払いシステムがあります。残業代が支払われるのが当たり前の日本（欧米は異なる）だから、そのことが論点を分からなくしていることを指摘。ほとんどの過重労働裁判が、「サービス残業」問題に矮小化《わいしょう》され、そもそも、「何時間以上は働かせてはいけない」という本質的な問題に行きつかない構造を問題視。ヨーロッパでは当たり前の総労働時間規制の強化や、勤務間インターバル規制を提言しています。

●目次

②　非正規労働問題も、「派遣は認めるべきか、認めざるべきか」もしくは「派遣と請負の線引きはどうすべきか」に矮小化されているきらいがあります。ここでも本質は、労働力供給事業（派遣・請負問わず）に関して、どのような規制をしながら、これを活用するか、ということ。とすれば、まず、派遣先の使用者がしっかりと働く人の安全を管理することが当然です。次に、派遣・請負という問題ではなく、「臨時的」なのか「常用雇用」なのか、という問題があります。こちらでは、臨時的で不安定な雇用の場合は、ここにしっかりとした保障を組み込むことを提言しています。

③　失業者問題に関しては「二つの正義」という概念を用いて、問題を分かりやすくしています。それが「交換の正義」と「分配の正義」。本来、労働に対してそれ相応の対価を受け取るべき、という交換の正義がある一方で、保護が必要な（労働の対価が少ない）弱者には、富める者から貧する者への「分配の正義」が必要。とすると、この両者の間にいる人たちは、ともすれば分配の正義に逃げ込みがちとなります。この二つの正義のせめぎ合いに対して、解決策を取るべき、というのがこの書の拠《よ》って立つところ。まずは、企業や人によって異なる住宅手当・家族手当などの生計費補助を、国が支払う形で全員一律の形にすること。そうして、「逃げ込まなくても」生きていける社会基盤にした上で、今度は、より働くことに目を向けさせるよう、ワークフェア（アクティベーション＝働くことへの誘導）施策を打つ、という提言です。

④　そして、最後に労働者代表（≒組合的なもの）のあり方について書かれています。非正規社員や管理職など現在の状況では組合に参加できない人たちが多数社内に存在し、彼らの不利益をうまく代表する仕組みがないという問題。非正規が少なく、そして、夫が家計の大黒柱だった（＝家庭には専業主婦）

時代に作られた労働組合の問題、そして、その時代に積み上げられた労働訴訟の判例。こうしたものをそろそろ見直していかないと、雇用問題は解決できないと説きます。ただ、新たに管理職組合や非正規社員組合をつくることは、労働者代表システムの成り立ちからして難しい。だから、現存の組合に、非正規雇用者や管理職を加入させる形で、真の労働者代表となる案を示しています。

この書の端々に、過去から積み上げた日本の先行事例や欧米の各種事情が適宜示されています。そのため、現代の問題を表層的に捉えるのではなく、過去・他国という形で立体的に問題を取り上げ、その中で、今・日本という形で実現可能な接地面を作る、という緻密な構成となっています。だから、この本一冊をすべて頭に入れれば、日本の雇用システム、その問題点、それが過去からどのような経緯で出来上がったか、そして、他国と比べてどこが異なっているのか、が詳細に分かるでしょう。

雇用システムを外から語る本は多々ありました。ただし、その内部構造に迫り、他国や過去の日本との比較の上に、日本型雇用の特徴を本格的かつシンプルに説明した本は、この本以前には思い当たりません。それだけインパクトの強い本であり、ここが起点となって「ジョブ型（＝欧米型）雇用」「メンバーシップ型（＝日本型）雇用」という分類が人口に膾炙《かいしゃ》するようになりました。「誰もが階段を上る社会」という見立ても、実は、濱口氏の考察に根差すところが大きいのです。それは欧州社会の階層固定的な仕組みと対照的なものであり、当の欧州事情をしっかりと氏が解説してくれたからこそ、多くの日本人もようやく気付けたのだと、私は思っています。

欧州では、職業に就くためには、原則、その職業の資格を持っていないといけないといわれています。そうした資格は、公的職業訓練によって取得することができます。しかもフランスのように、労働者は2年ごとに3カ月間、職業訓練のための休暇を取ることが可能な国もあります。こうした国は、企業が使用者を個別に職業教育しなくてもすむようになる。

だから、企業も経営が楽になる。その上、やるべき仕事は、資格ごとに決まっている。だから、あれをやれこれをやれ、とも言われません。

このような流れで考えると、欧州型雇用システムは最強のようにも見えてしまいます。ところが一皮めくれば、そこにはどうしようもないほどの階層構造が根付いています。決められた仕事しかできないから、上位職務への移行ができない。つまり昇進可能性が低い。そして、同一職務にとどまれば、「同一労働同一賃金」則により、給与はほとんど上がらない。結果、50歳まで勤続しても、年収は若年時より2割も上がらないという階層固定的な社会となってしまうのです。

確かに、職業訓練で新たな仕事を覚えることは可能でしょう。ただそれは、あくまでも「新規参入するための」エントリーレベルとなります。普通に考えれば分かると思いますが、職業訓練で「部長」や「課長」の仕事を教えてくれるはずなどありません。だから例えばフランスの社会人向け職業訓練状況を見ると、2010年においては、その99・8%が大学以下のエントリーレベルの取得となっています（図表5.3）。

図表5.3 フランスの職業訓練（AFPA）で取得できる資格レベル

		2009年	2010年
水準Ⅰ	大学院レベル	0	0
水準Ⅱ	大学レベル	0.1	0.2
水準Ⅲ	専門レベル	17.4	19.3
水準Ⅳ	高卒レベル	22.5	22.9
水準Ⅴ	中卒レベル	60	57.7

単位：％

出典：DARES　2011年

「結局、どの国の雇用システムも一長一短あり、万能な仕組みはあり得ない」。本書に何度か登場したこの言葉も、実は濱口氏から借りたものです。雇用政策を考える上で必要なのは、私たちの社会の「長」の部分にしっかり気付き、他国の「短」も熟知することでしょう。ところが往々にしてその逆に、わが国の「短」をあげつらい、「隣の芝生は青く見える」的に他国の「長」をうらやむ風潮が尽きません。この点をくさす意味でも、

『新しい労働社会』は必読の書といえるでしょう。

往信

拝啓 濱口桂一郎様

なぜ、私は濱口桂一郎さんのことが好きなのか？

それを説明するためには、本書の大本に立ち返る必要があります。

そもそも、雇用・労働分野では、労働側と雇用側の二項対立があり、いずれかの立場に立つ人からポジショントークが発せられ続けられるという、あまり良くない傾向が続いてきました。

一方で、労使対立と関係ない研究者の皆さんはどうか。確かに本気で、真理を追究しようと精進されている人も少なくありません。ただ、今度は研究者の宿命で、事例を集めて理論化するうちに、瑣末《さまつ》な事象が抜け落ちていく。だから、「現実感がない、現場感が薄い」という問題が生まれてしまう。

つまり、閉塞《へいそく》感と隔靴掻痒《かっかそうよう》が漂う状態だったのです。濱口さんはそんな雇用・労働分野に対して、どこにも拠《よ》らずに、剛速球を投げ込み続けている、といった感じでしょうか。

私は濱口さんの諸作に胸のすくような思いをしている一人なのです。

●長時間労働をいとわない風土はどこからきたのか

濱口さんの社会システム分析は、いわゆる手垢《あか》のついた「日本型」「欧米モデル」論と一線を画しています。ステレオタイプな社会論に辟易《へきえき》する私から見ても、文句のつけようがない「注意書き」を随所にちりばめながら。

例えば、同書では冒頭から、日本型雇用や欧米の就労観に対して、現実はどうなのか、を細かく示してくれています。

アメリカという例外を除けば、（日本同様）ヨーロッパやアジアの多くの社会では使用者の解雇権は制約されています。

日本の特徴は（略）むしろ普通解雇よりも整理解雇の方を厳しく制限している点です。

（職務主義の欧米でも）ある職務の中で熟練度が高まってくれば、その熟練度に応じて賃金額が上昇することは多く見られます。

（日本は、厳密には年齢給ではなく）年功をベースとしながらも、人事査定によってある程度の差がつく仕組み。

日本の特徴は、ブルーカラー労働者に対しても人事査定が行われ、高い評価を受けた労働者は昇給額も大きく、低い評価を受けた労働者は昇給額も小さいという点にあります。

「日本は解雇がしづらく、しかも給料は年齢比例だから、長期雇用となる。一方、職務給ベースの欧米は、転職がスムーズ」という俗説に対して、それほど単純明快なものではないのだよ、とのっけから濱口さんの本領が発揮されています。

では、欧米と日本の違いはどこにあるか？

「欧米型ならホワイトカラーは月給制か年俸制で、時間労働と給与が結びつかない仕組みであり、ブルーカラーは時給制で査定や勤務評価よりも労働時間が給与を決める仕組み」

対して、日本はブルーカラー、ホワイトカラーで給与の支払いに区別がなく、双方とも残業代が支払われる特異な慣習。この、月給と時間給の中間形態を取る給与により、皆、長時間労働をいとわない風土が生まれる。

この当たり前の話が、従来の労働側に立つ論者だと、残業代という被雇用者利益を日本だけの不思議な制度とは言えず、正直な日米欧の比較ができなかったのでしょう。

年功序列に関しても鋭い指摘をしています。

日本の給与システムは、決して年齢で一律に昇給するわけではありません。経年の査定により僅差が積み重なって徐々に差が開く仕組み。ただし、この長い期間、モチベーションを保つためには、別の何かが必要となります。そこで、個人の能力アップを審査して、昇進させるという制度を作った。ただし、役職ポストには物理的な限りがあります。だから、職能資格という形で、ポストがなくとも「昇格」できるシステムまで用意している。こうして、社員は「一生懸命働き、会社に認められ（昇格し続け）る」という就労観が定着――これが日本の正社員＝職務でも賃金でもなく、メンバーシップ（会社に仲間と認められる）という〝枠〟で縛られる仕組み、と濱口さんは説く。

どうでしょうか。社会学や経済学から雇用を語る人が、とかくモデルを単純化して、「年功序列と終身雇用で会社に縛る」と簡単に斬るのとはわけが違うでしょう。法学出身の濱口さんだからこそ、判例などの詳細にこだわり、現実に沿ったこんな観察ができたのではないでしょうか。

しかも、現実をよく知る彼は、このメンバーシップ論さえも完全ではなく、そこには、多くの女性正社員は入り切れず、また、中小企業も雇用が不安定のため、このモデルでは語れない、としっかり注記しています。

●問題の裏にある本質を指摘

ただ、濱口さんは、自分の出身である法学の世界にも厳しい目を向けています。訴訟に見られるような「両者が納得したらそれで終わり」といった表層的問題解決では気が済まず、その裏にある本質的な問題へと言及していきます。

例えば本書では、超過労働に関する訴訟が、残業代を支払うか否か、という問題に矮小化されていくことを問題視しています。こうした訴訟は結局、「残業代を払わなくていい管理職とは何か」が争点となっていく。前記の通り、欧米では（アソシエイトを除く）一般社員でも月給制で、残業代は支給していません。残業代不払いを争点とすると、それは、日本独自な論争となってしまう……。それよりも、超過勤務、過重労働に対する規制が甘い、という国際的に見ても大きな問題が日本にはあります。ただし規制を強化すると残業代は払わないこととなるでしょう。

ホワイトカラーにも残業代を支払う日本の独自性と、過重労働による安全・健康管理の問題がごっちゃとなり、マスコミはともすれば前者の労働側に都合の良い面にのみ光を当てる。特に、ホワイトカラー・エグゼンプション法案が話題となったときにそれは顕著となり、マスコミは「残業代ゼロ法案」という名で完全に「過重労働」の方はスルーしていました。濱口さんは、この点を問題視しています

同様に、派遣・請負に関しても、それが果たして「派遣なのか、請負なのか」ということに争点が行きがちでした。結果、指揮・監督を誰がやるか（派遣なら派遣先の企業だが、請負は派遣先企業には許されない）、という問題に矮小化されていきます。そこで、「本来派遣なのに、請負という名でごまかしている」という偽装問題に行き当たる。これを叩《たた》き続けたのが、世のマスコミです。

ただ、この結果は、「現在の状態は、偽装請負だ」→「ならば派遣に変えればいい」となりました。偽装請負が問題になったとき、すでにほとんどの業種は派遣が解禁されていたからです。もしくは、「指揮・管理責任の有無を明確にする」というだけのことに終わってしまいました。ここでもまた、肝心な問題がスルーされてしまったのです。

それは、①就労者の安全確保は誰が行うのか、②そもそも、派遣元（または請負元）において、雇用者は無期限契約なのか、有期（就労時のみ）契約なのか、という２点。要は、就労者の身体的な安全と、雇用・生活の保障です。

これに対して、欧米や戦前の法令・判例などをひもときながら、①就労している先の企業が、職場での安全を確保すること、②日本は有期契約を野放しにしている一方で、整理解雇が厳しすぎること、③解雇問題が金銭で解決される欧米と、雇用継続が争点となる日本の違い、など本質的な問題を提示し、最終的には金銭保障がその解決策への第一歩ではないか、と現実的な提案を行っています。

裁判は社会事情に左右されるため、日本型雇用が礼賛されていた時代（１９７０～80年代）には、非正規の権利を無視してまでも、正社員（＝メンバーシップ）保護が行われ続けました。

こんな日本型モデル礼賛がなかった戦前には、けっこう今にも通じる、非正規保護の視点が根付いていたりするのです。例えば、「就労先が被雇用者に対する保護責任を持つこと」や「期間限定社員の契約終了を解雇に準じると考える」など先進的な判例があることを明示しています。こんな、濱口さんの造詣の深さだけでなく、適宜適材を提示する能力に、いつもながら驚かされます。

●改革は現実的でなければ意味がない

濱口さんにはもう一つ、大切なエートスがあります。それは、同書の中に頻出するこの言葉に象徴されるでしょう。

「改革は現実的でなければ意味がありません」

同書にはこの類《たぐ》いの言葉の後に、決まって、実現可能な解決策が続きます。

例えば、非正規社員の処遇、すなわち能力アップと昇給の問題。これに対しては、正社員・非正規社員全体を通した改革が叫ばれますが、実現には相当な時間がかかります。それでは今日明日の間は、困り続ける人が出てしまいます。そこで、中間を取って、「プロ・ラータ・テンポリス」（期間比例原則）を次善策として提示しています。これは、同じ非正規でも、勤続期間（習熟度）により時給を上げていく、という考え方。そこに期間査定を設け、さらに、昇級も付け加えれば。正社員ほどではないにしても、習熟により相当な給与アップが望めるようになるでしょう。そう、絵空事ではない解決策を彼は好むのです。

本書で最終的に濱口さんが提言する「労働者代表」の部分は私が専門ではないため、意見を挟みにくいのですが、それ以外は、ことごとく私と同じ考えとなります。

・ジョブ型社員→総合職（＝幹部候補、メンバーシップ型社員）のみの日本型の限界打破に役立つ。
・ジョブカード→ホワイトカラーのエントリーレベル者の技能を登録し、職業訓練や実習を受けやすくする施策として有効。
・ワークフェア（アクティベーション）→失業者に対して、働くことへの誘因を用意すべき。今までの社会保障や労働環境改善施策は、〝働かない人〟と〝雇う企業〟に多くが向けられすぎていた。

そして、大学改革。

いわく「大学は『学術の理論及び応用を教授研究し、その深奥を極めて、文化の進展に寄与する』という建前と、現実の就職先で求められる職業能力とのギャップをどう埋めるのかという課題に直面しています」。これなどそのまま私の主張です。

●ワーキングプア問題の解決策とは？

私と濱口さんが唯一異なるのは、非正規社員に関する量的な捉え方です。

若者が大変だ、就職氷河期で無職者は一生フリーター、今や世帯主まで非正規だ、という風説が常識化しています。話の火付け役が、ＯＥＣＤ（経済協力開発機構）の２００６年版『対日経済審査報告書』だったことが、問題を見えにくくしたのでしょう。これが労働側や政治的イデオロギーの発した言葉なら、もう少し慎重に世間も受け止めたはずですから……。

現実の数字を挙げておきます。

１７００万人を超える非正規社員の内訳は主婦９００万人、主婦を除く高齢者（60歳以上）が２５０万人、学生が１５０万人（内閣府・労働力調査より）、残りは４００万人強。

貧困はどうか？　こちらは厚労省の社会生活基本調査によれば、年収２００万円世帯の50％が高齢者、次が無職、正社員（新規入職や年度内転職など含む）、そして自営業と続き、非正規は７％弱――「貧困の主因は非正規」と謳《うた》ったＯＥＣＤは、本当に罪作りですね。

一方、大卒で職にあぶれた若者は皆、非正規のままか。就業構造基本調査（２００７年）を見れば、20代前半の大卒男子の正社員率は83％。これが20代後半では88％、30代前半では92％、30代後半では95％。どうでしょう。加齢で多くが解決されていきます。この時の30代はロストジェネレーションと呼ばれた人たちです。彼らでさえこんな数字。それよりも、若年非正規の根深い問題は、高卒以下の人と、女性なのです。

ここまで現状が見えれば、解決策は楽になるでしょう。

①大卒無業者を早期に優良中小企業と結び付ける施策（今は加齢でしか促進されていない）。

②ホワイトカラー職務に採用されづらい高卒層に対して、製造技能の養成を公的教育が受け持つ。製造業は雇用吸収力が弱いので、対象はこの規模が限界。

③男女双方の意識改革と、家庭内労働の均衡を推し進める施策。

④出世する代わり一生会社に縛られるコース（総合職）と別に、職務ベース（ただしエントリーレベル）でそこそこの自由・そこそこの待遇という仕組みを欧米並みに作る。

⑤この「そこそこ市場」が活性化するよう、英国のＮＶＱ（全国職業資格）的基準やニューディール的な教育、ワークフェア（アクティベーション）的誘導、そして、派遣など流動化の仕組みを作る。

⑥この市場の活性化で、産業間の人口移動や、失業者のより容易な就業を可能とする。

非正規社員数が１０００万人を超えるという数字をいきなり出すから、皆どうしようか悩んでしまうのですが、こうして分解すれば、だいぶ道筋が見えそうです。

これは濱口さんの提唱する案とほぼ同じ内容です。ただ、もしワーキングプアが１１００万人もいたら、とても大きすぎて、ワークフェアも習熟教育も不可能でしょう。現実には、ワーキングプア２００万人、その他を交えても、世帯主非正規社員は４００万人程度。だからこそ、手が打てます。社会運動家は、大げさな数字を羅列することで社会の注目を集めるのは良いのですが、その結果、かえって身動きの取れない状況を作ってしまったのではないでしょうか。

これから先、日本では少子高齢化による労働力不足が深刻化していくでしょう。その時までに、就労希望者の多くが仕事に就いて、しかも習熟を高める社会となっていれば、女性・高齢者・フリーターなどの待機人員を減らすことで、日本もまだまだ成長を続けられるでしょう。公的・研究的領域で、現実をよく知り実現可能な提案を行い続ける濱口さんが、前面に立って社会を引っ張っていくことに、私は期待してやみません。

（海老原）

返信

濱口桂一郎氏からの返信

まずもって、最初に一言。この本をこのコーナーで取り上げるのはいかがなものか。「人事を変えたこの一冊」なんて言われたら、恥ずかしがって逃げちゃいますよ。「濱口本が人事を変えたなんて、トンデモねえ」と、怒り心頭に発する人もいるかもしれません。まあでもそこは、海老原さんも時には個人的趣味で変な本を選ぶんだねということでご納得いただいて、著者からの返信を一筆したためます。

海老原さんにこの本を「どこにも拠らずに、剛速球を投げ込み続けている」と評していただいたのは、実は「わが意を得たり」なんです。より正確に言うと、「お、濱口、いいこと言ってる。こっち側の論者だな」と思わせといて、次の瞬間キッー

濱口桂一郎（はまぐち・けいいちろう）

1958年生まれ、83年東京大学法学部卒業、同年労働省入省、東京大学客員教授、政策研究大学院大学教授、労働政策研究・研修機構労使関係部門統括研究員などを経て、現在労働政策研究・研修機構研究所長

主著に、『日本の雇用と労働法』『若者と労働』『日本の雇用と中高年』『働く女子の運命』など。

い一発をお見舞いしたり、「何だ、濱口、トンデモねえこと言いやがって。こいつ敵じゃないか」と思わせといて、さりげなくそれまで思ってもみなかったお味方になる議論を提供したり、というふうに仕組んだつもり。労働問題が性格上ある程度ポジショントークの応酬になるのは仕方がないことですが、お経のように陳腐なポジトークが行ったり来たりしているだけでは発展性がないし、何より面白くないじゃないですか。

実は、人事担当者も組合役員も、いや役人だって、本当はいろいろ考えてるんです。平場で喋《しゃべ》ってる公式見解は公式見解として、酒の席ならいろいろ言う。だって、現場を知っている人こそがポジトークの嘘《うそ》っぽさを一番よく分かっているのですから。本当は、その現場の実感を理論化するのは、労働関係の学者の仕事のはずなんですよね。ところが、残念ながら今はそうなっていない。なぜか？

凄《すご》く乱暴きわまることを言いますよ。労働に関する学問の中心が法律学と経済学になっちゃったからじゃないか、と思うんです。武器としては使い勝手はいいけれども、それだけで労働周りを考えてると、幾つも大事なことが抜け落ちていく。昔の方が、労働研究は学際的だったんじゃないか、と思うことがあります。ごちゃごちゃしているけど、現場からものを考えようという発想が強い。今の若い研究者って、どうしてこうもみんな優等生っぽく、パラダイムに沿ったきちんとした研究しかしないんだろう、と。

いやこれは、私がきちんとしたアカデミックキャリアを通っていないからかもしれません。海老原さんは「濱口さんは、自分の出身である法学の世界にも厳しい目を向けています」と言われるのですが、法学部卒業ではあっても、法学アカデミズム出身ではないのです。

最近出した『日本の雇用と労働法』のアマゾンカスタマーレビューで、ある方が「アマチュアの心を持ったプロフェッショナル」と評していただいたのが、私にとってはツボにはまりました。「アマチュアの心」とは、法学であれ、経済学であれ、パラダイムから降りてくる発想をしないということだと思っています。そしてそれでなおかつ「プロフェッショナル」な議論をするためには、国際比較と歴史的パースペクティブが欠かせません。

それがないため、自分の周囲半径1メートル以内でのみ通用する真性「トンデモ」労働論というのも、世の中には結構流通しているからです。この本の「はじめに」で「少なくとも、普通の社会人、職業人にとっては、空間的および時間的な広がりの中で現代日本の労働社会をとらえることで、常識外れの議論に陥らずにすみます」と書いたのは、ささやかながら自分なりの方法論の提示のつもりでした。

海老原さんの言うように、私は「絵空事でない解決策」を好みます。理論的に美しいけれども現実に実行不可能な処方箋というのは、臨床医にとっては何の意味もないからです。これまた、ある種の人々にとってはいかにも面白くない態度であるようです。役人上がりの腐れ脳みそだからクソリアリズムから抜けられないんだ、と思っている人もいるかもしれません。それはある意味でその通り。ただ、それこそ歴史が教えてくれるのは、平時に世の中を変えることができるのは冷徹なリアリズムだけだということ。「言うだけ番長」の急進主義が役に立った試しはないのです。

最後に一点だけ。「私と濱口さんが唯一異なるのは、非正規社員に関する量的な捉え方です」と言われているのですが、全然異なっていないと思いますよ。第3章で述べたように、「高度成長期以来の日本社会において、非正規労働者とは（略）主婦労働力としてのパートタイマーと、（略）学生労働力としてのアルバイトが二大勢力」だったのが、「学校卒業後の時期にはみ出して」フリーターが生み出されたという認識ですから、非正規がみんなワーキングプアのはずがありません。かつてはいないはずだった（といっても実際はある程度いた）家計維持的非正規が目に見える規模になり、セーフティネットがちゃんと張られていないことが明らかになったので騒ぎになったわけです。

第6章

【不整合期】内部崩壊と新生の手掛かり

●2010年代を振り返る

2010年代に入ると日本型雇用システムに、それまでとは不連続な問題が頭をもたげだします。その説明に入る前に、日本型雇用の変遷について、ざっと振り返っておきましょう。

第1・2章で描かれた1960年代までは、日本型をなんとか構築しようという時代だったと言えます。まず、50年代前半までは、労働者軽視という戦前の「くびき」からどう逃れるか、そして、焼け野原の無秩序状態をどう再整備するか、という「あがき」。50年代後半からは、欧米型の合理的かつ階層固定的な仕組みと対峙《たいじ》しながら、日本流の「誰もが階段を上れる社会」を作ろうとする立志の時代、と位置付けられます。

第3章で描かれた70年代と80年代においては、出来上がった日本型が安定成長期入りという、一度目のカーブを迎え、それに対して、企業が絶妙のハンドルさばきを見せたために、日本型雇用は絶頂期を迎えたと言えるでしょう。

50年代後半に、誰もが階段を上れるシステムは生まれましたが、高度成長期が終わり安定成長期に入ると、物理的にはポストが増えなくなります。そこで、日本企業は「ポストがなくても昇進できる仕組み」として職能資格制度を編み出しました。70年代から80年代にかけては2度のオイルショックなど景況不安もありましたが、それでも、ならせば年率4％程度の経済成長が20年弱も続いたため、企業は大盤振る舞いを続け、「誰もが階段を上る」仕組みが、国全体に染み付いていきます。安定成長期が短かった韓国や、高度成長期が終わる瞬間に少子高齢化に悩まされ始める中国などと比べると、日本は相当、恵まれていたと言えるでしょう。

続く、第4章で描いた90年代と2000年代は、バブルが崩壊し、経済は安定成長からゼロ成長へとどん底に落ち込む時代でした。少子化の影響も相まって、その後の苦境の芽が全てそろってしまう時期と言えます。

ここでは、「誰もが階段を上れる」仕組みを維持するために、二つの処方がなされました。一つは、仕組みを希薄化すること。誰でもが管理職には必ずしもなれなくし、係長以下で定期昇給を続け、残業代も出る形で「昇給」を残す。だから「階段」は何とか温存できました。

ただ、この程度のスリム化では、企業の経営状況は改善できません。そこで、二つ目の処方＝第5章で書いた、ホワイトカラー以外をこの仕組みから排除する方向へと進んだのです。結果、製造・流通・サービス・建設で非正規雇用が強烈に増加し、２０００年代に入るとそれが大きな問題となりました。

●「誰もが階段」の弊害が大きく露呈

そしていよいよ本章となります。２０００年代までに起きた日本型雇用の崩壊は、前述の通り、「非ホワイトカラー」の切り捨てという形で起きました。そうして、本丸のホワイトカラーについては、なんとか日本型を温存していたのに、２０１０年代になると、今度はそのホワイトカラー領域で、日本型が内部崩壊をきたし始めます。冒頭で、「不連続」と書いた理由はそこにあります。

その時代状況を表す書を3冊取り上げます。

今野晴貴さんが書いた『ブラック企業』。この本は、大卒新卒採用というホワイトカラーの本丸でなおかつ「正社員」という領域で起きた問題と向き合っています。ここで描かれるブラック労働とは「誰もが階段を上る」という社会の常識を逆手にとった悪質企業の犯す犯罪的行為です。日本社会に〝階段〟幻想がある限り、作為的ではなかったとしても、同様な問題がそこかしこで起こり得ることがまざまざと分かります。

２冊目は、中野円佳さんの『育休世代のジレンマ』。こちらも同じ正社員、大卒エリート総合職の問題です。中野さんは本書で、誰もが階段を上る社会に、女性という変数が加わるとどうなるか、という切実な問題を提起しています。荒っぽい話をすれば、欧米諸国も日本も、労働分配率はほぼ同じレベルにあります。にもかかわらず、なぜ日本でのみ、誰でも階段を上れるという仕組みが構築可能だったのか。

一つには、超エリートの上澄み層にもそれほどの高待遇を許さなかったということがあるでしょう。ただ、それよりもっと大きいのは、非正規社員には欧米の一般ワーカーと比べてもはるかに低い待遇を押し付けていたことがあります。だからこの仕組みは成り立ちました。

そして、この非正規は半ば、女性用トラックとして用意されたようなものです。ジェンダー論的な見方をすれば、「女性を非正規に追い込み、男性のみ『誰もがエリート社会』を享受していた」とも言えます。この前提の下、「非正規で階段を上らない女性が、家事育児をやればいい」という偏った規範が社会に浸透する。こうした性別役割分担が前提の社会で、ホワイトカラー総合職＝「階段を上る」領域に女性が進出し始めると軋《きし》みが生じてしまいます。

いったい、家事・育児・介護というケアワークは誰が分担するの？という大問題が起こる。欧米なら、一般ワーカーは男女ともに労働時間が短い。だから、男女ともにケアワークを分担できます。一方、エリートは男女ともに忙しい。だからケアワークは外注にする。こうした半ば、諦観とも言える解が見い出されている。一方、(男なら)誰もが階段を上り、女は家事育児という日本では、女性が「企業」社会に進出し始めたから、いやが上にもきしみが生じるわけですね。

そう、2010年代は最後まで守り続けたホワイトカラー領域にまで、内部崩壊の芽が及んできました。改革は待ったなしの状態だという、その時代性を読み取っていただきたいところです。

そもそも、みんなが階段を上るなんて無理だった。それができたのは、①経済成長、②女性と高齢者の切り捨て、③非ホワイトカラーの切り捨て、という条件があったから。そこに、少子化・高齢化で労働力不足が起きて、女性と高齢者がホワイトカラーで数を増すようになる。だから２０１０年代はそれまでと様相を異にするのです。

そして、僭越《せんえつ》ながら、ラストには拙著（海老原著）を置かせてもらいました。これからを考えるために、あえて「日本型の良さ」と「欧米型のまずい点」を書いた本を締めに据えました。「日本型のまずさ」と「欧米型のメリット」は語り尽くされています。それに対してカウンターパンチを用意する形で、よりリアリティ溢《あふ》れる改革を考えていきたい、という意図を込めました。よれよれ状態の日本型雇用は、四方から集中砲火を浴びて、「すべて悪いもの」と烙印が押されがちです。本当にそれでいいのか？　そして目指すべき欧州型・米国型は本当に完全無欠なものなのか。地に足を付けた議論ができるように、僭越《せんえつ》ながらトリを飾らせていただきました。

（海老原）

15

ブラック企業—日本を食いつぶす妖怪

今野晴貴著

2012年　245頁　文春新書

（本書 初出）

ダイジェスト

ある意味、ブラック経営の教科書

本書には都合17冊の名著を収録していますが、その中身は、圧倒的に企業経営の側から書かれたものが多く、労働側の主張を基にした本とは、距離がありました。ところが、今野氏のこの本は労働側から書かれてはいますが、そうしたすれ違いを感じさせないように随所に工夫がなされています。

まず、圧倒的な量の事実を基にしている点。それも、感情的な批判に走らず、全てを「メカニズム」として説明しています。若者を使い捨てるさまを、「コスト意識（新卒は企業にとってコストでしかない）で洗脳↓本人

●目次

の問題点をあぶり出すカウンセリング→その問題を解決するという名目だが、本音は自主退職に追い込むためのリカバリープラン」と、ベルトコンベア方式で淡々と説明していきます。

続いて、ブラック企業の類型として、選別型、使い捨て型、無秩序型への分類。

さらに、解雇法理に触れないための「洗練された」追い込み方法の手口。

こんな形で大量の事実を俯瞰《ふかん》して分かった「ブラック」のメカニズムを熱量少なく淡々と書き綴《つづ》る。だから、経営側の立場の人が読んでも納得せざるを得ないのです。

そう、「ブラック企業を経営しよう」と志す人たちがいたら、ここに書いてある通りに、人事作法を整えれば、「明日から立派なブラック企業」がつくれてしまうほど、クールに分析的かつ合理的に書かれています。だから、直情的に経営批判するだけの本とは全く異なる読後感を得られるのです。

日本型の正当評価も忘れない

ブラック企業と日本型経営をきちんと分け、ある面、配慮しながら書いている点にも注目してほしいところです。それは、本書で掲げてきた「日本型への正当な評価」にも相通じるところがあると言えるでしょう。幾つか例示しておきます。

「少なくとも日本企業にはそうした過酷な労働要求に対して、年功賃金や終身雇用、あるいは職場の手厚い人間関係によって、『報いる』ところがあったからだろう。しかし、ブラック企業には、それらが欠落している」

「こうした厳しい指揮命令は、一方的に課せられてのことではない。実は、労働者側が長期雇用と引き換えに、積極的に受け入れてきた側面もある」

「日本企業では厳しいノルマや長時間労働も課されてきたが、それらは『くらいついていけば将来がある』

ものだった」

また、ブラック企業の横行により「厳しく育てようとすると、パワハラだと感じる若者が増えている」「その結果、ブラックではない企業においても育成が困難になっている」といった、ある面、一般企業を慮《おもんぱか》る記述も見られます。

著者の今野君は、ポッと出の一言居士と異なり、労働法理に関しても詳しい。

「長期雇用と引き換えに、仕事の内容や命令のあり方にほとんど制約がかけられず、たいていのことが『人事権』として認められる」

「こうしたシステムは、雇用保障と企業福祉を前提にして成り立っていた。これに対し、ブラック企業の特徴は、正社員の方は命令の強さはそのままに、長期雇用や手厚い企業福祉は削減されてしまっているところにある。ブラック企業は過剰な命令をする一方で、決して新卒を『メンバー』として受け入れることはない」

こんな書きっぷりをされたら、雇用に詳しい人間なら、経営側も労働側もなく、「うんうん」と頷《うなず》くしかなくなってしまうでしょう。

そして、その筆鋒《ひっぽう》は、日本型批判や日本型破壊を叫ぶことを主目的にせず、どちらかといえば、日本型幻想を利用してその義務を果たさないブラック企業に強く向けられる。今野氏はそれを「いいとこどり」と評しています。

日本型の総合職採用＝強い人事権を企業が有し、無限定で労働者をいろいろな仕事に任用する、という仕組み。これは、法律に明文化などされていません。むしろ日本の労働法は、欧州を基にして、ジョブ型を基本に作られたきらいがある。そのため、現実と法律に大きなギャップがあり、それを埋めるために、判例の積み重ねによって作られた「法理」が存在する。

結果、強い人事権で無限定に仕事をさせるのだから、その対価として、雇用保障や育成義務など、さまざまな労働者保護が必要となる。この隠れた義務を知らない人は、無邪気に「法規制を緩めて解雇をできるように」とか言うのですが、そもそもそれは法律の問題ではなく、「無限定雇用」をしているためであり、議論がずれてしまいます。今野君は、そこまで分かって書いています。法律運用の実際も知らずに「解雇規制緩和」などと叫ぶ能天気な日本型改革論者にも、この本は読んでもらいたいところでしょう。

全ての日本企業がブラックになり得る

ただ彼は、日本型雇用の「味方」であるような振る舞いを見せますが、本音は異なる。「すべての日本企業は、ブラック企業になりうる」と鋭く指摘します。

この点は、私も首肯せざるを得ません。そう、ブラック企業とは、日本型を最大限、悪用した犯罪ではありますが、そういう確信犯的な事例だけでなく、すべての日本企業は、滅私奉公という形でブラック的要素を持ち得る。さじ加減を間違えれば、どの企業とてブラックになってしまうのです。

本書で出てきた事例を、日本型の要素からさらに詳しく説明していくことにしましょう。

まず、冒頭に出てきたY社。こちらは、規模は大きい企業ですが、要はＩＴ派遣が主で、それほど人気があるわけではありません。そこで、新卒採用は秋口まで続けられ、多くの企業を落ちまくった学生たちに網を張り、彼らを採用する。

それは、新卒一括採用という慣習で、学生たちを精神的に追い込む日本社会だからこそ成り立つ採用方法とも言えるでしょう。そして、何もできない素人を採用する仕組みだから、そこには、「採ってやる」という上下関係が生まれる。そこから、「自分らはコストだ」という自責の念が社員に生まれ、企業がそこにつけ込む。

ここから先が、確信的ブラック企業たるゆえんなのですが、入社した社員が別企業に派遣勤務させられる。そこで問題が起こるとすぐに契約解除で、未稼働状態になる。そこから先は「指導」という名のやりたい放題が始まる。「中学校の国語のドリル」「ナンパ研修」「お笑い研修」……。この企業は退職に追い込むために作為的にこんな苦行をさせていますが、それが可能なのはまさに、無限定雇用だから。そう、やはり日本型だからこそなせる業なのです。

ここまで作為的ではないでしょうが、エクセレントな大企業でも、「何もできない若者を採用して忠誠心を植え付け」「仕事と関連性の見えない荒業を強いる」ことを、少なからずやっているのではないでしょうか。

Y社は派遣事業を行っています。派遣事業だと、能力不足の人間はすぐ未稼働になる。未稼働な社員は、企業にとって単なるコストでしかありません。だから、退職に追い込む。その部分が、一般企業と異なるだけではないでしょうか？

欧米企業と日本のブラック企業の違いとは

2社目に登場するのは、学生人気も高いグローバルな大手アパレルX社。こちらは、入社後にハードな成長競争を強いられます。Y社が「能力不足者の切り捨て」のための過酷な環境だとすると、こちらは、「優秀層のセグメント」としてそれを用意している。同じ過酷さでも意味合いが多少異なりはします。

まず、入社すると、企業理念などの暗誦《あんしょう》が課される。これは欧米系のエクセレントカンパニーでも普通にあることかもしれません。ただ、欧米系企業の理念・ウェイ・クレドといったものはあくまでも「ロールプレイ」するだけのものです。だからそれは、誰にでも覚えやすく簡単なものに留《とど》まる。ところが日本の場合は、わざわざ長くて覚えにくい文言を用意し、また、その背景や、歴史までをもたたき込まれる。それは、心底から理念を植え付けるための、一種の洗脳ツールとも言えるでしょう。

続いて、入社半年で店長になるよう昇進競争が課されます。それが成し遂げられなかった場合、2年間の猶予が与えられますが、それを過ぎると、「使えない人間」というレッテルが貼られ、以降は、次第に会社に居づらくなるとのこと。「いや、それは欧米エクセレントカンパニーがやっているLP（リーダーシップ・プログラム）採用と大差ないだろ」と言う人もいるかもしれません。確かに、LPで採用された幹部候補は、2年間のプログラム期間に結果を出すよう、死ぬほどの努力が必要となり、生き残れるのは半数程度とも言われます。その部分は、X社と同じに見えるでしょう。ただ、欧米のLP採用は世界的な超大手でさえ年間10人程度。そんな超少数精鋭に対して、千尋の谷に落とすような試練を与えるという、本人覚悟の上での必然なのです。対してX社は、新卒一括採用という形で数百名を入社させる。その全員に、「幹部候補」という名を冠してこのプログラムを課す。それこそやはり日本型の「誰もが階段を上る」仕組みの悪弊とも言えるでしょう。

ほかにも「ブラック企業」の中には時折、「欧米でもそれやっているよ」という仕組みが登場はします。が、しかし、その内容は全て、「日本型」ならではのエッセンスが加わり、より過酷になっていることに気付いていただきたい。

たとえば、最低評価者に対して、「この目標が達成できないようならば、やめてもらう」という最終宣告としてPIP（Performance Improvement Plan＝業績改善計画）というものが日・欧米どちらにもある。が、欧米のそれは、幹部連に課される場合、非常に過酷な目標となりますが、一方、一般レベルの雇用者に対してのものは、それほど厳しいものにはなりません。例えば、「アポイントには最悪でも10分以上遅れないこと」「周囲の人から挨拶されたら必ず挨拶を返すこと」といった類《たぐ》いの〝職務遂行上、当たり前の〟話ばかり（それさえもできないような人が、欧米ではけっこう社員の中にいたりもするのです）。一般社員向けのPIPは、こうした最低目標なのです。

ところが「ブラック企業」に出てきたケースは、達成不可能なほどのノルマを設定し、退職強要のツールとして一般社員に課している。これとて、強すぎる人事権を持つ日本企業が無限定で職務を与えられるからこそできる芸当でしょう。

徳なくば、即ち黒

何もできない若者を採用するから、労働者には恩義が生まれる。

習熟に応じていくらでも職務の難易度を変えられる無限定雇用だから、働く人は、いつも坂道を上り続けてハアハア言うのが当たり前になる。

さらに、全員一律競争を人事管理の基本に置くから、同調圧力が強くなり、なかなか異論が言えない。

そして、その上昇レースで差がつくのが嫌だから、むやみに頑張り過ぎる。

日本型雇用の仕組みを今野流に淡々とメカニズムに落とせばこんな話となるでしょう。多くのホワイトな日本企業とて、本質的な人事管理は、ブラック企業と変わりません。だから気を緩めれば、すなわち「ブラック」となる。今野氏は、あえて、確信的なブラック企業を責めつつも、本意では、日本企業全体に警鐘を鳴らしていると思えます。

本書にも登場する日本型雇用成立の立役者でもある山田雄一氏はかつて、「日本型企業の経営者には〝徳〟が必要だ」と話してくれました。徳なくば、即ち黒。それが日本型経営なのだと、改めて肝に銘じておきたいところです。

往信

拝啓　今野晴貴様

今野君、お元気ですか。

私はあなたのことを、同じく日本の雇用界を注視する立場の者として尊敬しています。

多くの研究者もジャーナリストも政治家でさえ、この厄介な日本型労働に一穴を開けることができませんでした。それは、運動家とて同じでしょう。今野君の先輩格に当たる湯浅誠さんや雨宮処凛さんも、世間一般の目を貧困や派遣労働者に向けることに、一時的に成功しました。ただ、それで社会は変わったか？ 確かに労働者派遣法の一部が改正されはしましたが、日本型雇用を揺るがすまでには至りませんでした。

なぜでしょうか？

それは、今野君が戦い続けた「ブラック労働」というものが日本型雇用に内包された普遍的な負の側面であるのに対して、湯浅さんが取り組んだ「派遣問題」は日本型の部分的要素でしかないことの違いもあったでしょう。

ただ、それ以上に大きいのが、今野君の人柄にあるのではないか、と私は思っています。

あなたが「POSSE《ポッセ》」という集団を率いていく強さを持っている。いや、湯浅さんも同じように「もやい」という組織を持っているので、それ自体は変わらないでしょう。ただ、もやいが、あくまで本人の自立を支援する組織であるのに対し、POSSEは労働相談を起点とし、明確にブラック労働と戦うことを基軸にしたホリスティックな戦闘集団です。それも、労働相談や抗議運動といった直接的な活動と、雑誌を始めとしたオピニオン面での先導、つまり、剣とペンの両刀使いで波状攻撃をかけていく。あらゆる手段を使って、一つの目的を達成しようという、したたかさがPOSSEにはあるのです。

●使える人は誰でも使う柔軟性

そのPOSSEを率いるあなたは自分の目的にかなうものは、なんでも使ってやれ！というプラグマティックな行動則を基本に置いている。例えばあなたの周りには、貧困や日本型雇用を批判する高名な研究者が多々いらっしゃいますね。彼らは今野君と組んで、自分の研究成果を結実させたい、と思っているはずです。だから、あなたを「使っている」と考えているかもしれません。でも、ブラック労働と戦うあなたからすれば、彼ら諸先輩をワン・オブ・ゼムとして「使っている」としか、私には思えないのです。

その合目的性は、時には立場を異にする人さえも「使えるもんなら使ってやろう」と取り込んでいきますね。例えば一時ですが、城繁幸さんとコラボしていたこと。常見（陽平）君、私もすっかり使われています。そして鶴光太郎先生（慶應義塾大学大学院商学研究科教授）に最低賃金分析について語ってもらったり、と離れ業を披露しています。

そんなあなたのエートス（行動様式）を知っていたから、一度、青山でPOSSEの坂倉昇平君と3人で飲んだ時に、つい、こんなことを聞いたのを、覚えていますか？

「世の中には、確信的なブラック搾取とは異なる、まともな大手企業もある。そうした企業の経営者や人事責任者は、横並びで確信的ブラック企業と一緒にされることを忌避している。ならば、小異は捨てて、そんな大手企業と、ブラック撲滅に向け、共闘するのはどうだろう」

その時の今野君の顔が印象的でした。普通なら、「思いもよらない」と考え込むものですが、それこそ想定済みという表情で、「ならば、まともな企業を紹介してください。本当にまともなら、私もやぶさかではありません」と即答していた。そう、プラグマティストとしての横顔が伺い知れた一瞬です。

●日本型に宿命的な二つの問題

日本型雇用は、明らかに負の側面を有しています。

欧州型階層社会と異なり、誰もが階段を上ることができる日本型は、宿命的な幾つかの問題を内包します。

一つは、「誰もがエリート」の厚遇を維持するために、スケープゴートが必要になる。それが正規・非正規格差となる。この大きな問題。

二つ目は、正社員に課される過重労働や、家事や育児、介護に従事する人たちを排除するという問題。そして、昇進昇給の機会と引き換えに組織への忠誠を強いられる問題。こうしたことが、ブラック労働の根源にはあるわけです。

ある高名なマクロ経済学者は「金融緩和で失業率が下がり、労働需給が逼迫《ひっぱく》すれば、自ずとブラック労働は消える」と多方面で唱えています。その方が、「アベノミクスで雇用が改善した現在では、新卒就職も売り手市場となり、ブラック企業は壊滅しているはずだ」とネット媒体に寄稿しているのを最近も目にしました。

でも、雇用の世界はそんな単純なものではありませんね。

いつの時代にも相対的な労働弱者は存在します。そして、日本型雇用はブラックになりがちな問題を抱え、それを普通に思っている日本人は、ともするとブラック的常識を共有してしまう。だから、ブラック企業はそこに付け込み、いつの時代にもいる相対的労働弱者を使い捨てにする。

私はバブル時代に求人誌記者となり、その当時、千社近い企業を取材しました。そして、「労働需給が逼迫した」その当時でも、日常茶飯事のようにブラック労働を目の当たりにしています。だから景況だけで、ブラック労働が撲滅できるなどと短絡的には考えません。

昨今確かにブラック労働が減じていると感じるのは、経済環境だけがその理由ではなく、今野君をはじめとした人たちによるブラック追及運動により、社会的監視がこの部分に行き届くようになったからでしょう。

さて、労働・雇用問題で一線を走り続けるには、私はまず第一に「役者」でなければならないと考えています。この領域は労働者側、使用者側と真反対の立場があり、そこに強力な第三者として監督役（政府）もいる。さらに、この三者をオブザーブする研究者と司法がそこに加わる。官学労使入り乱れる修羅場です。ここで生き抜くためには、それぞれの立場を熟知して、その上であえて、自分が身を置くポジションの代表者にならなければなりません。正直、「あんたの言うことも分かっちゃいるけど」を飲み込んで自論を述べる、つまり役者性が重要となるのです。

私は、企業を辞めてオピニオンの世界に歩を踏み出したとき、すでに40代半ばにもなっていました。とても、この官学労使の四者をくまなく見渡すほどの時間もなく、しかも、拠《よ》るべきポジションも不明確でした。今野君の場合、30代ですでにこの世界で一仕事を終え、まだまだこれから、職業人生も十分な時間が残されています。しかもポジションも明確で労働側や司法にはめっぽう強い。ならば、これからしばらく、使用者側や行政、マスコミなどにしっかり根を張り、「分かっちゃいるけど」という腹芸ができるまでに羽ばたいてほしい――テレビのBS放送でご一緒した際、私が番組最後で、そんなコメントしたときに、出番が終わってサブ室にいた今野君が深くうなずくのが見えました。

（海老原）

返信

今野晴貴氏からの返信

雇用界を注視するという同じ立場にある先輩からの心のこもったお手紙、あり

＊

今野晴貴（こんの・はるき）

1983年、宮城県生まれ。NPO法人POSSE代表。一橋大学大学院社会学研究科後期博士課程在籍（労働社会学、社会政策学）。著作に『ブラックバイト　学生が危ない』『裁量労働制はなぜ危険か』（共著）など。2006年、都内の大学生・若手社会人を中心にNPO法人POSSEを設立。年間1000件以上の労働相談に関わる。

がとうございます。海老原さんならではの鋭い見方や指摘が随所にあり、そのたびに頷《うなず》きながら、読ませていただきました。

ブラック企業のメカニズムを淡々と書き綴《つづ》っている、という下りもまさにその通りで、あえて私は感情的に被害を叫ぶよりも、この問題を冷静に、分かりやすく提示することで、社会に対して大きな問題提起ができると確信していました。

ブラック企業は日本型雇用を悪用した「鬼子」です。ネーミングはともかく、その存在は働く若者たちには知られてはいたのですが、労働側から、誰にでも理解できる分かりやすい形でその実像と問題点が提示されることがほとんどありませんでした。見えない存在を可視化した、それが本書が大きく受け入れられた理由の一つでしょう。

ブラック企業がなぜ潜在化していたのか。それには、労働側の代表たる連合が大企業の「第二人事部」とも言われている現状が強く関係していると思います。彼らは個別企業の中に張りついているので、雇用や労働の全体像を把握しているとは言い難い。ブラック企業の多くが既存の大企業というよりは連合非加盟の新興企業なので、内実がよく分からなかったのです。

そういう問題に取り組むべき研究者——甲南大学名誉教授の熊沢誠さんのような例外はありますが——も、企業の人事部か、あるいは個別企業に活動が制限される企業別労組ばかりが情報源ですから、この問題に目を見開かされることもなかったのではないか、と思います。

その点、私はそうした陥穽《かんせい》に陥らずに済んでいました。学部生時代に若者の労働相談に乗るNPO法人「POSSE」を立ち上げ、まさにブラック企業に関する相談が引きも切らず押し寄せていたので、実態をリアルに把握していたからです。

この本が出て売れ行きを伸ばしていくと、経営側はファナティックに否定してかかり、労働側もなぜか

「沈静化」させようとしていたことを覚えています。

労働者側の主張だから「乗れない」という経営側の反応はある程度、予想がつきましたが、労働側の反応は私にとっては意外で、ラディカルなところからは「なぜ中小企業や非正規雇用を問題にしないんだ」、あるいは「日本の企業は全部ブラック企業だろ」という批判が寄せられました。また逆に、保守的な労組の人たちからは「『ブラック』という言葉で日本の労使慣行を台無しにする」などという批判も受けました。「ブラックだなんて、お前は黒人を差別するのか」と揚げ足取りのようなことを主張する人もおり、非常に当惑しました。

その右も左も否定的なこのテーマに、当初から「面白い」といって興味を示してくれたのが、海老原さんでした。ブラック企業は日本型雇用全体に関わる問題であるという私の主張を正しく読み取ってくれたのでしょう。

ただし、右派左派双方のネガティブな反応も、本の売れ行きが伸び、メディアにも取り上げられ、ブラック企業は日本を食いつぶす妖怪であり、その根絶は日本社会全体の課題だという私の主張が広まったこと、その年の流行語大賞トップ10にブラック企業が選ばれたことなどで雲散霧消していきました。今では左派の人たちとも、問題意識を共有できていると思います。

海老原さんによれば、金融緩和で失業率が下がり、労働需給が逼迫すれば、ブラック企業はおのずと消えるという経済学者がいるとのことですが、何をか言わんやだと思います。二つの理由があります。

まずは、その主張は失業率の低下、つまり人手不足は少子高齢化による労働力人口の減少からも来ているということを見逃しています。失業率の低下を金融緩和のみと結び付けるのはおかしい、ということです。

もう一つは、ブラック企業そのものが人手不足を生み出すという皮肉な図式を理解していないことです。

本書で詳述したように、ブラック企業では洗脳に耐えられるような「強い」人間しか残りません。彼らは正社員雇用のハードルを上げているのです。特に、必要スキルの低い労働市場での人手不足は、ブラック企業が相変わらず跳梁跋扈《ちょうりょうばっこ》していることに起因しています。実際、ＰＯＳＳＥに寄せられる労働相談の数は増えています。ブラック企業が減るどころか、やり方がますます巧妙化しているのを感じます。

私に「腹芸のできる役者であれ」と呼び掛ける海老原さん。確かにご一緒したＢＳフジの番組で、そのような発言をされ、出番を終えた私が「身に余る言葉だ」と思って聞いていたのを覚えています。

私にそのような芸当ができればよいのですが、私としては役者というよりは、愚直な実践に基づいた研究活動によって、問題提起の新たな「舞台」を用意したいという気持ちが強いのです。そういう意味では、むしろ「プロデューサー志向」が強いのかもしれません。ブラック企業の問題も、本書を通じ、働く若い人はもちろん、その親、労働組合、非ブラック企業の経営者、大学関係者、官僚、ジャーナリズムなど、多種多様な人たちが「乗れる」舞台を用意できたからこそ、これだけ大きな広がりが生まれたのだと思います。多くの人がわれ先にと乗ってくれ、そのことで日本の雇用界が少しでもよい方向に変わっていくような舞台（問題）設定を今後も地道に続けていきたいと思っています。

直近では働き方改革の一環として政府が導入を進めている裁量労働制の拡大が大問題です。労働時間が減るはずだという政府の主張は眉唾です。この制度を悪用する企業が増え、ブラック企業がますますはびこることを危惧しています。

16

「育休世代」のジレンマ—女性活用はなぜ失敗するのか？

中野円佳著

2014年 349頁 光文社新書

（本書 初出）

ダイジェスト

女性活躍推進第一世代に焦点

この本は、異色のジェンダー本と言えるでしょう。

東京の名門国立高から東大を経て日経新聞記者となった、「バリバリ」の超エリートである筆者が、四年制のブランド大学を卒業して総合職として就職し、20代で結婚、そして出産まで経験した明らかに「勝ち組」と言える女性15人の葛藤をあからさまにした内容となっています。ジェンダーから見た社会論としても読めるし、日本型雇用における女性キャリア論としても読める。そして、雇用政策立案への有意義な基礎資料としても活用できるでしょう。

否応《いやおう》なく、女性が「女性化」せざるを得なかった不公平を訴えるジェンダー論が多い中、見過ごされがちな「勝ち組」に日を当てたことがまず、一つ目の特色

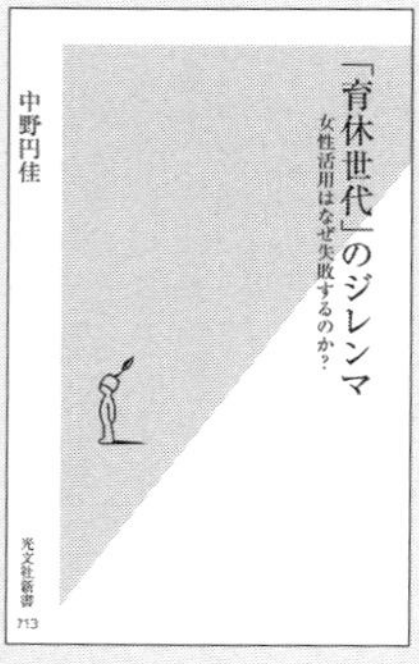

●目次

として挙げられます。

そして二つ目。筆者よりも、これは私たちのような雇用界にいる人間にとって特に興味深く思えてしまうのは、「女性活躍第一世代」ならではの懊悩《おうのう》が色濃く表れていること。何をバカな！　女性活躍第一世代と言えば、雇用機会均等法が施行された86年からバブル崩壊までの91年に大学を卒業した人たちだろう。こんな意見が聞こえてきそうですが、それは間違いだと私は主張したい。均等法第一世代当時の女性の四年制大学進学率は、10％強。そのうちのかなりの数が女子大であり、残りの共学進学者でもその多くが文学部か教育学部に進んでいました。

要は、産業界が大好きな、法・経・商・理工学部の四年制大学に進学する女子は、本当に本当に少なかった。だから、均等法第一世代の女性たちは、明らかに会社の「飾り物」とならざるを得ず、企業には本気で女性の悲鳴を受け入れる土壌がなかったといえます。

ところが96年に女性の四大進学率が短大を上回り、彼女らが卒業した２０００年前後から、産業界は一定数の女子を安定的に受け入れざるを得なくなってきます。ただし、時は就職氷河期の真っただ中。就職環境が悪化する中で、数を増やした女子四大卒者が、なかなか市民権を得ることができません。景気が回復した２００３年以降からリーマンショックまでの間、大卒女子がようやく企業に多数採用されるようになっていきます。だからこの世代こそ、私は「女性活躍第一世代」と呼びたいのです。

本書に登場する15人の女性はまさに、この時代の人たち。企業は多数の女性と対峙《たいじ》することに全く慣れていません。ただ、彼女らも独身時代は「男並み」の働き方が可能なため、問題は顕在化しない。それが、結婚を経て出産に至ると、いよいよ各所で、軋《きし》みが生じ出す。

こうしたキャリアコースのファーストトラックに立つ女性だからこそ、大いに悩み傷ついてしまった様を、自らの体験も踏まえながら一つの研究に昇華したのがこの本なのです。貴重な時代の証言と言えるでしょう。

「鉈《なた》のような鈍刀でモノをぶった切る」非計量分析の強み

この本は、読む人の心をいたく刺激します。なぜでしょう？

それを7章にて著者の中野さん自身が述べています。大量の標本を集めて、それを計量分析にかける、という統計学的な手法を取らず、誰でも理解できるオーラル中心のコメントと、二次元の表で、全体を構成したことにより「一人一人の経路」がよく見えるようになったから。多変量解析などを使っていないために、多重に重なった要因のどれがどのように寄与して結果が導かれたか分からない、という批判の声は出そうです。でも、そんな血の通わない正論は、誰の心も打たない。

対して、分かりやすい二次元のクロス集計とそれに付されるオーラル記述という構成は、万人の心を否応《いやおう》なく揺さぶります。本書112ページで小池和男氏が述べているように、非計量分析は「鉈《なた》のような鈍刀でモノをぶった切る」ようなものかもしれませんが、「物事の本質を探るという意味でははるかに理にかなった手法」なのです。研究者でありジャーナリストでもあるという筆者ならではの手法と言えるでしょう。

マッチョ志向の女性がなぜマッチョたり得なかったか

この本の支柱となっているのは、簡単に言えば、学生時代までの間に「女性化」せずに、出世思考・エリート思考（本書内では「マッチョ志向」）の持ち主たる女性たちが、なぜ、結局はマッチョになり切れず退職していくか、というところ。

のっけからその答えは見え隠れしています。

ワーキングウーマンがすでに社内に大勢いる職場では、ほとんどの女性が継続就業に成功し、少ない職場ではそれがかなわない。単純にこのデータを見れば、「周囲が慣れていないから軋轢《あつれき》が多い」と読めますが、まあ、早合点はせずに。

今度は出産前の「終業時刻」を基に、出産後の継続・退職傾向を見る。こちらは明確な方向性が見えません。続いて、復帰後の環境。ここで「過剰な配慮」をされた人、全く無配慮だった人、この二つに退職者が偏ることが分かる。

一方、就職前の企業選びの段階で「女性の働きやすさ」を重視した人は、全員が継続をしている。

ここまででうっすら見えてきませんか？

女性など採用していない「男臭い職場」でバリバリ働くことをいとわない女性たちが、出産後に「過剰な配慮」で閑職に追いやられ、あるいは「無配慮」で限界に達して辞めています。一方、ある面、男女の役割分担を受け入れ「女性の都合」を生かせる選択をした人は、「女性の働きやすさ」が確立された会社に入り、出産後も「女性の復職コース」をいとわずなじんでいる、と。

ここまでが、企業（キャリア）と継職の関係となります。

マッチョはマッチョを選ぶ

続いて、夫のサポートと継職の関係を見る。こちらは、継続就業している女性たちに傾向は見られません。一方、退職した女性たちには「仕事を調整」してまで育児をサポートしてくれる夫はいない。この点も、退職した女性たちのプロフィールを再度眺めると、面白いことが分かります。後述するように、彼女らはみな「マッチョ志向」なのです。自らバリバリ働きたい、という女性たちが、「育児などしてくれない」夫を選んでいる。そう、マッチョはマッチョを選ぶ。結果、隘路に突き当たる、という構図。

この仮説は、次の「夫への（家事育児の）期待」という分析で証明されます。退職した女性たちは全員が、「（家事育児を夫と）ほとんど分担しなくても仕方ない」と思っている。そう、自分がマッチョなだけに、男にもマッチョを求め、その結果、自分のキャリアが犠牲になる。

このあたりまでで、本書の基本構図は見て取れるでしょう。

ただ、この仮説が正しいか、筆者は想定される「ノイズ」を拾い上げては消していく。

・夫の育った家庭環境
・(育休前の)夫の年収
・(出産前後の)夫婦年収格差

などですが、「夫の年収が高ければ妻は働かなくても済むから退職率が高い」という俗説は間違いで、むしろ同等レベルだった妻が、出産後に自らがマミートラック(キャリアより育児を優先する女性の働き方)を選ばざるを得ず、年収格差が広がって退職してしまう、という傾向がうっすら読み取れます。

こうした下処理を終えて、いよいよ本題の「マッチョ志向者」そして「ジェンダー(的価値観の受け入れ)経験」の集計となる。ここから傾向はよりはっきりとしてくる。

マッチョ志向者は、前述のとおり全員退職しており、そして彼女らには、ジェンダー的価値観を受け入れた人は全くいません。6章にあるこの表が一番、本書の趣旨を表していると私には感じられました。

ここまでのデータとオーラル分析を踏まえて、8章にて、筆者はいよいよ結論を述べる。言いたくてうずうずしていたかのように、舌鋒《ぜっぽう》鋭く、筆が乗っているのが見て取れます。

家事育児(そして介護)というケアワークに接したとき、仕事人はどうすればいいのか。男性型社会の中で、キャリア形成のためにマッチョな働きが求められる年代にいるときにケアワークが発生すると、彼女らは一時的にトラックアウトを余儀なくされ、やる気を著しく低減させる仕事が用意される。そしてキャリア形成は滞り、取り返しがつかない格差が同年代社員との間に生まれる。

かつて、会社員の世界に「子持ち女性」という存在が少なかったとき、トラックアウト者には目を瞑《つむ》っていられました。ところが、現在ではそれが不可能です。企業の人的資源を逸することに他ならないからです。優秀か否かは無視して、女性だけにこのコースを押し付けることの不平等さ、そして経済的非効率。そこをどう改善していくべきか。

「何時までも働ける標準労働者」をベースにする人事管理はやめる、同時にまた(出世を目指して)「海外出張や転勤、残業もいとわない」か、さもなくば(出世はしないで)「決まった時間・場所で働く」か、という二者択一的な任用制度もやめる、復職期における短時間労働の女性にも、しっかりと「やりがいのある」仕事を用意し、女性たちの意欲を冷却させない就労環境を整えるべきと、筆者は現在の会社の在り方に一石を投じています。

この本の宿題とは

本書には、ジェンダー論、とりわけワーク・ファミリー・コンフリクトに関する珠玉の先行研究が引かれています。それを体系的に知るだけでも、読む価値はあるでしょう。

一つ聞いてみたいのは、本書にも登場した以下二人の著名研究者の意見を筆者がどう読み解いているか、です。

①ホックシールドの「アメリカでもエグゼクティブになった女性たちは家事育児を顧みず、猛烈に働いている」という事実。

②フレーサーの「必要なのは、男性の女性並み化」。

詳細は「著者への手紙」で触れますが、キャリアアップを選んだら、緩い就労は世界どの国でも許されません。欧米でもそれは同様で、彼女らは家事育児をアウトソースするか、主夫にゆだねる。ヤフーのCEO(最高経営責任者)だったマリッサ・メイヤーは、「育休を2カ月取ったら出世はないと思え」と言ったと聞きます。それが世界の「出世する女性」の標準スタイルでしょう。

そして、欧米では「緩い労働者」にキャリアの階段はない。ワーク・ライフ・バランス充実に見える多くの彼・彼女らは、年次を重ねても役職や年収がほとんど上がりません。

こうした世界の常識の中で、日本は誰にでもキャリア形成が許されるという「全員エリート型」社会であり、それに乗れない人には「板子一枚下は地獄」の非正規しか用意されていない。近年は、女性たちも「主婦は非正規」という概念を壊し、総合職としてエリート階段を上がる人が増え始めた。だから、「性役割分担の著しい変動期に生きる女性たち」（井上輝子・和光大学名誉教授）は悩み、戸惑うのでしょう。その彼女らに、果たして世界的にもあり得ない「緩くても上を目指せるキャリア」など用意できるのでしょうか……。

雇用のご意見番である濱口桂一郎氏は、フレーサーの主張と同義のことを『働く女子の運命』（文春新書）の中で、「男性の一般職雇用の浸透」という言葉で表しています。

中野さん。中野さんの言う通り、今までの階段をそのままに、「女性（いや、男性も）がケアワークをしながらも上がれる」階段を用意するのか。それとも世界的常識に立ち、皆が出世できる社会を壊し、上がる人は男女ともにケアワークはしない、上がらない人は男女ともにケアワークをする、に落ち着くべきなのか。

ジェンダー論として読み応えのある本書の著者に、雇用論の立場から宿題として残したいのはこの点です。

往信

拝啓　中野円佳様

中野さん、私が先のダイジェストの最後に投げ掛けた質問はいかがでしたか。

中野さんの思う社会、いや会社とは世界のどこにあるのでしょうか。

ケアワークを企業が前向きに認め、それに時間を費やす人にも「時間限定で上れる」エリートコースの階段を用意してくれる。それがあたかも欧米にはあるような気がしてしまいますが、現実はそんなに甘くないことを、あなた自身もこの本の中で何度も書いていらっしゃるでしょう。

ホックシールドの研究成果、そして、ヒアリングした、外資系金融企業に勤める女性、また、夫が外資系企業に勤める女性。日本企業ではなくとも、エリート階段を上る人たちの、ワーク・ライフ・バランスは、極めて危機的状況です。私も外資系企業のエリートたち、それも日本人だけでなく外国人も取材をしていますが、正直、彼らの働きぶりは日本人以上です。

とすると、キャリアのステップを上っていこうとすると、ケアワークや私生活に時間を費やすことは難しい。それが世界の常識ではないでしょうか。

●ケアワークの外注が困難な日本

世界共通の問題の次は、日本特有の問題について考えてみましょう。

まず第一に、日本は今までキャリアの階段を女性に開放していなかったこと。だから女性が増えると、ジェンダー価値観が色濃く表れ、「過剰な配慮」や「腫れ物に触る扱い」が生まれる。（同じ言葉を、拙著『女子のキャリア』（ちくまプリマー新書）でも使っております。この領域に踏み込むと避けて通れない必須用語ですね）。

二つ目に、この階段を上がる女子にも、「奥さん」「母親」としてのケアワークを押し付けること。欧米でもそうした性別役割分担は残ってはいますが、例えば、それをアウトソースすることには、相当寛容です。その上に女性たちに罪悪感を持たせる「子供がかわいそう」という周囲の視線は、明らかに日本より弱い。結果、シンガポール・スタイルという名称ながら、欧米のエリート夫婦家庭で標準的な家事育児の「外注」が、日本では難しい。

この二つが合わさると、三つ目の問題として、「階段を下りるのは、必然的に女性」となってしまうこと。

そして四つ目は、この階段が、総合職正社員である限り、全員に開かれていること。一般的な日本人なら、会社で普通以上の評価を続ければ、誰でも課長になれて、少し業績が良ければ、部長にも手が届く、と思いがちです。ただ、その昇進スピードは「遅い」。

では欧米はどうなのか。確かに出世する人は、(とりわけ部長までは)とても速い。ただし、出世しない人は、何年たっても出世などできない。日本のように、多くの人に門戸が開かれているわけではありません。

雇用やキャリアから見ると、日・欧米の違いは、ここにあるのでしょう。

●ワーク・ライフ・バランス大国の実状

中野さんの言うように、会社がケアワークの価値を認め、その間も、やりがいのある仕事を用意し、転勤や異動をしなくとも昇進できるようにする、というのは、果たして世界のどこの企業のことでしょうか。欧米は、ワーク・ライフ・バランスが整っている、そして、男性のケアワーク分担も(日本よりは)比率が高い、というデータはいくらでもあります。

ただ、その話は、キャリアを選ばなかった人用のトラックでしょう。日本と異なるのは、欧米の場合、「階段を上らない人たち」が圧倒的多数を占め、男の人もそこに入るのがふつうという点です。

少し悲しい話をします。ここ3~4年、私は欧州の中間層を集中的に取材して30人以上の人たちを見てきました。その結果をデータと合わせ、さまざまなメディアで紹介しています。

例えばフランスの被雇用者の年間総労働時間は1500時間足らずです。週当たり30時間に満たない日本のパートタイマー並みの労働時間です。残業は一切なく、有給も協定で決められた40日を完全消化します。夏休みは３週間。こんな生活、果たして中野さんの本に出てきた15人のマッチョな女性は、納得いくでしょうか？

彼・彼女らは、ほとんど昇給も昇進もしない生活をしています。大学を出ていない人の場合、彼らの年収は50歳で勤続している正社員でも３５０万円に満たない程度です。大卒だと、「中間的職務」というカテゴリーに就けるのですが、それとて、50歳勤続者で年収は５００万円に届きません。彼らの最高職位は、アシスタントマネジャー（日本なら係長）レベルです。

フランスでは、労働者の実に85％はこのどちらかのカテゴリーに属しています。彼らはキャリア形成もやりがいも無縁、だけれどもワーク・ライフ・バランスが超充実した生活です。

●「キャリアとケアワークは両立できない」が世界の常識

一方、フランスのエリート層はどうか。彼らは「カードル」と呼ばれ、年金種別も異なるため、公的にはっきりと「異なる存在」として区分されています。学歴的には大学よりも一格上のグランゼコールを出ていることが基本条件。

この人たちの年間労働時間は、先ほどまでのノン・エリート階層の人たちよりも４００時間以上長い。これは社内での労働時間で、さらに仕事を家に持ち帰りテレワークをこなします。だから、恒常的に日曜に働いている人の割合が70％にもなる。結果、カードルの女性たちの86％もが、「家族との時間が足りない」と嘆いています。ワーク・ライフ・バランス大国にしてこのありさまです。やはり、エリート階段を上る人には、緩い労働条件は成り立たないのではありませんか。

では、日本との違いは何なのでしょう。

まず、フランスの場合、保育ママシステムが浸透し（この制度はかなり費用もかかるためカードル層が主に使う）、ケアワークの多くを、ハイレベルなアウトソーサーに委ねることができます。

また、育休取得（短時間勤務者）の男女比を見ると、なんと、カードル層でも、男性3割：女性7割となっています。ケアワークは女性だけのものでないところが日本と大きく異なります。

では、育休を取った男性たちはどうなるのか？

短時間勤務ながらやりがいのある仕事を任され、その上、評価でもハンデは負わず、キャリアに差がつかないでいられるのでしょうか？

私のフランスでの取材は、圧倒的に中間的職務以下の「普通の人」に偏っており、カードル層はたった6人しか話を聞いておりません。少人数ではありますが、彼らには必ず、「育休を取った男性カードルはどうなるのか」と聞いています。

その答えはおおむね一緒。

「そういう人は、キャリアではなく家庭を選んだ人、ということになる」

それは一種のスティグマとなり、ダディトラック（キャリアより育児を優先する男性の働き方）に追いやられていくのです。やはり「キャリアとケアワークを両立する」コースは本当に世界どこでも一般的ではありませんね。ただ、コースアウトするのが男女平等なところが欧米が唯一異なるだけで。

欧米は日本よりもまだ「マシ」に見える理由はあと二つあります。一つは、「圧倒的多数の人たちが階段を上らないコースにいる」から。昇進も昇給もなく、定時に帰って有給は取り放題、でも年収は350万円より上がらない（22ページ図表序・8参照）。そう、フレーザーの言う「男性の女性並み」、もしくは濱口桂一郎さんの言う「男性の一般職化」（『働く女子の運命』より）が進んでいる。だから、その部分で「男女平等」はかなり浸透している。年収350万円しか稼がず、5時即で帰宅する旦那が、「メシ、フロ」など成り立ちはしないでしょうから。

そしてもう一つ、キャリアを選んだ人たちは、アメリカならナニーさん、フランスなら保育ママにケアワークを任せて、バリバリ働ける。日本のように、「あの奥さん、家庭のことほったらかしで」なんて決して言われない。

それだけのことではありませんか？

●日本にもノンエリート層を

日本はどうでしょうか。統計を見てみましょう。

大卒で正社員の男性たちの年齢別年収をプロットしてみると、はっきり見えるのは、企業規模に比例して収入レベルが高くなるということ。零細企業は大企業比6割程度の収入にしかなりません。ただ、そんな零細企業でも初任給と比して50歳の給与は格段に高く、2倍以上になっています。大卒50歳だと規模の小さい企業でも年収は600万円近く。それはフランスであれば、「カードル（エリート）ゾーン」にまで達しているのです（23ページ図表序・9）。

要は、日本は大卒者が正社員として長く勤めれば、誰でもカードルになれてしまう。一方で、それを成り立たせるために、非正規労働者の給与は、フランスの無資格労働者にもはるかに及ばない低待遇となっている。

この対比の中で、「誰もが正社員として階段を上らなければ」という切迫感に駆られる構図ができる。それを逆手にとった悪い企業は、「やりがい搾取」を行い、「ブラック労働」で人件費を安く抑え、利益をむさぼる。全部、日本型の「階段を上るのが当たり前で、そこから外れたら地獄」という構造がなせる技でしょう。

とすると、社会が変わる方向は、今の非正規が底上げされた形で、「ノンエリート層」をしっかり作り、ここには男性労働者も多数が入るようにする。つまり「男性の女性並み」もしくは「男性の一般職化」が一つ目の答えとなります。もちろん、こちらを選んだ男性には、しっかりとケアワークも分担いただく。そして、少数となった「階段を上れる人」は覚悟を決めてキャリアを選んだのだから、ケアワークは極力外注をする。こんな欧米型階層社会が見えてきます。

この方向に進めば、ノンエリート型の「男女ともにケアワーク」と、エリート型の「男女ともにキャリアアップ」という、階層ごとに全く異なる形での男女共同参画が実現します。いわゆる欧米型社会への移行でしょう。

果たして日本の将来像はそこにあるのか?

●どうしても日本人は「誰もが上れる階段」が捨てられない

私は一時期、35歳くらいまで日本型の「誰もが階段を上る」仕組みを残し、その時点で明らかにもう将来は見えるから、役員や社長になれる目がない人たちに、階段から下りてもらって、そこで昇進昇給を止める。その分、ワーク・ライフ・バランスも充実、というコース設計を推奨していました。

「途中からノンエリート」という方式です。これなら、十数年の昇進レースの中で答えが出されるのだから、欧州のような「学齢期選抜」、アメリカのような「入口選抜」よりは諦めがつく。しかも、大卒35歳の年収は欧州のノンエリートよりも高い。だから、欧州のような激しい階層社会にはならないで済む。そして、この給与水準で昇給がストップすれば、企業は負担感が少ないため、ミドルのリストラ危機も遠のく。仮にリストラされても、市場給に近い水準なので、転職先が見つかる。そして、企業は、彼らの昇給が減った分を原資に、非正規の待遇アップを図り、それがもう一つのノンエリート社員となる……。

こんな話を大手企業の人事や組合でよくしたものです。ただ、頷《うなず》いてもらえることはありませんでした。

結局、日本では企業も人も、「誰もが上れる階段」を望んでいて、その階段を壊すことは、労使ともに嫌なようです。

でも、現実社会では、大卒比率がどんどん高まり、「誰もが上れる階段」に女性も多数入ってくる。共働き比率は高まり、家事育児介護は誰がやるのか、という問題も否応《いやおう》なく迫ってきます。さあ一体、どうするのでしょう。

●階段を緩くして誰もが上る、という第三の道

その答えが昨今、ようやく見えてきた気がしています。

世界に冠たる電機メーカーや輸送機器メーカーでまるで同じ言葉を聞くのです。

「日本企業は、年次管理が厳しすぎた。そこを少し緩くして、幅を持たせようと思っている」と。

要は今までだと、「この年齢なら、このレベルの仕事、このクラスの職位」という一律感が強かった。中野さんの本に登場するマッチョ女性たちが焦るのも、そうした一律感に苛《さいな》まれた結果でしょう。

この同調圧力から少し開放して、途中で休んだり、ゆっくり働いたりしても、最終的には、きちんと階段を上れるようにしようと、大手企業がそんなことを言うのです。

結局、大多数の人は課長で終わるのだから、役職定年となる55歳までにそこに上れればいいじゃないですか。そうすると、今よりも15年程度余裕のある中で、育児や介護などでときおり階段に踊り場を作りながら、休み休み上って行ける。そんな階段を緩くする方向に施策を練っているのです。企業経営的にも、昇給が遅れる分、生涯賃金を抑えられる、というプラス効果も生まれます。もちろん休み休み上ることで退職が防げれば、新規採用費や教育投資も節減できる。

こんな新たな道を用意して、ケアワークがどうしても避けられない7～8年は、ゆっくり階段を昇れば

いい。学歴競争で勝ち続けたエリートは、その遅れを嫌がるかもしれませんが、それこそ同調圧力の極みと自省すべきではありませんか。もちろん、この緩いコースに女性ばかりを入れるのは駄目です。男女関係なく、ケアワークに迫られる時が来たら、この用意された緩い階段を上るようにしていけば良いのではありませんか?

●キャリアとケアワークが両立できる社会へ

この話をしてくれた電機メーカーは、かつて、工場周辺に上下水道が供用されていなかったとき、会社が行政に成り代わって、社員のために土木工事を行い、それを敷設した、という歴史を持ちます。

そんな会社だけに、今は、社内保育園をせっせと社費で作っています。それも、本社のある都心だと、満員電車に子供を乗せて通勤に付き合わせねばならないからそれは無理と、少し離れたターミナル駅周辺に設置する心配りです。

なぜ、企業はそこまでするか。別に社会奉仕でしているわけではありません。

原子力発電や重電プラントなどを扱うその会社は、理系だけでなく文系スタッフでも長期熟練が必要です。10年かけて育てたスタッフが、家事育児で力尽きて辞めてしまえば、それは大きな損失となる。だからでしょう。社内結婚も多いその会社では、女性ばかりが育休を取ると、彼女らの職場の上司が割を食うため文句を言います、「旦那側も休ませろ」と。そのため、イクメンを増やし、彼らイクメン用の情報交換インフラも作りました。ダディ・チャットでファザーリング(父性愛に基づいた父親による子育て)の手助けをする仕組みです。

その会社は、ワーク・ライフ・バランスをこんな言葉で語っています。

「欧米のワーク・ライフ・バランスは、余暇を充実させるためにあるのでしょう。でも、私たちは、違います。しっかり階段を上る意思と能力のある人が、どうしようもない事情でそれが滞るとき、緊急避難のために、ワーク・ライフ・バランスを用意する。夫婦と会社で負担を分け合い軽くして、なんとか階段を上り続けようと」

こんな感じで緊急避難用の「緩い階段」が次第に広まっていくのではないか。

そうすると、日本だけが、ケアワークとキャリアの両立を実現できる社会をつくってしまうのかもしれません。何より日本人は、労使ともに「誰もが階段を上る社会」が大好きなのですから。

ただ、この方向だと、「板子一枚下は地獄」という非正規の低待遇や、やりがい搾取などの悪行も温存されるでしょう。そこは企業努力ではどうにもならない、とも感じています。

さて、最後に中野さんにもう一度聞きます。

「短時間勤務でも、やりがいのある仕事が用意され、評価も平等で、キャリアにも遅れが出ない」ような、育児社員の希望を全てかなえたコースを、やはり会社は作るべきですか？

それとも、「ライフイベントに即して、キャリアはストップするが、それでもコースアウトはせず、暴風雨の時期が過ぎたら、また上れる」コースを作るべきですか？

ちなみに、私は断然後者ですね。エリート街道とは縁遠い人生でしたし、同調圧力とも距離を置いて生きてきましたから（笑）。

（海老原）

返信

中野円佳氏からの返信

随所に〝海老原節〟を効かせながら、修士論文を基にした私のデビュー作のポイントをうまくまとめていただき、ありがとうございます。海老原さんとはテレビ出演などで二度ほどご一緒したことがあります。似たような領域、共通するテーマで論戦を張っており、共感するポイントも多かったので、直接お話しした回数以上に近しい存在のように感じています。

その海老原さんいわく、欧米でもエリートは男女問わず、出産や育児の時期になっても短時間勤務に移行せず、滅茶苦茶、働いている、日本と違って欧米企業がケアワークを前向きに認め、それに時間を費やす人にもエリート階段を用意しているわけではない、と。その通りだと私も思います。

さらに海老原さんは、欧米と日本が違うとしたら、1点目としては欧米では男女ともにエリートコースに登れる一方で、ケアワークがあれば男女平等にコースアウトしていること、2点目としては欧米ではエリート階段を登れるのは少数であるのに対し、日本は大半の男性正社員であればエリートコースに、一方で女性は非正規が多くノンエリートコースにという棲み分けができてしまっていること、3点目としては育児や家事などのケアワークを外部委託することを日本社会は良しとしないのに対し、そうしたアレルギーは欧米には稀薄《きはく》、という点だと書いています。これについても、その通りと私も同意します。

では、この本で展開した私の考えと海老原さんの考えがそっくり同じかといえば、

*

中野円佳（なかの・まどか）

1984年東京都生まれ。2007年、東京大学教育学部卒、新聞社入社。2014年、立命館大学大学院先端総合学術研究科で修士号取得。2015年よりフリージャーナリスト、東京大学大学院教育学研究科博士課程、2017年よりシンガポール在住。近著に『上司の「いじり」が許せない』。

そうではありません。より正確にいえば、異同があるというより、二人が見ている問題の規模が違うのだと思います。

海老原さんが見ているのは、雇用の仕組みや昇進のあり方といったマクロの構造です。それに対して、私がこの本で扱ったのは、そのマクロ構造を作り出しているミクロな職場の様相です。もちろん、欧米エリートと同じように、生産性高く長時間働いている人たちが昇進していく職場も日本にあるかもしれません。ただ、問題は、海老原さんの言うように、日本の場合、そのエリートコースが、性別と年齢というゲタによって、能力や成果にかかわらず正社員男性には非常に広く開かれていることです。

その結果、何が起こるかと言うと、ミクロな職場では、短い時間で成果を上げる優秀な子育て中の女性がいたとしても、長時間ダラダラ職場にいる時間が長いだけの男性よりも低く評価されてしまう人たちが出てくるということです。つまり、（A）能力が高くかつ長時間働く人、（B）能力が高く時間制約がある人、（C）能力は低いが長時間いられる人、（D）能力が低く時間制約もある人という４タイプの人が想定されます。このときに、Aだけが少数エリートである社会で、Bまでエリートとして引き上げろと言うことを言っているわけではないのです。私と本書で話を聞いた15人の女性たちが強く思っていたのは、Cがたくさんいるのに、Bが時間制約の問題だけで評価されないのはおかしいし社会的にも経営的にも勿体ないのではないか、「日本企業はもっと、年齢や社歴、あるいは男女という性別などではなく、仕事の質そのもので社員を評価するべきだ」ということでした。

この本を出してから４年が経《た》ち、幸いなことに、私たちの願いがかなう気配は若干出てきていると思います。ここ10年くらいで入社した総合職の女性が30代に入り、力をつけ、数も増えてきました。安倍内閣による女性活躍推進法で管理職目標を立ててしまった企業もありますから、第一線に立つ彼女たちのことを企業がないがしろにするのは、どう見ても割が合いません。働き方改革の流れもあって、長時間労働を評価する傾向は大分薄まってきました。これが海老原さんの言う1点目、2点目の違いの議論です。

さて、それでもなお残る問題が、3点目のケアワークの問題です。海老原さんの言うように、ケアワークの外部委託が、日本ではなかなか進んでいません。家事男子や、それこそ専業主夫も増えるべきですが、その気配は遅々としてありません。

私は現在、夫の転勤に帯同し、シンガポールで暮らしています。海外で暮らし始めてひしひしと感じるのですが、日本の女性が遂行している家事のレベルは国際的に見ても高過ぎます。その背景にあるのが、誰かが支えないと成り立たないようなサラリーマンの出張・転勤のあり方、学校のPTA活動に象徴されるような、女性が専業主婦であることを当然とするさまざまなシステムです。

職場が変わろうとも、家庭を取り巻く風潮が変わらないと、女性は育児や家事にも奔走せざるを得ない。そういう意味では、まずそうした構造自体を見直す必要がある。それが一朝一夕には実現できないでしょうから、であれば、海老原さんが紹介しているような「ライフイベントに即して、キャリアはストップするが、暴風雨の時期が過ぎたら、また上れる」コースをもっと多くの企業が作ってくれたら、とも思います。

私は今、フリーの物書きをしながら、大学院でも勉強しています。私と同じような駐在妻や自分自身が駐在員という立場で、子供を産みながらキャリアも諦めたくない女性たち約40人と、「海外×キャリア×ママサロン」と名付けたオンライン・コミュニティを作り、情報交換しています。

そこで最近盛り上がったのは、「究極のポータブルスキルは何か」という話題でした。昔でいえば、資格というのがその答えだったでしょうが、国境を越えたら使えない資格がたくさんありますし、AIの登場で、仕事も変化していきます。今必要なのは、会社が変わっても、ブランクがあっても、あるいは遠隔でも、自分の価値をアピールできるような専門性ではないでしょうか。会社で階段を上っていくよりも、いろいろな会社で人事をしてきましたと企業を渡り歩く人もいるでしょうし、雇用されずに独立のフリーランスとして仕事を受ける人も増えていくでしょう。

企業に雇われる道ばかりがキャリアではありませんし、経営者や上級管理職を目指す総合職ばかりがその王道でもありません。日本型雇用も確かに変わってきましたが、男女問わず、専門能力を武器に、あえて日本型雇用の外で頑張る人が増えていくと、さらに大きく変わっていくはずです。日本からも会社員の立場からも少し距離を置いた今の私からは、そんな風に思えます。

17

お祈りメール来た、日本死ね
―「日本型新卒一括採用」を考える

海老原嗣生著

2016年　256頁　文春新書

（本書　初出）

ダイジェスト

日本の新卒一括採用が特殊で他国に例がない雇用システムであること。すべての混乱の原因はここにあります。

欧米（日本以外といってもいい）企業は担うべき職務を決め、それに見合った人を採用します。それに対して、日本企業は職務をあらかじめ決めず、基礎能力、今後、伸びるだろうという将来性、自社の社風に合うかどうかという肌合いを勘案して人を採用します。その結果、次のような問題が生じることになります。

①基礎能力は在籍大学で識別できるため、一次選考は大学名偏重となる。

②将来性や肌合いの基準は明文化できないため、面接が主たる選考手段となる。そこにリクルーターやOBによる評価なども加わり、全人格的把握が行われる。その結果、なぜその人が選ばれたのか、という選考基準は曖昧なものになってしまう。

③当然、大学での学業成績は重視されないため、少しでも良い（肌合いの合う）人材が欲しい企業は大学名偏重の青田買いに走

●目次

るので、学業が阻害されてしまう。

④企業は肌合い重視で、入社後に自社好みの人材に育て上げようとするため、未経験者の新卒採用が重視され、中途採用市場がなかなか育たない。

⑤就職が人生一度きりの賭けになりやすく、新卒での就職に失敗した若者は不幸な境遇に陥りやすい。

この悩ましき新卒採用問題を解決するために、百家争鳴、いろいろな議論が繰り広げられてきました。著者はそれらを詳細に検討していきます。

まず就活の開始時期、つまり採用時期を工夫せよ、という論に対しては、歴史を繙《ひもと》きながら、いつ開始しても何かしらの問題が起こり得るため、いくら工夫しても結局は弥縫策に留まるだけだと主張します。

また、「採用を卒業直後の新卒に限定するから駄目なのだ。敗者復活もできるよう、卒業後3年から5年経過した人も加えよ」という〝進歩的〟意見に対しては、「有名大学出身者などの就職強者を助けるだけだ」という違和感を表明し、「日本型を根本的に排し、欧米型に変えよ」という〝過激な〟意見に対しては、特に、フランスの教育システムと比較しながら論駁《ろんばく》していきます。

なぜ欧米型が日本には合わないのか。職務をしっかり決め、それができる人しか採用しない欧米型には、その社会システムを含め、以下のような日本にはない特徴があるからです。

①未経験者に仕事を覚えさせる職業訓練などの公的インフラが整備されている。

②職業能力をより向上させるために、インターンシップや企業実習を長期間行う。結果、学業阻害や就業先でのブラック労働が起こる。

③いったん職を得られても、職務別契約であるため、(日本のように)隣接した別の仕事や上位の職務を部分的にでも担う機会に恵まれず、キャリア形成に重要な職務の幅を経験できない。

④スキルのない新卒者は簡便な職務に空きができたときにしか雇われない。その結果、若年者の就業機会

が少なくなり、失業率が高止まりする。

⑤教育が職業と密接に結び付いている。幼少期から学業成績によって、将来就くべき仕事と関連したコースへ、半ば強制的な振り分けが行われる。

先の五つとこれらを突き合わせたら、欧米型を日本に移植するためには大きな困難を伴うということは明らかでしょう。著者はそれを丁寧に説いていきます。

とはいっても、「だから日本型は変わるはずがない。好き嫌いはともかく、付き合っていくしかない」という現状追認主義には陥りません。その問題点である「就職が人生一度きりの賭けになりやすく、新卒での就職に失敗した若者は不幸な境遇に陥りやすい」という点を改めるべく、具体的な提案を行っています。

往信

拝啓　海老原嗣生様

●新卒一括採用の罪が問題に

何の本だろうと、人をして思わず手に取らしめるような題名の本書は、その一見、奇をてらったタイトルとは裏腹の、骨太で本質的な雇用本です。日本の新卒一括採用の功罪とあるべき姿について、がっぷり四つで向き合っています。

このところ、新卒一括採用についてはその「罪」が大きな社会問題になってきました。とりわけ、批判の急先鋒《せんぽう》だったのが大学です。優秀な学生に早く唾つけようと青田買いを目論《もくろ》む企業のせいで就職活動が早期化、長期化し、肝心の学業が阻害されていると悲鳴を上げているのです。

学生側の不満も高まっています。ネットの発達によって、企業への応募が楽になり、幾つもの企業を受験した学生が、その反動として、「今後のご活躍をお祈り申し上げます」という不採用通知メール（通称：お祈りメール）を大量に受け取ることになり、保活に失敗した母親による「保育園落ちた、日本死ね」と同じ、投げやりな心理状態に陥っているというわけです。

これに対して、理想主義的な世の識者たちはこう言います。「就活時期の規制なんて意味がないから止めてしまえ。いつからでも企業が採用できるようにすればいいんじゃないか。最近、就活時期がころころ変わるせいで、留学が就活に不利になると、海外に渡る学生の数が減っているとも聞くし」と。

あるいはこういう人もいませんか。「欧米では新卒以外でも入職するチャンスはいくらでもある。第一、大学での勉強と企業で就く仕事が直結した職務別採用だ。しかも在学中からインターンシップがさかんに行われ、キャリア教育に役立っている。日本も古臭い新卒一括採用なんてやめて、そっちに移行すればいいじゃない」かと。

●留学生の増減と就活開始時期の問題は無関係

理想主義的現実主義者である海老原さんは、こうした現実知らずの意見に真っ向から切り込んでいきます。

まず前者の就活規制批判者に対しては、ここ１００年、この国では「大学と企業が綱引きを繰り返し、その間で翻弄《ほんろう》される学生」という図式が繰り返されてきたことを指摘します。いくら規制を行っても、同じ問題が蒸し返される。だからといって、規制をゼロにしたら、いったいどんなことが起きるのでしょう。

大学からの懇願を受け、ついに企業の総本山たる経団連が動き、２０１６年卒の学生に関しては、それまで４月だった面接の解禁を８月にする大幅な後ろ倒しが行われました（２０１８年９月には経団連の中西宏明会長がそうした就活ルールを経団連が采配することに対する異和感を表明、新たな体制が模索されています）。

先述したように、今回はその学業阻害の対象が海外にまで広がったと言われています。海外に渡る日本人留学生が減っており、それも就活時期の早期化が有力な原因とされたのです。留学で日本を長く留守にしていると、日本での就職ができなくなってしまう、というわけです。

ところが、海老原さんはこの説明を納得せず、別の仮説を立てます。留学生減少の本当の原因は景況の悪化ではないかと。親の懐がさみしくなれば、子どもに出す留学費用も減るはずだ、というわけですね。

実際はどうだったか。本書によると、２００８年のリーマンショック後、東日本大震災が起こった２０１１年まで、留学生の数は減り続けましたが、翌年から上向きになっており、留学適齢人口（18歳から29歳）１人当たりの留学比率は２００４年から２０１４年までの11年間で大きく伸びていました。

さらに、海老原さんは日本人留学生を多く採用している大手企業に取材し、留学生採用は国内の大学生とはまったく別の手段で、まったく違う時期に行われていることを確かめ、留学生の減少（実際、それも嘘《うそ》だった）は就活時期の問題とはまるで無関係と喝破するのです。通説を鵜呑《うの》みにせずに独自の仮説を立て、当事者に当たってその当否を確かめる。ジャーナリストの典型的お作法と言えるでしょう。

●「出羽の守」もかたなし

さて、後者の欧米礼賛論者に対してはどうでしょうか。

職務別採用が徹底している彼の地では、ごく一部の学歴エリートを除き新卒が極めて不利な立場に置かれること（結果、若年失業率が高止まる）、日本では教育と職業をつなぐ、打ち出の小槌《こづち》のように捉えられているインターンシップが、日本と違って規制が厳しい非正規雇用の代替、最低賃金以下のブラック労働として機能している面も大きいこと、その背景には日本とはまるで違う職業資格万能の階級型社会が存在することを指摘します。

せん。

「アメリカでは……」「ヨーロッパでは……」と、物事を語る際、他国を誇らしげに引き合いに出す人を「出羽《でわ》の守」と言います。こうした冷静な現実を示されれば、雇用の「出羽の守」も沈黙するしかありません。

海老原さんはこう書きます。

〈各国についてたくさんの「働く」を見て、その上に、過去の「働く」も見て、さらにそれでもまだ足りないから、裏付けとなるたくさんの「データ」や「研究」も見て、それで、何がよくて何が悪いのか、しっかり品定めしてからでないと雇用の話は語れない〉

まさに海老原流。これは研究者にこそ要求される姿勢や能力ではないでしょうか。

結局、どこの国の雇用システムにも一長一短があり、万全なものはない、というのが本書の一つの結論です。日本型を批判する人たちは、その対極の理想形のように見える欧米型の悪い点―エリートには手厚いが、それ以外には過酷―を見ていないか、日本型のよい部分―未経験者の大量採用―が他国でも通用すると思っている、そのどちらかの錯誤を犯している、というのです。

●魔法の人員補充策

では、そんな世界でも珍しい日本型の特徴は何か。海老原さんの記述が冴えるのが2章「やめられない止まらない日本型雇用」。ここでは、新卒一括採用を日本型雇用という全体像の中で捉え直す、オリジナルの分析が展開されています。

海老原さんが注目するのは、空席補充のやり方です。欧米型と日本型にはそこに大きな違いが出てくるというのです。

欧米企業で執行役員格のキーパーソンが退職したとすると、多くは外部から補充します。なぜなら、欧米は「仕事に人がつく」職務採用なので、各人のやるべき職務やポストが決まっており、本人の同意がなければ、変更ができない。組合の声も大きい。人事権の名の下、企業側が自由に異動させることができる日本企業とは大違いなのです。

その面倒な付け替えを行い、事業部長からの昇進で空いたポストを埋めたとすると、今度はその事業部長の穴が空き、それを下からの昇進、あるいは横滑りで埋めても、社内補充を貫徹しようとする限り、同じような面倒な玉突き作業が延々と続く。それよりは外部から必要な人材を補充した方が早い、となるでしょう。

それに対し、人に仕事がつき、企業に人事権がある日本企業は違う。役員が抜ければ企業主導で事業部長を昇進させればよくて、さらにその穴はその下の部長が埋めればよい。そうなると、最後に空くのは末端の新人となり、それを埋めるのが新卒一括採用なのだと。企業にとっての新卒採用の意義を解き明かした、見事な説明です。

海老原さんはこう書きます。

〈世界でも稀《まれ》な日本企業の「新卒一括採用」はこれまた世界でも稀な「無限定雇用」、そしてそれに発する「企業の人事イニシアティブ」が三位一体となってできた、魔法の人員補充策だ。だからどんなに批判があれど、企業はこの便利な仕組みを簡単には捨てない〉

この新卒一括採用と対の仕組みとして、日本型の定年制があると理解するべきでしょう。ある年齢を境に、人材をきれいさっぱり排出しつつ、特定のスキルや技能を持った逸材は雇用延長や再雇用という形で活用する。これこそ「魔法の人員排出策」です。この二つの仕組みを押さえておけば、日本型雇用の理解が大いに進みます。

●問題の摘出だけではなく、具体的処方箋も提示

さて、本書で、「通説を鵜呑《うの》みにせず、自ら仮説を立て、立証する」ジャーナリストならびに、「時空を超え広く情報を集め、総合的な判断を下す」リサーチャーとしての海老原さんの力の片鱗《りん》がうかがえると書きました。実は海老原さんにはもう一つの力があるのです。それは「問題点を的確に捉え、現実的な解決策を提示する」コンサルタントの能力です。

例えば、先ほど見てきた、悩ましき新卒一括採用問題です。

この問題のステークホルダーは三つ。大学、企業、そして就活の要となる就職ナビ会社です。

海老原さんは学業阻害を訴え、就活時期の後ろ倒しを訴える大学側の不満を解消するために、まず企業に、欧米の大学では一般的なＧＰＡ評価（Grade Point Average：大学の成績を数値で表したもの）の導入を促して、学生が学業を重視する風潮を高めることを提案します。

そして、大学の学業には、学生個別に予定が埋まる「面接」よりも集団で長時間行われる「説明会」の方が阻害の真犯人であることを指摘、説明会を学業に阻害されない春休み前に終わるよう、時期設定することを主張します。

さらに就職ナビには「１日だけのインターンシップ（通称：ワンデー）」の実施が採用ルールの形骸化、つまり就活の早期化を引き起こすとして、就活生だけではなく、掲載を全学年対象のものだけに限ることを提案し、偽装説明会としてのワンデーの制限を提案します。

続いて、新卒一括採用の問題点の摘出と改善策にも言及します。

まず新卒一括採用の本質は、学生と企業の「肌合い合わせ」にあると言います。それがうまくいけば、入社後にミスマッチが起きたとしても、部署異動により、環境（上司と同僚）、仕事そのもの、それに顧客が変わるので、活躍できる場所が何度も探せる仕組みでもある、と。

そして、その欠点は大企業ではなく、肌合いの合うような応募者が少なく、異動による調整も難しい中小企業に発生しがちだとして、地方で実際に行われている中小企業の事例を引きながら、ある期間、働いてもらってから企業側が採否を、応募者が入社するか否かを決める方式や、地域内の中小企業を「大企業の各部署」に見立てたうえで、ミスマッチ解消のローテーションが可能なやり方を紹介するのです。通説を打破して物事を精緻に分析し、問題解決の処方箋も提示する。これが海老原流なのですが、本書に限らず、海老原さんの著作には、企業のみならず、社会をより良くしたいという志が随所に感じられます。出世したかどうかはともかく（笑）、海老原さんは有能な官僚にもなれたのではないでしょうか。

●肌合い合わせの成功と弊害

本書を読むことで、この本でこれまで紹介してきた碩学《せきがく》の書がすとんと腹落ちしました。キーワードは「肌合い合わせ（肌合わせでは、ちょっと変な意味になってしまう）」です。

日本企業の採用は欧米のように、腕合わせではなく、肌合い合わせ（それは異動という形で入社後も続く）ですから、それがうまくいった場合はアベグレンのいう終身雇用（『日本の経営』）になります。その肌合いをもう少し仕事寄りに変えた評価基準が「能力」ではないかと（『能力主義管理』）。それを人事実務面で精緻化したのが楠田さんの職能資格制度です（『職能資格制度』）。それは年功と密接な関係を持ち、小池さんは「熟練」とそれを名付けたのでした（『日本の熟練』）。

伊丹さんによる「人本主義」という言葉（『人本主義企業』）も肌合い合わせから導き出されるでしょうし、肌合いが合った組織をうまくマネジメントするには、大沢さんがいうように心理学の知識が必須となります（『心理学的経営』）。

野中さんが『知識創造企業』で提唱する暗黙知・形式知転換造の基礎はまさに人間同士の肌合い合わせ

にあります。環境変化が続く中、男性正社員のみを対象にした肌合い合わせだけでは生き残れないことを島田さんが『日本の雇用』で説きました。

単なる肌合い重視だと企業がぬるま湯になりかねないから、もっと儲《もう》けるための仕組みに寄せた人使いが必要だと高橋さんは説き（『人材マネジメント論』）、肌合いを業務スキル寄りに変えた能力がいくら高くても、発揮されていなければ無意味だというアメリカ出自の理論を太田さんは『コンピテンシー人事』で紹介したのでした。

清家さんは『定年破壊』で、肌合い合わせが必然的に内包してしまう年功をうまく清算する定年制という仕組みが、高齢社会の到来の下で時代遅れになりつつあることを示しました。肌合い合わせのできるメンバーを絞るべしという経営側の指南書が『新時代の「日本的経営」』に他なりません。肌合い合わせが嵩《こう》じると終身雇用が実現し解雇が難しくなる。それが長時間労働や度重なる転勤という私生活の犠牲を社員に強いてきたから、法制度の改正によってそこを是正しなければならないと説くのが八代さんです（『雇用改革の時代』）。肌合い合わせの行き過ぎを総合的に是正する方法論を説いたのが濱口さんの『新しい労働社会』と言えます。

肌合い合わせを悪用した例が今野さんの糾弾するブラック企業（『ブラック企業』）ですし、たとえ肌合い合わせがうまくいったとしても、ケアワークを担わされた女性たちがその共同体からはみ出さざるを得ないジレンマを描き出したのが中野さんでした（『「育休世代」のジレンマ』）。つまり、「肌合い合わせの成功と弊害」をわれわれは本書で綴《つづ》ってきたということでしょう。

日本の新卒一括採用の是非を、歴史という縦軸と他国という横軸を存分に駆使して捉えた本書。今後、新卒採用のあれこれを語る際の必読文献となるのは間違いありません。

●日本は職人社会ではなく「役」人社会

日本型雇用の本質は人に仕事がつくメンバーシップ契約、他の国は仕事に人につくジョブ契約、その違いが雇用慣行の大きな違いとなって現われる。濱口さんの卓見です。海老原さん流にいうと、肌合い合わせ契約と腕合わせ契約（これは私の造語）の違いですね。

他国と違って、日本はなぜそうなのか。気になっていたところ、「役」という興味深い概念があるそうです（尾藤正英『日本文化の歴史』岩波新書）。

「役」は古代律令の中にあって「労働の奉仕」を意味する言葉です。時代を経て、「軍事上、政治上の高度な役割」に特化して使われるようになりました。それにつくのが役人であり、執務する場所が役所となります。

この概念は明治以降、「重役」や「役員」という言葉になって企業に入り、今でも「上級管理者」という意味で使われているのはご存じの通りです。

具体的な仕事、つまり職ではなく、組織における機能、つまり役を重んじる。その役の中身は当事者が、組織の一員としての自覚と責任に基づいて、自由に決めていい。肌合いが合えば仲間として迎えられ、役を与えられる。新人も新人という役を与えられ、仕事の中身はころころ変わります。日本は今も昔も「役」人社会なのです。

この「役」という漢字の大元は中国ですが、「軍事上、政治上の高度な役割」という意味はなく、役人とは労働を強制される人だそうです。中国こそ典型的なジョブ型社会かもしれません。

中国も含め、欧米はなぜジョブ（腕合わせ）型社会で、日本はメンバーシップ（肌合い合わせ）型社会なのか。ここからは発想の大胆な飛躍になりますが、日本以外の多くの国では古代から大きな戦乱が絶えなかったため、大量殺戮《さつりく》が頻繁に起こり、それを防ぐための城壁が発達し、その城壁内（＝都市）に暮らす人々のみが、特定の義務を果たすことと引き換えに、身の安全を保証してもらえたからではないか、と思うのです。その義務こそジョブというわけです。兵士として戦う人もいたでしょう。武器の製造や修理を担当する人もいたでしょうし、食料の配給や調達にいそしむ人もいたはずです。

一方、日本では大きな戦乱も大量殺戮もなかったからか、外敵から身を守る、そういった城壁都市はついぞ発達しませんでした（大石久和『国土が日本人の謎を解く』産経新聞出版）。同書によれば、ｃｉｔｙという概念はラテン語のキビタス（ｃｉｖｉｔａｓ）から派生しており、そもそもは「壁の内側に人が密集している場所」を意味するそうです。つまり、日本に「市民」はいなかったことになります。だから権利と義務の関係が曖昧になった。これを遂行したらこれだけの報酬を与える、という労働契約概念が発達しなかった。水や平和もありがたいものではなく、あって当たり前となり……おっと、脱線が過ぎたようです。

（荻野）

返信

海老原嗣生からの返信

●あえて「日本型を誉め、欧米型をくさした」書

荻野さん。一緒に仕事をしてもう17年になりますね。本当にこの間どうもありがとう。そして私の意を汲《く》んだ書評、ありがとう。16冊の本を編み込み紡ぐ解説は、さすがですね。荻野解読による「肌合いVS腕」という結論を大いに尊重したいところです。

私としては、それとは別に、今回、一連の名著のラストに、なぜ僭越《せんえつ》ながら拙著を選んだか、をお話ししておきます。

『お祈りメールきた、日本死ね』という本は、あえて日本型のよい部分を強調し、欧米型の悪い部分を相当辛辣《しんらつ》にあげつらっています。

その理由がなぜだか分かりますか？　近くで私の活動をサポートし続けてくれた荻野さんでも、私の本心はまだ見抜けていないかもしれません。

過去の私の著作を読んだ人たちは、「この人は日本型礼賛者だ」もしくは「現状肯定論者だ」と言います。でも、本心を言えば、私は日本型雇用というものに、決定的な楔《くさび》を打ち込みたいと考えています。

にもかかわらずなぜ、私が今まで、ことあるごとに、日本型擁護

*

海老原嗣生（えびはら・つぐお）

1964年生まれ。雇用ジャーナリスト、立命館大学経営学部客員教授。上智大学経済学部卒業後、大手メーカーに入社。その後、大手人材系企業に転職し、新規事業企画や人事制度設計などに関わる。2008年同社を退社後、HR コンサルティングを行う株式会社ニッチモを設立、代表取締役に就任。『週刊モーニング』のカリスマ転職代理人・海老沢康生のモデルでもある。著書に『雇用の常識　決着版』『学歴の耐えられない軽さ』『仕事をしたつもり』『日本で働くのは本当に損なのか』『いっしょうけんめい「働かない」社会をつくる』『面接の10分前、1日前、1週間前にやるべきこと』『即効マネジメント』などがある。

にけっこうな紙幅を割いてきたのか。その理由を説明することにいたします。

日本型批判論者の多くは、本当の日本型のメリットを理解していません。彼らは、無限定に何でもかんでも任せられる日本型の「企業メリット」のみを語ります。ただ、その企業メリットとて、ブラック労働的な強権性くらいしか理解していません。「ちょっとずつ難しい仕事」というゆで蛙方式で、後続人材が絶えることなく育つから、人材補充が容易、という面は見落としています。だから、すべてを「前近代的な」「過去の成功体験の遺物」と見なしてしまう。当然、日本型は「不合理で説明責任を無視した野蛮なもの」となり、壊せ、と帰結する。

一方、日本型の内側に入った人たちは、この仕組みにけっこうなメリットがあることに気付きます。誰にも昇進・昇格のチャンスがあり、経験とともに熟練を増して仕事が楽しくなり、昇給も果たせ、企業はフレキシブルな組織編成が可能で、教育コストも採用コストも最低限ですむ。しかも、この仕組みを守るために、賞与制度や定年制などを組み込み、総人件費や雇用者総数を柔軟に変化させられるようにもしています。だから、万全だと言う。

こんな「最悪」評価と「最良」評価がぶつかったら、まともな改革論議などできやしないでしょう。

●日本型のよい部分は本当に理解されていない

お分かりのように、日本型のメリットは説明しにくいものです。自由な人材配置で最適に組織編成できることも、空席が末端に寄せられ、新卒一人採ればよいことも説明がなかなか難しい。そもそも、外部労働市場制だと、人材補充は基本、同業同職から行うために、ピンポイントの採用にあくせくすることになり、欧米企業が疲弊している状況なども多くの人は知らないでしょう。だから日本型の良さは分からないのです。

誰にでも昇進・昇格のチャンスがある、などという部分は単に「年功序列」として斬り捨てられて終わりなのです。もしくは、そうしたチャンスは欧米でも同じだと思われていたりします。よく、「欧米は昇進が速い」といいます。確かに課長になるのも部長になるのも米国企業は実力次第でとても速い。ただ、なれない人は一生なれません。一部のできる人に対して有利なだけ、ということを忘れています。

こんな感じで、日本型の良さは気付くのも説明するのも難しく、だから日本型は批判ばかりされることになる。こうなると、日本型擁護論者はへそを曲げて、日本型の問題点を素直に認めなくなってきます。

これでは改革は進まないでしょう。だから、一度、日本型の本当の良さ、欧米型の悪いところをしっかりまとめておこうと思ったのです。

私の尊敬する雇用のご意見番、濱口桂一郎氏の至言、「世界のどの国の雇用システムも、完璧なものはない。一長一短がある」はすでに本書でご紹介した通りです。そう、日本型も良い面があるけれど、悪い部分もある。ならば、良い部分を何とか維持しつつ、悪い部分をマイルドにしていくことが必要でしょう。それが本物の改革となるはずです。その出発点に立つために、なくしてはいけない「良い部分」を皆で共通認識しようとしたのが本書です。

●欧米型の限定雇用では組織編成に非常に手間がかかる

本書で序章などに書いてきた日本型のメリット・欧米型のデメリットを、この本では一から丁寧に説明しています。

・職務限定雇用（欧米型）の場合、空席の補充が難しい。そもそも横移動で同列にいる人を動かすのは、本人同意がなかなか取れないし、うまく同意が取れたとしても、今度は動かした人のポストが空席となる。こうして空席連鎖が永遠に起こり、これがなかなか埋められない。だから外部労働市場か

型

ら人材を獲得せざるを得なくなる。

欧米
・外部労働市場から採用を行う場合、明日にでも該当する仕事を任せられる人材とは、基本的に同業同職者からの引き抜きとなる。それは、まず、とても小さなパイでの人の採り合いとなり、抜いたら抜き返されるため、有形無形のコストが発生する。

日本型
・無限定雇用の場合、強烈な人事権により、横異動も内部昇格も自由自在で、空席を簡単に補充できる。そして玉突き連鎖の結果、空席は組織の末端に寄せられる。
・その結果、どの階層の誰が抜けても、結局は新卒一人採れば補充できる。

こんな人事管理的に見たら当たり前の日本型メリットさえも今までろくに説明されてこなかったのです。こうした類いの話はいくらでもあります。震災復興のため東北地区の事業所に人を振り向けよう！という場合も、日本企業ならそれがすぐできます。新規事業に余剰人材を振り向けるのも、限定雇用だとひと手間かかります。だから、欧米ではM＆Aに頼ることになりがちです。一方、日本企業の寿命が総じて長いのは、こうした「新事業への移行」のスムーズさ故でもあります。

●無限定雇用なら、慣れたら徐々に難しく、で知らない間に育成が可能

そして、無限定の「ゆで蛙」方式なら、新卒で入った未経験者をいつの間にか高みにまで上らせることができます。仕事は慣れるに従い、ちょっとずつ難しくなり、そして、キャリアステップ上、必要となる職務への異動もスムーズに行えるからです。

対して、欧米の限定型だとどうでしょうか。職務はすべてポストに紐《ひも》づき、フレキシブルな組み換えができません。だから、日本型の無限階段が作れない。欧州だとこれに、「職業資格体系」という仕組み（学歴と職業資格で仕事・職位が決まる）があるため、横にも縦にも行けない「籠の鳥」労働になってしまう。籠

の中に閉じ込められた労働者は、階層の壁にジレンマを感じ、それが極右政党への支持や、ブレグジットにつながったという見方もできるでしょう（図表6.1）。

本当の改革をするためには、日本型の真のメリットをしっかり見据え、そして、欧米型に付随するデメリットも理解し、マイナスを最小限に抑える形で、日本型の改善をしていかなければなりません。

『お祈りメール来た、日本死ね』は、そのための下捌《さば》きを企図して書いたものなのです。

●日本型の本当のデメリットにも真摯《しんし》に向き合うべし

「どの国の雇用システムにも一長一短がある」と何度も書きました。そう、さまざまなメリットを分かった上で、あらためて日本型の問題点を今度は考えてみましょう。

・誰もが階段を上らねばならないこと
・階段を上ろうとすることで常時、長時間労働が強いられること
・階段があるが故に「男の女並み化」ができず、ケアワークが女性に寄せられること

図表6.1 無限定雇用だから習熟が積める

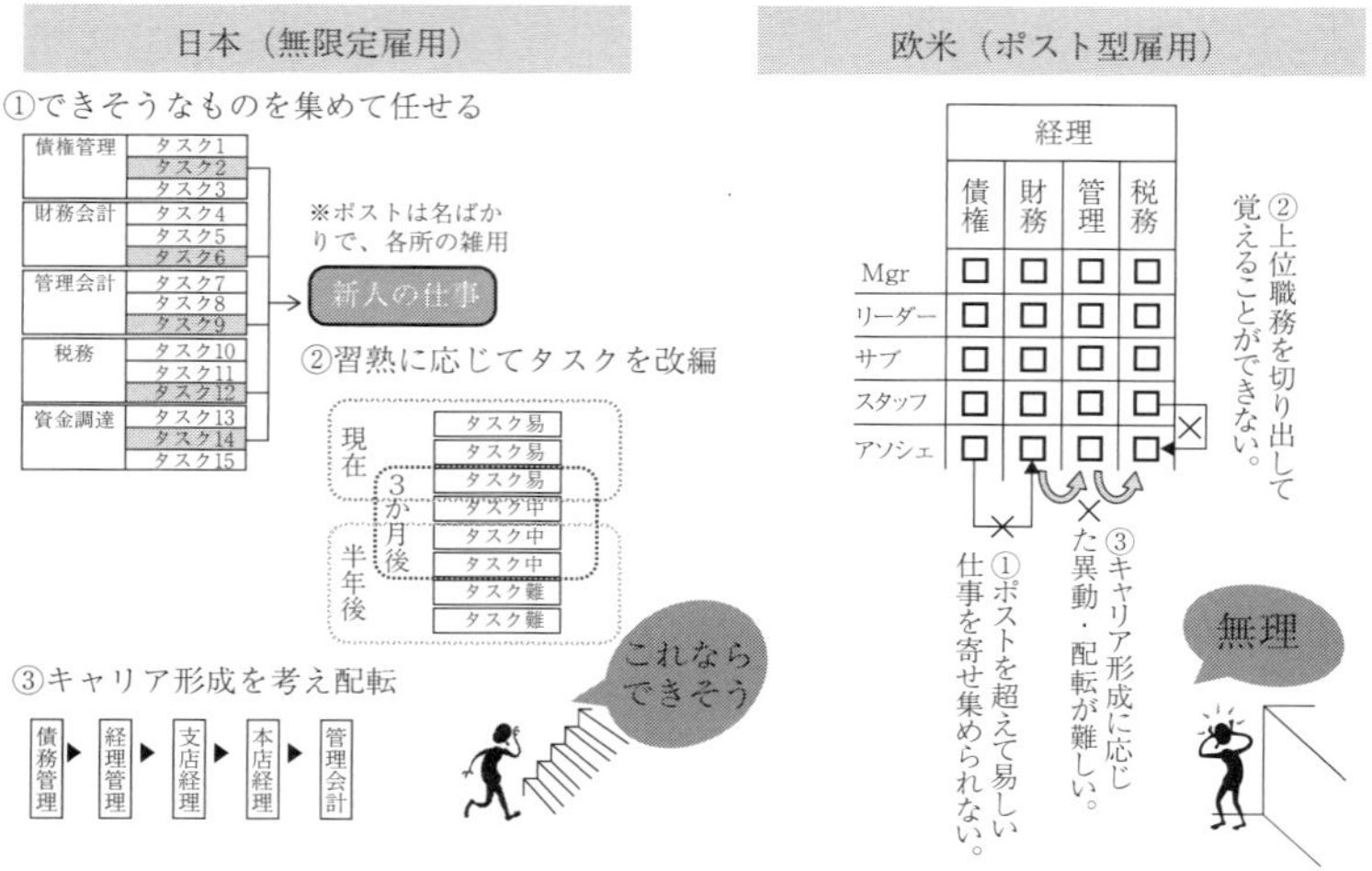

・階段に乗れなかった人（非正規）、下りた人（シニア）が救われないこと
・階段意識を悪利用して若者を使い捨てにする企業（ブラック）が生まれること
・一度階段から外れると、追い付くことができず、格差が生まれること。

これらは全て、日本型に付随する弊害なのです。

日本型雇用は、誰もが階段を上れるメリットと、誰もが階段を上らなければならないデメリット、表裏一体となっていると考えればよいでしょう。

私はまだ単著を数冊しか出していない駆け出しの頃から、この日本型の負の側面についても一貫して、触れて来ました。以下、ご覧ください。


「そう、日本型は決して悪いものではないとは思っている。ただ、それは、このシステムの中に入った人のみにいえることなのだ。今回の本だって、『中にいる人』にとってどうすべきか、しか書いていない。当然『外の人』には冷たい。そのことはわかっているつもりだ。だから、日本型批判をする方たちとも、私は全く袂《たもと》を分かつつもりはない。ただ、論点が少し異なりはするが。日本型雇用はどこが間違っているのか。『外の人』のことが考えられていない——多くの日本型批判者がこれを挙げるだろう。ここが少し異なるのだ。日本型雇用の正社員は、全員が『幹部候補』。これがあまりにも異常であり、世界でこんな仕組みは異端だ、ということに、私は力点を置く。このまま中身を変えずに『外の人』を中に入れたら、たぶん、日本企業は全滅してしまう」（『課長になったらクビにはならない』朝日新聞出版２０１０年5月刊）。

「日本企業では入社者全員が総合職という名の幹部候補であり、非幹部候補がいないのだ。（中略）明らかな特権の大安売り状態なのだ。だから、日本型の今日の悪癖が、これに紐《ひも》ついて生まれ出すことになる。

（中略）かつての日本は、高卒ホワイトカラーや女性一般職というかたちで、欧米同様一種の限定職が存在した。しかし、それこそ、ここに挙げた自由気ままに生きるインセンティブも保障もなく、忠誠だけは大卒総合職並み、給与と昇進は差別、という無理強いをした。だから、限定職が全くなじまない土壌を生んでしまったのだ」（『就職、絶望期』（扶桑社新書２０１１年９月刊）※両書とも改行箇所は変更。

つまり、日本型は誰もが階段を上れる「特別待遇」がある分、非正規、女性、高齢者が困り、そして、この階段があることをエサに、ブラック企業がはびこるという問題も生じる。

これはメリットのすべて裏返しなのです。だからデメリットを理解する上にも、メリットを熟知すべし。16冊の名著を並べた後で、日本型の毀誉褒貶《きよほうへん》を結ぶために、大変僭越《せんえつ》ながら、拙著をここに置かせていただいたこと、登場した各著作者および読者の皆さまにご海容いただければ幸いに存じております。

おわりに

ジャーナリストが描く労働史観

この本を著した二人、私、海老原と荻野はともに、雇用ジャーナリストの端くれだ。元来、終身雇用でほぼ完全雇用状態だった日本社会では、雇用領域を生業に文筆活動をしていても、日が当たることなど稀《まれ》なことだった。だから、この世界ではそこそこ名門であるオピニオン誌の編集に携わっていたにもかかわらず、単著の本を出す機会など、40代になるまでなかった。

ところが、「失われた10年」といわれたバブル崩壊後の長期経済停滞が、四捨五入で20年と呼ばれるようになるころ、急に周辺が騒がしくなる。派遣、非正規、就職氷河期、失われた世代、逃げ切り世代と、いつもどこかで雇用問題がマスコミをにぎわすようになっていたのだ。

それから10年足らずで今度は単著を30冊近くものするようになった。本当に塞翁《さいおう》が馬とも、毀誉褒貶《きよほうへん》とも言えるような職業人生を経験したと思う。

さて、浮き沈みの激しい雇用ジャーナリスト稼業に就いていると、安定的に物事の探究に時間を費やせるアカデミズムの世界がうらやましく思えてならなかった。実際、アカデミズムの世界に入り、雇用の研究を突き詰めてみようかと考えたことも少なからずある。ただ、どうしても私にとっては、ジャーナリズムというやくざな仕事の方が魅力的で離れられなかった。

研究の世界で物言うためには、とても緻密で大変な労を要する。社会を広く見ていれば、そこかしこに気になることはあり、そんな点をつないでいくと、何とはなしにテーゼ（社会のあり方）が見えてくる。それを研究として昇華するためには、こんな作業が必要となる。

・先行研究の網羅的な把握
・先行研究の欠落点、新たな視点の整理
・新しいテーゼを打ち上げるために必要な事例
・そのテーゼを補足するようなデータ

・データと事例から仮説を引き出すためのプロセス
・結論

ここまでを成し遂げ、さらに、名のある先輩研究者たちに査読（間違いや不足点を指摘してもらう）を受け、それをクリアにして初めて、世に問うことが可能となる。

まず、たった一つの話を仕上げるためにこれだけの時間と労力を費やすことが私にはもどかしかった。次に、こうして仕上げた新テーゼが、仮に過去の権威あるコンセンサス（学会の合意）と異なった場合、ここでもひと悶着《もんちゃく》起きる。自分の属する学派の系譜の中では、冷や飯を食う覚悟が必要となるのだ。

さらにもう一つ。専門外の領域とのコラボレーションがなかなかうまくいかない。だから、狭い専門の中で結論を出すしかない。社会というダイナミックな事象は、小さな専門の枠では説明がつきづらい。こんなことが相まって、アカデミズムには憧憬《しょうけい》を抱きこそすれ、足を踏み入れることはなかった。

こうして長らく、私たちはジャーナリズムという心地よい棲《す》み家から出られずにいる。ならば、思いっきりジャーナリスティックな労働史観をぶち上げてみよう。それが本書に込めた私たちの思いだ。

まず、日本型雇用は、使い古された三種の神器（終身雇用・年功序列・企業内労働組合）や企業内労働市場・企業内特殊熟練などのテーゼから外れ、「強い人事権と誰でも階段を上る」仕組みとする。個別企業の人事にあまた接し、法社会学から抜け落ちた点をつむぐと、私たちの目には日本型雇用の本質とは、このようにしか見えなかったのだ。

この独自のテーゼを学会で話すには、前記のように大変な労力が必要となり、他のすべての仕事をキャンセルしても、あと数年の準備が必要だったと思う。それを、さらりと書けてしまうのが、やはりジャーナリズムの良いところだ。

続いて、この話を整理し、時代背景とともにどう変遷したかを考える。そのためには、時代ごとの名著を取り上げ、その作者に生の声を聞こう。そんな半ば予定調和的な検証法が許されるのもやはり、ジャーナリストだからだ。

そして、その本のチョイス。なぜこの17冊に絞られたか、そこは私たちの恣意《しい》性に任されている。しかも、取り上げた本は、学会横断的なラインアップとなった。大まかに見ても、労働経済学・労働法学・労働社会学・人事労務管理論・組織心理学・経営学などをカバーしているだろう。学際を気にせず、必要と思うものを直感的に取り上げられる。それも、ジャーナリズムならではだろう。

私たちは、こと雇用領域については、一般人の百倍程度の知識はあると思う。ただ、その専門領域の研究者と比較すれば、百分の一の知識しかない。とすると、ジャーナリストらしくあるためには、広く浅く鋭く、で、一般読者が膝を打つようなテーゼを、ズバリと世に問うことだと思う。

この本はそこまで行けたか、ハラハラしているところだ。

全量23万字を超える大著となった。新書なら3冊分に相当する文字数だ。あとがきには、お約束事のように謝辞を書かねばならないが、今回はその相手も当然多くなる。

まずは、本書に何度も登場した濱口桂一郎さんに御礼を申し上げたい。法社会学やフォーク・レイバー・ロー（現実社会を重視した労働法解釈）などのアウトラインを学んだのは氏の著作からだ。そして、本書の柱となる「誰もが階段を上る社会」という労働観も氏に影響されたところが大きい。すでに濱口氏へのオマージュ的にしたためた別著もあるが、今回は濱口労働史観の世俗的肉付け、といったところだろう。

続いて、荻野進介氏。このあとがきを「私たち」という一人称複数形で書いているのだから、その片割れの荻野氏に謝辞を述べるのはルール違反かもしれない。ただ、共著者である彼のあとがきに代えて、ここで改めて謝辞を述べておく。

本書は記名された原稿量を見ると、「はじめに」や各章冒頭の時代背景説明などを私が担当しているため、荻野氏の方が少なく見える。が、彼は記名ではない部分、実は著者からの返信のライティングを行っている（濱口氏などの例外はあるが）。著者自らにインタビューし、それを端的にそして本人の息吹をも伝わる筆致で仕上げてくれた。これを含めると、執筆量はむしろ荻野氏の方が多いくらいだ。

彼と私は、リクルート発行の雑誌『Ｗｏｒｋｓ』の編集時代に知り合った。その後、５年のブランクを経て、私が独立してニッチモ社を立ち上げたときに、副社長として合流し、今に至る。２００８年からは、リクルートキャリア社発行の人事・経営誌『ＨＲｍｉｃｓ』の編集長・副編集長としてコンビを組み続けて来た。都合17年、人生のほぼ3分の1、キャリアの過半を一緒に過ごしてきたことになる。それだけ長いと、ベタベタな関係か、それとも幼なじみの漫才コンビが日常では口も聞かないといった仕事のみの関係か、どちらかになりがちだが、私たちはそのどちらでもない。二人きりで盃を交わすのは年に5～6回。そのほかに、仕事や付き合いなどの多人数でまた同じくらい酒席をともにする。そんな付かず離れずの関係だ。直情的で世俗的な私と、緻密で学術的な彼とは、互いに補完し合える良いパートナーだと（少なくとも私は）思っている。相棒とは、似た者同士より、共感や理解はあれども異なるタイプの方が良いのだろう。

続いて御礼申し上げたいのはリクルートキャリア社であり、同社を代表して浅野和之執行役員に謝辞を述べさせていただく。序章で触れたように、17通の往復書簡のうち、12通までがリクルートキャリア社発行の『ＨＲｍｉｃｓ』に連載形式で掲載されたものだ。私を同誌の編集長に任用いただき、そのうえ誌面構成を任せてくれる同社・同役員には常々、感謝の念を抱いてやまない。

最後に、本書の発行元である白桃書房の寺島淳一氏に一方ならぬ御礼を申し上げたい。本書はもともと名著で読み解く『日本人はどのように仕事をしてきたか』（中公新書ラクレ）として出版されていた旧著に対し、大幅な増補改訂を施したものだ。収載した本は4冊増え、序章や各章の解説も大幅に書き増している。そのため、ボリューム的には前著の倍以上になる。

前著を読んだ寺島氏から、再編・増補して専門書として再上梓《じょうし》してみないか、とお誘いを受けたのは、なんと2016年初夏と、今から2年以上も前となる。それから多忙と私的なごたごたが重なり、原稿は遅れに遅れた。寺島氏や荻野氏からの進捗《しんちょく》メールを放置したことも一度や二度ではすまなかった。そうした体たらくをご海容いただき、長期にわたってお付き合い下さった寺島氏には本当に感謝している。

旧著は、連載した往復書簡に時代背景を付しただけの構成《つくり》だった。読者にはそれをどう読み解けばいいのか、少し不親切だっただろう。せいぜい、戦後労働史を読み解きたい人に、よき推薦書を提供する、というガイド&ダイジェスト的な意味合いしか見出《いだ》せなかったように思う。せっかく、著名な先人たちにお付き合い頂き、ものにした往復書簡をその程度で終わらせてしまってはと、忸怩《じくじ》たる思いも抱いていた。そこで本書では、労働史観的なものを打ち上げ、全体を通して一つの柱を立て、テーゼを問う構成で再チャレンジを期した。私も荻野も50歳を超え、キャリアと人生の集大成期にこの本を著せたことを、ありがたく思っている。白桃書房そして寺島氏に、再度、御礼申し上げたい。

海老原嗣生

2018年9月末日

【第8刷に際しての追記】

本書は人事管理の歴史をテーマにした。人事の理論やその効用などに興味が広がった方には、姉妹書の「人事の組み立て」（日経BP刊）をお薦めしたい。

た行

な行

は行

ま行

ら行

わ行

索　引

太字のページ数はその事項をテーマにした箇所を示す。

英数

あ行

か行

さ行

▨ **著者紹介**

海老原 嗣生（えびはら・つぐお）

雇用ジャーナリスト、厚生労働省労働政策審議会人材開発分科会正規委員、経済産業研究所コア研究員、中央大学大学院戦略経営研究科客員教授、大正大学表現文化学部特命教授。

1964 年、東京生まれ、大手メーカーを経て、リクルート人材センター（リクルートエージェント→リクルートキャリアに社名変更）入社。新規事業の企画・推進、人事制度設計などに携わる。その後、リクルートワークス研究所にて『Works』編集長に。2008 年、人事コンサルティング会社「ニッチモ」を立ち上げる。『エンゼルバンク―ドラゴン桜外伝』（「モーニング」連載）の主人公、海老沢康生のモデル。

主な著書に、『人事の組み立て』（日経 BP）、『「AI で仕事がなくなる」論のウソ』（イースト・プレス）、『雇用の常識「本当に見えるウソ」』（ちくま文庫）、『面接の 10 分前、1 日前、1 週間前にやるべきこと』（小学館文庫）、『仕事をしたつもり』（星海社新書）、『女子のキャリア』（ちくまプリマー新書）、『無理・無意味から職場を救うマネジメントの基礎理論』（プレジデント社）など。

荻野 進介（おぎの・しんすけ）

1966 年、埼玉県生まれ、89 年一橋大学法学部を卒業し、PR 会社に入社。2001 年リクルートに移り、リクルートワークス研究所にて人事専門誌『Works』、続いてニッチモにて、リクルートキャリア発行の人材・経営誌『HRmics』の執筆および編集にそれぞれ携わる。著書に『水を光に変えた男 動く経営者 福沢桃介』（日本経済新聞出版）、『サバイバル副業術』（ソフトバンク新書）、『史上最大の決断』（共著、ダイヤモンド社）など。

■ **人事《じんじ》の成《な》り立《た》ち**
「誰《だれ》もが階段《かいだん》を上《のぼ》れる社会」の希望《きぼう》と葛藤《かっとう》

■発行日――2018年 10 月 26 日　初 版 発 行　〈検印省略〉
　　　　　2023年 1 月 26 日　初版 9 刷発行

■著　者――海老原《えびはら》嗣生《つぐお》・荻野《おぎの》進介《しんすけ》

■発行者――大矢栄一郎

■発行所――株式会社　白桃書房
〒101-0021　東京都千代田区外神田 5-1-15
☎03-3836-4781　03-3836-9370　振替00100-4-20192
http://www.hakutou.co.jp/

■印刷・製本――藤原印刷

 ISBN 978-4-561-22717-5 C3034